多様性
を ～人・地域・文化～
考える

【企画】新潟青陵大学短期大学部
　　　　教育研究方法研究会
【監修】篠田 昭／菅原陽心

刊行にあたって

　本書は新潟青陵大学短期大学部の教員ほぼ全員が執筆した本です。授業をより魅力あるものにするために，日々教育している立場から，深い内容を，わかりやすく読み解くことができる教科書を，授業で使いやすい教科書を，皆で力を合わせて作っていこうという試みです。

　教員個人が自らの研究成果を本にする，あるいは，研究に基づいた教科書を出版するということはこれまでもよく行われてきています。しかし，多くの教員が一緒に一冊の教科書を執筆するということはあまり見られません。この企画の背景を説明しておきましょう。

　本短大は幸いにもこれまで地域の人々に支えられ多くの優れた人材，地域で生き生きと活躍できる人材を輩出してきています。今後もその役割は大きなものと考えています。一方，ご承知のように少子化は歯止めがきかず，短大を希望する人も少なくなってきています。これまでと同じことを繰り返しているだけでは，短大の未来はありません。そこで，今，短大は，そして本学園は，これからも輝き続ける教育の場を作っていくためにさまざまな改革を試みているところです。本書もさらに魅力のある授業を作る一環として企画されました。

　本書のテーマは「多様性」です。今，多様性の大切さは広く認識されるようになってきています。これまで，日本人は，世間体を気にして，人と同じように振る舞うことを常にするといわれてきていましたが，その日本でも多様性が大事だと考える人が増えてきました。他方，日本でも世界でも一つの価値観にこだわり，自分と異なる価値観を持つ人を非難する人も多いことも事実です。宗教の違いが原因となって悲惨な事件も起こっています。あるいは，素朴に，肌の色が違う，性癖が違うことで差別意識を持つ人も少なくありません。異なる地域や文化についての偏見がまだまだ強いことも事実です。

　しかし，歴史を振り返ると，人類がこれまで文明を発展させ，豊かになってきたことの背景には，多様な生態系があるということが分かってきました。人

類が周囲の自然を一方的に征服し，文明を築いていったのではないのです。多様な生態系の実りを享受し，自然の素材を手本にして，文明は発展してきたのです。またその発展には地域を越えた，人種を越えた協力が不可欠であったことも分かってきました。そうしますと，多様性を失うことは私たちの未来を失うことと同じだということになります。

　多様性は生物学的には種の多様性，人文学的には文化の多様性，地理学的には地域の多様性など，多様性はさまざまな側面から捉えることができます。

　本書では，この多面的な多様性という問題を私たちの身近な世界をとおして考えていきます。私たちが暮らしの中でであう多様性を，自分の問題として受け止めてほしいと思います。そして，多様性を維持するためには，何ができるのかということも考えてほしいと思っています。本書がそのための一助になることを願います。

　2023年3月

新潟青陵大学短期大学部学長　菅原　陽心

菅原陽心

　新潟青陵大学短期大学部学長，新潟大学名誉教授，1952年秋田県生まれ，東京大学経済学部卒，経済学博士（東京大学）1986年取得，『中国社会主義市場経済の現在』（御茶の水書房，2011年，編著），『経済原論』（御茶の水書房，2012年）など

目　次

第1部　人の多様性

第1章　自分の「ものの見方」を再考する

― 他者を知って，自分を知ること ―

関　久美子

第1節　はじめに

「多様性」や「ダイバーシティ」という言葉を皆さんもよく耳にするでしょう。「多文化共生社会」という言葉も最近では至る所で目にします。私たちの社会にはさまざまな価値観や異なる背景を持った人々が生活しています。マイノリティーと呼ばれる社会の中の少数派の人たちも含め，すべての人たちが互いの違いを認め合い，社会の一構成員としてみな平等に自分らしく生きていける環境をつくっていこうという流れの中に私たちはいます。

「みんなちがって，みんないい。」多文化共生社会を目指す今，スローガンのようになっているこのフレーズですが，もともとは童謡詩人の金子みすゞさんの『わたしと小鳥とすずと』という詩の一説です。私は鳥のように飛ぶことはできないけど鳥は私のように走れない，私は鈴のようにきれいな音色を奏でることはできないけど鈴は私のように多くの唄を知らない，だからみんなそれぞれ違っていいんだよと詠まれ，すべてのものの平等と尊さを説いています。

ではここで皆さんに問います。皆さんは心から「みんなちがって，みんないい」と言えるでしょうか。自分と違った考え方，価値観，ライフスタイル，そしてそれらを有する人々すべてを無条件で理解して平等に受け入れることができるでしょうか。残念ながら私の答えは「No」です。もちろん，そうできる人間でありたいと願いますが，それはそんなに簡単なことではありません。な

ぜなら本来，人間は自分とは違ったものに対して違和感や否定的な感情を抱くものだからです。そして，その負の感情によって，自分にとっての危険な状況を察知し，それらから自分の身を守ってきたことも事実なのです。

　この章では，「文化」に基づく価値基準，また私たちが意識的・無意識的に抱いてしまう固定観念やそこから生まれる差別や偏見の構造について学ぶとともに，なぜ私たち人間が「違い」を受け入れることが難しいのか，そして受け入れるためにはどうすればよいのか考えていきましょう。

第2節　自文化中心主義と文化相対主義

1.「文化」とは

　「文化」というと，日本の文化，アメリカの文化，中国の文化といったように，まずは国レベルでの「文化」について考えるでしょう。たとえば日本の伝統文化といえば，狂言，能，歌舞伎や落語のような芸能・演芸や，茶道，華道のような芸道，陶芸や漆器，染め物などの工芸など数多く挙げられます。くわえて，どのようなものを身にまとい，何を食べて，どんな所に居住するかといった私たちのもっと身近にある衣食住に関することや，私たちの考え方や価値観なども「文化」に含まれます。たとえば，日本のことわざには日本人の価値観を表しているものもみられます。「言わぬが花」や「沈黙は金，雄弁は銀」といったことわざは，「言葉にして語らないこと」「沈黙」の美徳を説いており，日本の「察しの文化」を表しているといえるでしょう。

2．サブカルチャー

　さて，私は日本人ですので日本文化（カルチャー）に属していますが，それと同時にさまざまな「サブカルチャー」にも属しています。たとえば，私は生まれも育ちも新潟市です。大学の授業では学生に「大洋紙（模造紙）準備して」とか「はい，これから順番にかけますよ（指名しますよ）」など，知らず知らずに新潟弁を使っています。お正月にはのっぺい汁は必ず食べますし，カツ丼といえばタレカツ丼しか想像できません。どちらも新潟のソウルフードです。

すなわち私は「新潟文化」というサブカルチャーにも属しているのです。となると，私は当然わが家の文化である「関家文化」にも属しています。関家の納豆には必ず砂糖が入ります。この章を執筆するにあたり，改めて親戚に確認しましたが，「砂糖が入らない納豆なんて物足りない」とみな口々に言っていました。私も納豆には当然砂糖が入るものだとずっと信じていました。このようにほかにも，「教員文化」や「女性文化」，そして私は犬が大好きなので「愛犬家文化」といった多くのサブカルチャーに属しています。サブカルチャーにもその集団で共有される規範，価値観，習慣があり，その集団のメンバーはそれらを意識的・無意識的に学習して共有し，それらが「当たり前」になっているのです。そして，サブカルチャーの数だけ異なった「当たり前」が存在しているのです。

3．自分のものさしではかる「自文化中心主義」

　私のアメリカでの大学院時代の話です。文化とコミュニケーションに関する授業で，一人のアメリカ人クラスメートが自分の体験を次のように語ってくれました。「とあるパーティーで日本人と一緒のテーブルになった。英語ができないというわけではないのに，その日本人たちは言葉数も少なく，まったく会話が盛り上がらなかった」と。彼女はその様子を「まるで『loser（負け犬）』のテーブルに座っていたようだった」と表現しました。

　では本当に日本人は「負け犬」なのでしょうか。前述のように，日本人は「察しの文化」の中で育ち，「話さないこと」を良しとする価値観を持っていて，ゆえにパーティーなどで初対面の人とベラベラと話したりすることを苦手とする人も少なくないでしょう。ただし，それは決して日本人の教養や知性の欠如を表しているわけではありません。一方，アメリカは「対話の文化」と呼ばれています。多様な背景や価値観を持つ移民で構成された国家ゆえ，明確に言葉で意思疎通をしなければいけない文化であり，すなわち「話すこと」「話せること」が重視されるのです。皆さんは，「察する文化」と「対話する文化」，どちらが「正しい」と思いますか。答えは，どちらも「間違っていない」のです。

この話のアメリカ人学生のように，自分の文化の基準が正しく，他が間違っている，あるいは劣っているというような無意識的な評価の傾向を「自文化中心主義」といいます。もちろん彼女は自身の自文化中心主義的な考え方を自覚し，自省を込めてあえてこの話を授業で共有してくれました。さて，では私たちも知らず知らずに自文化中心主義的に他文化や他者を評価してしまうことはないでしょうか。たとえば，東南アジアやアフリカなどの「手で食べる文化」を見て「汚い」とか「野蛮」だと思ってしまうことはありませんか。テレビなどで芋虫を食するオーストラリア先住民のアボリジニ族を見て「気持ち悪い」と嫌悪感を抱いたことはありませんか。これらも自文化中心の評価の傾向で，そしてこの傾向は外国文化に対してだけでなく，日本国内に存在する自分とは違うサブカルチャーやそこに属する人に対しても向けられることがあります。たとえば，手話を第一言語とするろう者は，「あれ，これ，あなた」と指差しをします。一方，聴者は小さい頃から人に対して指を差すのは失礼なことだと教わってきました。では，ろう者の指差しは絶対的なマナー違反なのでしょうか。

4．相手のものさしではかる「文化相対主義」
　「自文化中心主義」に対して「文化相対主義」という考え方があります。文化相対主義とは，この世界には多様な考え方や行動様式があるのだと考え，その人の行動はその人の文化コンテクストの枠内で理解し，物事を中立的に捉えることをいいます。

　たとえば手で食事をする人たちを「汚い」「野蛮」だとすぐに評価してしまうのではなく，なぜそのような食文化があるのかと立ち止まって考えてみると，その地域の宗教であるイスラム教やヒンズー教では，手が最も清浄であると信じられていることが分かります。私たちが肉や魚からたんぱく質を摂取するように，アボリジニ族にとって芋虫は生きていくための重要な栄養源だということも分かります。そして，指差しが失礼だというルールを決めたのは聴者であり，そのようなルールは手話言語で話すろう文化にないのです。

ただし，文化相対主義は他の文化を一切否定してはいけないというものではありません。たとえば，アフリカを中心に少女の女性器の一部を切除するという，大人になるための通過儀礼としての慣習が2000年も続いています。女性に対して身体的・精神的な大きなダメージを与え，時には死に至らしめることもあるこの慣習を，アフリカに続く伝統文化の一つだから間違っているとはいえないと中立的に捉えることはできません。世界ではこの慣習を止めようとする活動が行われています。しかし，ただやみくもに「この慣習は間違っている」と外側から一方的に批判するのではなく，まず相手の文化の中に入りその慣習の歴史を学ぶとともに，科学的な見地から教育や対話を重ねることで，その文化の内側から変えていこうという努力が続いています。

　文化相対主義的な考え方ができるようになるには，常日頃から多様な価値観や考え方などに触れることが重要だとされています。皆さんも，他者を評価するときは，それが絶対的な評価基準なのか，それとも自分の属する「文化」にだけ存在する基準なのか，冷静に判断することが重要です。

第3節　偏見と差別 ———————————————————————————

1．ステレオタイプ

　「ステレオタイプ」とは，ある特定の集団やその集団のメンバーに対する特定のイメージや思い込みのことです。たとえば，日本人はみんな勤勉だとか，アメリカ人はみんなフレンドリーだとか，A型の血液型の人はみんなきちょうめんだとか，B型はみんなこだわりが強いといった固定観念のことです。ここで問題なのは「みんな」という言葉です。もしかすると統計的には日本人には勤勉な人が多いのかもしれませんが，すべての日本人が勤勉だとは限りません。また血液型に関しては科学的根拠がないといわれているにも関わらず，私たちは血液型という固定観念でその人を判断したり，その人の行動を意味付けたりすることがあります。そう考えてみると，私たちは国籍，性別，職業，出身地など，ありとあらゆるサブカルチャーやそこに属する人々に対して何かしらのステレオタイプを持っているのです。

ステレオタイプを持つことは必ずしも悪いことでありません。私たちは毎日の生活を通して得る多くの情報を効果的に処理するために，ある程度の枠にはめ理解する必要があります。相手がどのような人であるかを迅速に判断するためにステレオタイプを手掛かりにすることもあります。真夜中に怪しい格好をしている人がいたら危険かもしれないので近づかないといったリスク回避や，得意先の職員さんは女性が多いので甘いものを手土産に持っていけば大抵は喜んでもらえるだろうといったように，それが正しいかどうかは別として，私たちの行動を導いてくれるヒントにもなることも確かなのです。

２．ステレオタイプから生じる偏見と差別

　「偏見」はステレオタイプを一般化し単純化することで生じるネガティブな感情や批判的な評価のことをいいます。前述同様そのステレオタイプ自体100％正しいとは限らないわけで，偏見は個人的な先入観も含まれる，まさに偏ったものの見方です。そしてその偏見から生じる敵意ある姿勢や行動を「差別」といいます。

　2020（令和２）年に世界中に広がった新型コロナウイルス感染症ですが，日本でも感染者数が急増し，感染を抑えるために県外との往来が制限されました。たしかに大都市は人口も多く人の流れも激しいゆえ，統計的にも感染者数は多く確認されました。そして「首都圏の人は感染している確率が高い」というステレオタイプから，当時は「首都圏から来た人はみな感染しているに違いない」という偏見のもと，県外ナンバーの車や帰省先の自宅にまで「帰れ！」などという貼り紙を貼るといった差別行動がニュースになりました。

　翌年には東京オリンピック・パラリンピックに向けて準備が進められる中，同大会組織委員会の当時の会長が「女性がたくさん入っている理事会は時間がかかる」「女性は競争意識が高いから，誰か一人発言すると自分も言わないといけないと思うのだろう」と発言し問題となり，その後会長職を辞任しました。「女性は競争意識が高い」という断定的なステレオタイプから，ゆえに「女性が多いと話が長いから（男性だけの会議に比べて）会議の時間がかかって困る」

といった偏見が生じ，「会議での女性の発言時間を規制する」といった差別行動にまで発展するところでした。

　これらの２つの例は，もともとは悪意なく自然に生まれてきた感情，評価，そしてそれらに伴い引き起こされた（あるいは，引き起こされたかもしれない）行動です。私たちはこの「自然に」生まれる感情や評価に対して，立ち止まり考える必要があります。そして，もしそれが何か間違っている，偏っていると判断できれば，次に引き起こされてしまうかもしれない差別的な行動を理性で押しとどめることができるのではないでしょうか。

３．マイクロアグレッション

　「私は偏見を持っています」と声高らかに言う人はいないでしょう。私たちの多くは，他者を理解し，思いやりを持って接したいと願っています。しかし，知らず知らずのうちに無意識の偏見から，何気なく，あるいはむしろ良かれと思って放った言葉や取った行動が相手を侮辱したり傷つけてしまうことがあります。これを「マイクロアグレッション」といいます。たとえば視覚障がいのある人に「すごい，一人で何でもできるんですね」と声をかけるのは，一見褒め言葉にも聞こえますが，目の見えない人は一人では何もできないという無意識の偏見が根底にあります。「女社長」という言葉を耳にすることがありますが，なぜ「男社長」とはいわないのでしょう。それは，会社を経営したり管理職になったりするのは本来男性であり，女性にはその能力はないという偏見の表れではないでしょうか。そして現代社会のセクシュアリティの多様性から考えると，男性に「彼女いる？」，女性に「彼氏いる？」と聞くことも，相手は当然のごとく異性愛者であると決めつけてしまうマイクロアグレッションともいえます。このように明らかな偏見や差別でなくとも，相手の尊厳を傷つけてしまう可能性があるということを心にとめ，もう一度自分のものの見方について立ち止まって考えてみましょう。

第4節　まとめ：「ヒューマンライブラリー」という試み

　自分の中のステレオタイプや偏見に気づき，社会の多様性に寛容になるには，まさに社会の多様な価値観に触れることです。そのような機会を皆さんに提供してくれる「ヒューマンライブラリー」というイベントを紹介して，この章をまとめたいと思います。

　ヒューマンライブラリーとは「人を貸し出す図書館」といわれ，世界90カ国以上，そして日本でも各地で開催されています。「図書館」という仮想空間で多様な属性を持つ人が「本」（語り手）となり自己のライフストーリー，生きづらさ，想いや考えを語り，「読者」（聞き手）と自由に対話をするというシンプルな試みです。しかし「読者」はこのイベントを通して多くの「本」と直接語らうことで，多様な生き方を理解するだけでなく，自分の考え方を見つめ直す機会ともなります。

　私は2018（平成30）年より所属する新潟青陵大学・新潟青陵大学短期大学部社会連携センターで学生とともにこのイベントを開催しています。私自身この取り組みを通して多くの「本」となる方と出会い対話することで，障がいのある方，病気を抱えている方，セクシュアルマイノリティーの方など，今まで自分には見えていなかった人々，あるいは見ようとしてこなかった人々が見えるようになり，自分の世界がとてもカラフルになったような気がしています。また社会制度の不備やそこから生じる格差や不平等を「本」の方から学び，憤りを感じることもあります。さらに，まだまだ偏った自分の考え方に気づき，今もそれと対峙し，葛藤しています。そしてこの葛藤は多文化社会を生きる私自身のためにも必要なことだと思っています。

　大事なことは，まずは社会の中に自分とは「違うもの」が存在するという事実を認識すること，それらに目を向け知ろうとすること，そしてその「違うもの」を目の前にしたときに自分の中に湧き上がる感情と向き合ってみることです。さらにそれが否定的な感情であった場合，なぜそのような感情を抱いてしまうのか，それは本当に妥当なのか冷静に考えてみることです。

多文化共生社会の実現のためには国レベル，そして私たち個人レベルでも努力が必要です。「違い」を無条件で受け入れることは簡単なことではありませんが，現在の社会はまさに多様性であふれており，私たちはそれらと共存していかなければなりません。そうであれば，自分からその多様性に飛び込み，学び，自分のものの見方を捉えなおし，あえて「違い」を楽しむことを試みてはどうでしょうか。「みんなちがって，みんないい」社会を100％のかたちで実現させることはできないかもしれませんが，私たち一人一人が社会に寛容な目を向けることで，人を動かし，国を動かし，この社会を「みんなちがって，みんないい」社会に近づけることはできるかもしれません。

参考文献

加賀美常美代・横田雅弘・坪井　健・工藤和宏『多文化社会の偏見・差別－形成のメカニズムと低減のための教育－』明石書店，2012年

金子みすゞ『わたしと小鳥とすずと　金子みすゞ童謡集』JULA出版局，1992年

坪井　健・横田雅弘・工藤和宏『ヒューマンライブラリー　多様性を育む「人を貸し出す図書館」の実践と研究』明石書店，2018年

八代京子・町恵理子・小池浩子・吉田友子『改定版異文化トレーニング－ボーダレス社会を生きる』三修社，2009年

第2章　変わる介護の現場

― 「3K」から「新3K」へ ―

第1節　はじめに

　日本は，世界のどの国も経験したことのない超高齢社会に突入しています。超高齢社会を支えるために，2000（平成12）年に介護保険制度が施行され，その後の法改正を経てユニットケアが介護形態の主体となりました。ユニットケアとは，少人数の利用者を専属の職員が介護していくというもので，一人一人に合った細やかな介護を行います。そんな超高齢社会を担う介護現場で，人材不足が深刻な社会問題となって久しいですが，介護に対するネガティブなイメージが要因の一つと考えられます。

　介護の仕事は，身体的にも精神的にも大変だとして，3K（きつい，汚い，危険）とも5K（暗い，臭いが追加）ともいわれてきました。しかし3Kや5Kというネガティブなイメージは主観的なものも多いと思われ，気にならないという人もたくさんいます。

　身体の不自由な高齢者や障がい者の生活に，寄り添い支える介護の仕事は，人と人とのつながりに大きな喜びを感じながら，人に感謝され誇りを持って続けることができる仕事の一つです。

第2節　介護の「3K」とは

1．「きつい」の実態

　介護現場では，身体の不自由な利用者の介護を行うために，支える，持ち上げる，維持するといった動きを頻繁に行います。時には自分よりも身体の大きな人を介護する場合もあるため，腰や首を痛めるなど身体的な負担が大きく，

「きつい」と感じることが多いです。さらに夜勤がある職場では，変則的な勤務により体調を崩すこともあります。

　利用者にとって必要な介護を行っていても，心ない言葉を言われることがあります。たとえば，夜中に眠っている利用者のおむつ交換をする際，眠い利用者から拒否されたり大声を出されたりすることがあります。認知症の方から，物盗られ妄想の犯人にされ，否定しても納得してもらえず責められることもあります。そんなことが続くと，精神的に「きつい」と感じてしまいます。

2．「汚い」の実態

　「汚い」と思われる介護には，入浴の手伝いやトイレの介助，おむつ交換などといった排せつに関係したものが多いです。生活するうえで必要不可欠な要素ではありますが，人によっては抵抗感を感じてしまうでしょう。また，利用者の中には，病気や障がいのために常によだれが止まらない人や，食べこぼしが多い人もいます。きれい好きな人にとっては大きなストレスとなるでしょう。

3．「危険」の実態

　介護現場での一番の危険は，集団感染です。抵抗力の弱い高齢者や障がい者が生活する施設では，インフルエンザやノロウイルス，新型コロナウイルス感染症などの集団感染が起こりやすくなります。介護職員自身も感染してしまうリスクもあり，常に予防が必要です。また，病状や障がいの程度が重い人の介護を行う際に，転倒や転落などでけがをしてしまう恐れがあります。介護は，病気やけがと隣り合わせの仕事といえるでしょう。

4．その他の介護のネガティブなイメージ

　先に述べた3K以外にも，施設が古く狭い施設が多い介護現場は「暗い」や「臭い」とされ，身体的・精神的な負担が多い割には「給料が安い」といわれています。介護の仕事は突発的な対応に追われることも多く，予定通りには終

わらないために「帰れない」や「休日が少ない」との声もあります。これらの
ネガティブなイメージは，介護の仕事を一生懸命に頑張っている介護職員や，
これから介護を目指す人たちのモチベーションを損ないかねません。

第3節　ネガティブなイメージへの対策

1．対応策や見方の変化

　ネガティブなイメージを持たれがちな介護現場ですが，一方で，これはあく
までも個人の主観的な概念ともいえます。仕事内容や職場によって，介護の捉
え方を変えることができるのです。対応策や見方を変えて考えることが大切に
なります。

2．「きつい」の対応策

　「介護は重労働である」という認識が一般的に持たれており，最近では介護
の仕事を助けるさまざまなツールが開発されています。たとえば，ベッドから
車いすに移乗する時に使用するスライディングシートやリフトなどは，多くの
介護現場で採用されており，介護職員の負担軽減に役立っています。2020（令
和2）年の介護労働安定センターの調査では，特殊浴槽，自動車用車いすリフ
ト，昇降装置，座面昇降機能付き車いすなどの介護福祉機器は，介護職員の身
体的負担軽減や腰痛予防緩和に高い効果があると報告されています。介護用ロ
ボットの導入も始まっています。導入の割合は「見守り・コミュニケーション
（施設型）」が最も高く，次いで「入浴支援」「移乗介助（装着型）」「介護業務
支援」の順になっています[1]。

　また，介護福祉士や介護福祉士実務者研修，介護職員初任者研修などの資格
取得によって，専門的知識と技術を身に付けることも身体的・精神的な負担の
軽減につながります。介護現場では職場研修が行われ，実際の介護場面で使え
る知識や方法を学べ，キャリアアップのための環境も整備されてきています。
夜勤を避ける採用枠を準備する職場があるなど，努力も行われています。

3. 「汚い」の対応策

　排せつ物や嘔吐物などの汚物処理に関しては，慣れる人や割り切りができる人も多いです。しかし，これらの汚物処理業務にどうしても慣れない人は，その業務が少ない職場を探すのも方法の一つです。たとえば，訪問介護の生活援助であれば，料理や掃除，買い物などの業務を行い，排せつ介助を伴わずに利用者の生活サポートができます。生活相談員や介護支援専門員などは，相談業務が主体の，いわゆるデスクワークが中心です。介護の現場にはさまざまな役割を持った職員が必要ですので，自分に合った働き方を探すこともできます。

4. 「危険」の対応策

　病気やけがから身を守るためには，自分自身の免疫力を高めたり危険に対する対処方法を身に付けたりする必要があります。免疫を高めるためには，バランスの良い食事と適度な運動を心掛け，ストレスをため込まないように気をつけることが大切です。プライベートに仕事を持ち込まないように気持ちを切り替えたり，休日は趣味に打ち込んだり，家族とゆっくり過ごしたりすることで，ストレス解消になるという人は多いです。また，同じ仕事の悩みを持つ他の職員と話すことで，問題解決に至らなくても気持ちが軽くなることがあります。

　「きつい」の対応策の欄でも述べましたが，資格取得や職場研修によって正しい介護方法を知ることは，さまざまな負担軽減につながりますので，研修の機会があれば積極的に活用したいものです。

第4節　介護現場の実際

1. 労働環境の改善

　労働環境の評価の一つに，離職率があります。労働環境が悪いと，仕事を続けることができずに退職してしまいます。介護業界は離職率の高い業種と認識されていましたが，2020（令和2）年の調査では，介護職員の離職率は14.9%となり，2005（平成17）年の調査開始から過去最低の離職率となりました。これは，全産業の平均離職率15.6%を0.7ポイントも下回っています[2]。介護の仕

事を辞める人が年々少なくなっているということは，労働環境が改善されている結果だと考えられます。

　さらに離職の理由は，「結婚・妊娠・出産・育児のため」が25.0％と最も高く，「職場の人間関係に問題があった」が16.6％と続いています。3Kに関連する「病気」が理由の離職は，3.3％と最下位でした[3]。

　また，全従業員数に占める65歳以上の労働者の割合は12.3％で，特に訪問介護員の割合が高くなっています。定年達成後の継続雇用制度を導入している事業所も多く，「再雇用制度」が63.7％，「勤務延長制度」が26.1％で，約8割の事業所で導入していました。このことから，介護現場は高齢になっても働き続けることができる職場と考えられます。調査でも，勤務先での就労継続について「今の職場で働き続けたい」は60.2％でした。今の勤務先での勤続意欲が高まっており，4年連続で上昇しています。

　2019（令和元）年に政府が推進した働き方改革により労働基準法などが改正され，残業時間の制限や有給休暇を消化するよう企業側に義務づけられました。これにより，忙しさや休みにくさが改善されつつあります。調査では，勤務先の休暇制度の状況について，「休んだ時に自分の仕事を代わりに担当できる人がいる」が35.9％と最も高く，「突然の残業がほとんどない」が34.5％，「日頃から有休がとりやすい」が32.2％であり，いずれも前年に比べて改善しています。

　施設の改善や設備の充実も進んでいます。2002（平成14）年に個室・ユニット型特別養護老人ホームが制度化されました。国は2025（令和7）年までに介護保険施設の50％以上，特別養護老人ホームの70％以上を個室・ユニット化する方針を立てました。これにより，トイレや浴場が広く清潔に保たれている施設が増えました。広いロビーやラウンジを備えている，ホテルのような家具やインテリアを提供しているという施設もあります。

　負担が多い割に給料が安いといわれている介護業界ですが，2020（令和2）年の調査では，介護職員の賃金向上を目的に実施されている介護職員処遇改善加算は，75.9％の事業所が加算したと答えています。また，技能・経験のある

介護職員のさらなる処遇改善を進めることを目的に実施されている介護職員特定処遇改善加算（介護職員処遇改善加算に上乗せ）についても，55.5％の事業所が加算し，5.0％の事業所が加算予定と答えました。その結果，一般労働者の所定内賃金（無期雇用職員，月給の者）は，平均24万3135円で前年より8696円の増加となりました。管理者の所定内賃金は，平均38万2036円で前年より2万6611円増加となっています[4]。

2．介護職員の声から介護現場の様子を探る

　2020（令和2）年に特別養護老人ホームに勤務する介護職員に対して私が行ったインタビュー調査では，「罵声を浴びた」「拒否された」「夜勤がきつい」といった3Kに関連した声もありましたが，「利用者一人一人との関わりが深くて，理解できることがうれしい」「初めは拒否されていたけれど，気長に関わることで受け入れてもらえた」「顔や名前を覚えてもらえてうれしい」「本人の意思に合わせて介助すると失禁などがなくなっていく。ささやかだけれど良い結果が出て，お互いに喜んでいる」など，喜びや満足感を感じていることが分かりました。ほかにも，「自分で考えて，いろいろできておもしろい」と介護にやりがいを感じていたり，「個別レクを積極的にやろうと取り組んでいる」「利用者の要望をすぐかなえられるように，リフト付き介護車の運転講習を受けている」「まだまだやれることはいっぱいある。そのためにもっと利用者を観察して，理解したい」「もっと，その人に合ったケアがしたい」など，意欲的な声も多くありました。「家族もよく面会に来て，コミュニケーションがとれる」「職場のチームワークが良い」「仕事を辞めない理由は上司。仕事は大変だけれど，すごく包み込んでくれる」などの声により，職場の人間関係も良好なことがうかがえました。

第5節　3Kから新3Kへ

1．ネガティブなイメージからポジティブなイメージへの転換

　介護現場の労働環境の改善は，確実に行われています。それでも，介護現場

が大変であることは事実ですし，介護現場からネガティブな３Ｋが消えること
はないでしょう。しかし，そこで得られる経験は非常に貴重なものです。介護
職員は，利用者の安全と安心のために努力しています。従来のネガティブなイ
メージを払拭するために，新３Ｋとしてポジティブなイメージを掲げる動きが
広がりつつあります。

　私が行ったインタビュー調査の結果では，介護職員は，自分たちの仕事に有
能感や満足感，やりがいを感じていました。調査を通じて，「希望」「感謝」「感
動」「感激」「可能性」，それから「心」「向上心」「好奇心」などの言葉が思い
浮かびます。それらをまとめて，「感謝をし合える仕事」「心がつながる仕事」
「感動を味わえる仕事」というポジティブなイメージを，新３Ｋとして提案し
たいと思います。

２．感謝をし合える仕事

　介護を行っていると，利用者やその家族から感謝される機会も多くなりま
す。自分が関わった人から，直接お礼を言われ，感謝の気持ちを伝えられるこ
とは大きな喜びとなります。介護職員を長年続けている知人に，介護の仕事に
は何が大切か聞いたことがあります。彼女は「感謝する心」と即答しました。
「お薬を飲んでくれてありがとう。ご飯を食べてくれてありがとう。トイレに
行ってくれてありがとう。夜，眠ってくれてありがとう。利用者にやってもら
えないと，私の仕事は成り立たない。だから利用者のすべてにありがとう，な
のよ」という言葉に，とても納得した覚えがあります。私が知る介護施設は，
どこも「ありがとう」の言葉が行き交っていました。

　また，同僚や上司と協力して働きやすい職場をつくったり，利用者が安心し
て快適に過ごせる空間をつくったりすることは，より多くの人とつながり，感
謝を分かち合えるようになるでしょう。

３．心がつながる仕事

　個人の生活や暮らしを尊重するユニットケアは，利用者一人一人の「その人

らしさ」を大切にした生活を可能とし，利用者と介護職員の親密な関係が構築され，意欲や気力の向上につながるとされています。介護職員は利用者のニーズを探し，利用者と心を通わせて目標に向けて介護していきます。その取り組みはお互いの人生の満足度を高めることができるでしょう。

　利用開始直後は介護されることを拒否していた利用者に，共に過ごすことで受け入れられ顔や名前を覚えてもらえることは，人とのつながりを感じられる出来事です。だからこそ，もっと利用者のことを理解したくなり，もっと利用者のためにできることはないかと考えを巡らせるのです。

４．感動を味わえる仕事

　高齢者は人生経験が豊富なので，高齢者の言動からさまざまなことを考えさせられる機会を得ることができます。生活の知恵や年中行事について，夫婦や子育てについてなど，何気ない日常会話の中でも利用者から与えられるものは多くあります。戦争経験しかり，想像さえできない話を聞けることでしょう。

　利用者一人一人に合った個別ケアを行うために自分で考えて実行できる面白さを感じたり，自分の介護によって利用者が少しでも良くなれば喜び合ったりすることができます。多くの人を助け，また自分も助けられることで得られる感動は非常に大きいものでしょう。

　また，日頃の業務で高齢者や障がい者の介護をすることで得られる介護技術は，自分自身や自分の親が要介護状態になったときに生かすことができます。介護に対する意識を高めることで，より良い職場をつくることができます。

第6節　まとめ

　超高齢社会の日本において，高齢者や障がい者がその人らしい生活を継続するために，介護の仕事は必要不可欠ですが，ネガティブなイメージが強すぎて，敬遠されていることも事実です。しかし，そのイメージは対応策や見方の変化で変えることが可能です。介護現場は労働環境の改善が進められており，今後も続く見込みです。感謝と感動があふれる職場で，介護職員たちはやりがいと

誇りを持って業務を行っています。だからこそ，大雪が降っても，大型台風が来ても，感染症がまん延して自分が感染するリスクがあっても，介護職員たちは介護を必要とする人たちのもとへ向かいます。彼らの背中を押すためにも，ポジティブなイメージの介護の新3Kが広がっていくことを切に願います。

引用文献

1）公益財団法人介護労働安定センター『令和2年度介護労働実態調査　事業所における介護労働実態調査結果報告書』2021年，pp.61〜62
2）公益財団法人介護労働安定センター『令和2年度介護労働実態調査概要』2021年，p.2
3）公益財団法人介護労働安定センター『令和2年度介護労働実態調査　介護労働者の就業実態と就業意識調査結果報告書』2021年，p.80
4）公益財団法人介護労働安定センター『令和2年度介護労働実態調査概要』2021年，pp.3〜8

参考文献

厚生労働省『介護老人福祉施設（参考資料）』2017年
山口友江『ユニット型特別養護老人ホームの介護職員の感情労働についての研究』放送大学修士論文，2021年
山口　宰『ユニットケア導入が認知症高齢者にもたらす効果に関する研究：従来型特別養護老人ホームにおける実践事例を基に』社会福祉学第46巻第3号，2006年

第3章　多死時代の死の看取り

— 地域死という選択 —

土永　典明

第1節　はじめに

　この20年在宅医療の進化はめざましく，在宅医療専門医や訪問看護ステーションの看護師の協力を得て，人の終末には，「在宅死」という選択肢があります。しかし，多くの人々はさまざまな理由で医療施設での死を迎えているというのが現状です。ですが病を患う人は，治療法がないなら，いまさら辛い治療を受けたくないと考え，中には，自分の家で自分らしい暮らしをしながら，最期を迎えたいと望む人も増えてきているといわれます。そのような中で在宅にこだわることなく，住み慣れた地域の介護老人福祉施設や介護老人保健施設等の介護保険施設（以下，施設と記す）で命の最期を迎えるという選択肢も出てきます。本人や家族がどのように生きたいのかを自分たちの意志で決定し，それを最期まで支援していくことが福祉・医療従事者の役割であるといえます。

第2節　畳の上で死ぬということ

　これから多死時代を迎えるわが国には，人生の最期をどのように迎えるのか，どのような場所で死を迎えるのかという大きな課題があります。

　死を迎えるにあたって，不安や疾病に対する苦痛が伴うであろうから，できる限り痛みを取り除いてほしいと多くの人が考えているのではないでしょうか。そして，人々は，その人の残された生命力を十分に生かして，残り少ない人生を生きてきてよかったと思える日々で終わりにしたいという願いを，誰しも持っているのではないかと私は考えています。

在宅介護を考えた場合，福祉・医療従事者は主たる介護者をはじめ家族の生活，健康状態，介護関係にも目を向ける介護援助が必要です。介護援助には高齢者が望むありのままの生活の方法を選択し，生活の方法に支障があれば改善していく視点が求められます。長期にわたって家庭で介護を続けるための条件には，高齢者が安心して生活できる居室が確保されていて，介護保険制度の「居宅サービス」を不安なく使えることが挙げられます。

　この「居宅サービス」は要介護・要支援の状態にある利用者が，自宅に居ながら受けられる介護保険のサービスです。「居宅サービス」には，自宅に訪問してもらう訪問看護や訪問介護，居宅療養管理指導，施設に通ってサービスを受ける通所介護，短期入所生活介護，短期入所療養介護，その他に福祉用具の貸与などがあります。ケアマネジャー（介護支援専門員）が，要介護者の状態に応じて必要なサービスを組み立て，ケアプランを立てて，サービス提供者間の調整を行います。保険の範囲内で対応できないことは，その他のさまざまな資源をケアプランに組み込み，活用することができます。介護保険制度には，定期的な医学管理も含まれており，介護報酬に居宅療養管理指導として位置付けられています。医師が高齢者の自宅を訪問して高齢者本人への指導と居宅介護支援事業所，地域包括支援センター，およびサービス提供事業者への情報提供を行います。

　在宅ケアは，残された時間を家族と一緒に過ごせることが最大のメリットです。自宅ではリラックスできるので，本人の精神的・肉体的負担も少なくなります。病院に比べると費用がかからず，経済的な心配も軽減できます。家族にとっても，病院で一人にさせて寂しくないか，苦しんでいないかといった点を心配せずに済みます。

　在宅ケアのデメリットは，床ずれのケアや食事，トイレなど，いつも家にいて面倒を見る人が必要なことです。場合によって，介護者は仕事を辞めたり引っ越したりして，その後の人生を大きく変える決断を余儀なくされることもあります。介護をしながらの生活は体力的に厳しく，要介護者が快適に過ごせる環境づくりへの気遣いなどは精神的に負担がかかります。また，在宅介護の

場面では疼痛や呼吸困難などの急変時に，医師や看護師がそばにいない場合，周囲の者は緊急時の医療対応が必要となり不安を抱きます。とりわけ，死亡宣告は医師の確認・診断が求められます。しかし，医師の診察を受けてから24時間以内の臨終については，その診察を行った医師が死亡診断書を作成することが認められています。

　また，福祉，医療従事者は医療的処置が必要な場合，別の医療従事者と連携をとらなければなりません。そして，その高齢者にとって自宅で生活することが幸せなのかどうかを，冷静に考えなければなりません。介護が長期化すると，家族は先行きが見えないことに対する不安が高まり，疲労感が強くなります。そこで，取り残された家族がバーンアウト（燃え尽きてしまうこと）に陥る危険性も否めないのです。とくに複数の介護者がなく，1人に介護が集中してしまう場合にこの傾向が強いといえます。

第3節　住み慣れた地域での死

　1960年代から1970年代にかけて，ちょうど「核家族化」が進行した頃，日本の葬儀は大きく変化しました。葬儀の運営の中心はコミュニティー（地域共同体）から葬祭業者に替わり，共同体の中で伝承されてきたさまざまな習俗を間近に見ることができなくなってしまったのです。1990年代の中期以降，「家族の分散化」が進む中で，葬儀の個人化が加速度的に進み，従来片隅で営まれていた密葬が「家族葬」という名で市民権を得るなどしてさらなる変化をしようとしています。今もう一つ特筆すべきは，地方の葬儀習俗の急激な衰退です。葬儀の場所が斎場（葬儀会館）に移動することにより，地域コミュニティーでの葬儀から，葬祭業者の手による葬儀への移行が急激に進んでいます。住み慣れた地域で最期を迎えることを望む者の終末が，住み慣れた地域から離れたところで執り行われるということがあってはなりません。各施設で考えた場合には，その施設が，地域に開かれた施設であることが大切です。看取りの場所は，本人の選択と本人・家族がどのように生きたいのかを，自分たちの意志で決めることが求められます。その意志を最期まで支援していくことが，福祉・医療

従事者の役割であるといえます。

　介護保険の2021（令和３）年度の見直しでは，看取りに関する改定も行われました。その内容は，看取り期の本人・家族との十分な話し合いや関係者との連携を一層充実させたこと。また，看取りへの対応の評価の充実にあります。

第４節　利用者と家族の希望に沿う支援

　住み慣れた地域にある施設は，利用者が最期まで暮らしていくための生活の場です。そこは，利用者一人一人に個室が整備されていること，そして入居者は，愛着のある家具や身の回りの備品を持ち込むことができ，家族が気軽に訪れることのできる場になっていることが求められます。そして，施設の中に，家族が宿泊できる別の部屋があり，風呂やシャワーが完備されている必要があります。また家族が施設の看取りスタッフのメンバーとの交流により，死に向き合う不安感や責任感を少しでも和らげることができると私は考えます。

　施設での利用者への身体面の援助としては，体は絶えず清潔に保ち衛生的環境の中で痛みを感じない医療の関わりが必要です。さらにこの時期には飲食物を上手に飲み込めない状態や，呼吸困難や床ずれなどの身体的苦痛が出現するので，その苦痛から解放するための介護が大切です。そして，利用者への精神面の援助としては，看取りスタッフをはじめ職員全体が，いつも利用者に対してほほ笑みのある明るい表情で接することです。さらに，家族をはじめ，今まで交流のあった親しい人が気軽に話しかけられる環境であってほしい。このように職員は臨終を迎える利用者本人や家族の主体性を尊重し，最期まで人間らしく心安らかに生涯を全うできるように援助していかなければなりません。職員は全員でその施設の看取り介護の方針を十分に理解しておく必要があります。そのうえで，看取り期に起こりうる身体・精神的変化の対応方法，利用者本人・家族への精神的援助方法，家族との連携方法，多職種協働の方法と各職種の役割，夜間や急変時の対応などについて，職員全員が共通理解を持つことが重要です。そのうえで，職員が実際の看取り介護の経験を積む中で，理解を深めていくことが求められます。

施設での看取り期は，利用者の人生の完成を目指すものであるので，最も人間的なアプローチが求められます。それと共に，身体の安楽を図るために，適切な医療的アプローチも必要とされる時期です。したがって，看取り期においては，医師や看護師等による医療面と介護福祉士やソーシャルワーカー，栄養士等による生活面の密接な連携による看取りスタッフの働きかけが必要とされます。そして何よりも，最期まで利用者の尊厳を守ることに関しては，非常に強い関心を持たなければならないということです。

　施設内では，他の利用者や職員等との人間関係がある環境の中で，終末を迎える人は看取られます。逝くものとしては，慣れた生活，親しい友人，なじみの職員たちの中で，そこに家族も加わり天寿を全うすることができ，何よりもうれしいものでしょう。このように看取りケアは生活ケアの延長線上にあるといえます。看取り期で大事な要素は介護者である家族が，どのように肉親の亡くなりゆく状況を理解して，納得するかというプロセスです。

　その意味でも，終末期を考えるうえで重要なのは，どこで最期を迎えるかということです。本人の意思決定ができる状態であれば，まずは本人と家族でこの点について決定することが大切だといえます。

第5節　多職種連携でのチームワーク

　人間は誰もが，人生の終末を迎えるにあたって，やはり自分自身の顔かたちについて気にかけているのではないでしょうか。

　在宅で独り暮らしの老婦人が，「きれいな顔で死にたい。死んだ顔が，みんなに見せられない顔では困る」と語ったのを私は今でも覚えています。高齢者は歯が欠落していることが多いです。また，独り暮らしや老夫婦二人暮らしの自宅を訪問すると，いかに不自然，不適合の義歯を装着している人が多いかが目につきます。適切な義歯による顔貌回復により，このことが解消されます。看取り介護が必要な人にとって，歯科医療は困難ですが，歯科医師，歯科技工士，歯科衛生士が三者一体となり，そこで看取り期にある高齢者の顔貌回復も可能となるのではないでしょうか。私はこの老婦人との出会いを通してそれを

痛感しました。

　私が介護老人福祉施設（特別養護老人ホーム）で相談員（ソーシャルワーカー）をしていた当時は，施設で通夜と告別式をすることが多くありました。看取り期にある人が医師による死亡確認を終えたのち，家族が十分にお別れをできるように施設職員は環境を整えます。家族は亡くなった利用者本人の体に触れ，体は温かくても息はしていないことを感じるなどのプロセスを通じて，家族自身が少しずつ死を受け止めることができるようになります。家族が徐々に落ち着いてきた段階で，看護職員や介護職員が死後の処置の準備をします。家族が希望した場合には，家族の気持ちに配慮しながら死後の処置を一緒にできるように支援しました。そして，本人が施設でどのように暮らしていたかを家族に話すことで，家族の辛い気持ちが和らぐことがありました。

　また，故人に身寄りがない場合には，相談員として私が施設での告別式後に火葬場に行き，火葬後は遺骨を骨壺に納めました。そして，四十九日まで施設の金仏壇に骨壺を置いて供養し，その後，相談員である私が浄土宗総本山の知恩院へ納骨しました。

第6節　家族や職員へのグリーフケア

　ロス（Ross, E.K.）は『死ぬ瞬間』の中で死の受容に至る段階について言及しています。「否認と隔離」→「怒り」→「取引」→「抑うつ」→「受容」というあまりに有名なステップが紹介されていますが，ロス自身も言及しているようにすべての人がこのステップを通るわけではなく，簡単には「受容」に至りません。多くの場合すべてを受け入れられるのは，死の数日前であるようにいわれています。

　ケアを行うスタッフへの配慮も必要です。バーンアウトするケースは決して少なくないといわれています。施設での看取り介護は，利用者が死亡したら終わるわけではありません。看取った家族や職員が長い介護を終え，ほっとすることもあれば，残された家族にはしばらく虚脱感が続くこともあります。また，家族や職員は，ふさわしい介護ができたであろうかと，自責の念にかられ

ることがあります。たとえば高齢の妻や夫だけが残った場合，生前より故人に関わっていた福祉や医療の関係機関の担当者は，時折，残された遺族の様子をうかがうことが必要です。また，専門家のカウンセリングが有効な場合もあります。看取り介護の理念は，人権尊重であり人間の尊厳です。看取り期になった利用者は，どのような死を望み家族はどのような気持ちを抱いているのか，日頃から職員で話し合っておく必要があります。個人の生き方の問題であり，いろいろな最期があってよいわけです。しかし，人生の終末は看取り期にある者の意志に添ったものであってほしいものです。

第7節　リビングウィルと公正証書

　私は施設の身寄りのない利用者に対して，元気なうちに希望があれば公証役場で公正証書を公証人に作成してもらっていました。このほか，新年を迎えると自筆遺言を毎年署名捺印して，書き換えていた利用者にも出会いました。また，エンディングノートは遺言とは異なり法的拘束力はありませんが，自分がどのような最期を迎えたいのか，どのように旅立ちたいのかなどの思いをつづるノートです。目的の一つには「残された人たちに迷惑をかけないため」というものがあります。病名の告知や延命治療に関する考えなどを書き込むことができ，家族が判断に迷ったときに，その判断材料とすることもできます。私が住む地域で高齢の女性が亡くなった時に，その方がつづったエンディングノートを家族が見つけました。その中の一つに，通夜では『シルクロード』のテーマ音楽を流してほしいという一文がありました。そこで遺族である夫は，亡き妻の遺言どおりその音楽を流しました。

第8節　おわりに

　私は，義父が2020（令和2）年の7月に亡くなり，納棺師による納棺の儀を体験しました。納棺師とは故人が旅立つための準備を行い，身支度のサポートをする人のことです。亡くなった人を棺に納めるために必要な作業を行い，故人を安らかに送ります。火葬までの遺体を管理するのが主な仕事で，ドライア

イス等で内臓や体全体を冷やし腐敗の進行を抑え，含み綿等を使って表情を整えます。さらに衣装の着替えをしたり，顔そりや化粧を施したりします。遺族の悲しみに添いながら，厳粛かつ穏やかな雰囲気をつくり出すことも重要な役割の一つです。そこには死者に対する尊厳が満ちています。納棺の儀に見られる，温かさや優しさを感じることができます。義父を火葬するときに，喪主である私が火葬のボタンを押しました。最後のお別れをしてから，遺族を代表してボタンスイッチを押した手の感触が，いつまでも消えませんでした。

人には動物学的な死と，誰からも忘れ去られ記憶からも葬り去られてしまう死があります。私は実家の仏壇や先祖の墓参りで故人をしのんだり，近況報告をしたりしています。その折には合掌をしています。私がそうすることで，子どもや孫たちも幼い頃より私と同じように，手を合わせる習慣ができています。普段から，亡くなった私の父のことを子どもたちによく話します。父がどのように生きてきたか，戦後の日本で家族や地域のために，いかに働いてきたかなどの内容です。そうすることによって，父が物体として亡くなっていても，いつまでも家族の心の中には残り続けることになります。

葬儀というのは習慣や宗教との関係が強いものですから，最も変わりにくいものと見なされてきました。事実，地方の山間部には土葬が残されていたり，野辺の送りとしての葬列の風景がいまだに生きていたりします。それは地域コミュニティーを中心とした懇切丁寧な葬送でした。しかし，こうした風景は，時代に合わないとして簡略化が押し進められ，現代日本では極めて例外的なものとなってしまっています。

現在葬儀に関してはかなりの変化と多様化がみられます。その変化の一つに「お別れ会」の流行があります。これは歴史的に捉えるならば告別式の独立形態といえます。元来，日本の葬儀は，コミュニティーが中心となって行うところにその特徴がありました。しかし，今日では急速に葬儀の担い手が個人化してきています。それに伴い葬儀にもかなりその人らしさ，個性が現れるように変わってきています。

今後，単独世帯の増加などが見込まれる中で，孤立死は避けて通れない問題

であり，社会的孤立は本人や家族では対応しきれません。それゆえ，社会的孤立や孤立死のリスクが高い今日，生活の場で安心して最終段階を過ごすためには，社会的孤立をいかに防ぐかまで，視野を広げて検討する必要があるといえます。

参考文献

一般財団法人厚生労働統計協会『国民の福祉と介護の動向』2022年
斎藤忠雄『「いのちの最期」を生きる　人としての尊厳を支える在宅医療・介護とは！？』現代書林，2011年
佐々木隆志『日本における終末ケアの探求　国際比較の視点から』中央法規出版，1997年
ロス（Rose,E.K.）・川口正吉訳『死ぬ瞬間　死にゆく人々との対話』読売新聞社，1971年

第4章　長期入院を要する子どもとその家族

— 多くの支援者と共に —

柳澤　利之

第1節　はじめに

　皆さんは「子ども」という言葉を聞いて，どのような姿をイメージするでしょうか。おそらく，無邪気に走り回る姿だと思います。しかし，世の中には重い病気のためにベッドの上で多くの時間を過ごさなければならない子どもたちがいます。

　私の次男は2016（平成28）年，4歳の時に急性骨髄性白血病を患い，約1年に及ぶ入院を経験しました。家族で臨んだ闘病期間中にさまざまな人たちに出会いました。医師や看護師などの医療職をはじめ，ボランティアなどの支援者，さまざまな病気と闘う子どもたちとその家族です。幸いなことに次男は現在，元気に日常生活を送ることができています。

　ここでは，重い病気と闘う子どもやその家族，支援する人々について，私の経験を交えながら述べていくことにします。

第2節　どのような病気で入院するのか？

　「児童福祉法」では，長期にわたり療養を必要とし，およびその生命に危険が及ぶ恐れがあるものであって，療養のために多額の費用を要するものを「小児慢性特定疾病」と定め，医療費の助成などのさまざまな対策を講じています。

　対象となる疾病は2021（令和3）年11月現在，788疾病あります。疾患群別の登録者数は表1のとおりです。内訳として，内分泌疾患，慢性心疾患，悪性新生物（小児がん）の人数が多くなっています。2017（平成29）年度では9.3万人を超える子どもが登録しています。これらの疾病のすべてが長期入院を要

するわけではありませんが，疾病によっては年単位の入院が必要となる場合や，1回当たりの期間は短くても何度も繰り返し入院しなければならない場合もあります。

表1　小児慢性特定疾病児童等データベースへの登録状況

	2015(平成27)年度	2016(平成28)年度	2017(平成29)年度
悪性新生物	10,671	10,550	10,759
慢性腎疾患	6,998	6,642	6,376
慢性呼吸器疾患	2,610	2,820	2,851
慢性心疾患	14,110	14,061	14,153
内分泌疾患	23,281	22,241	20,867
膠原病	2,478	2,696	2,786
糖尿病	5,283	5,287	5,125
先天性代謝異常	2,127	2,145	2,146
血液疾患	2,524	2,475	2,500
免疫疾患	624	645	661
神経・筋疾患	6,311	6,624	7,015
消化器疾患	3,825	3,825	4,891
染色体または遺伝子に変化を伴う症候群	1,185	1,375	1,557
皮膚疾患	341	368	364
骨系統疾患	1,222	1,125	1,210
脈管系疾患	136	149	159
成長ホルモン治療申請	9,862	9,810	9,890
	93,588	93,331	93,310

(出所：小児慢性特定疾病情報センター　ホームページより著者編集，2022年4月)

第3節　入院中の子どもの状況

1．入院に伴う子どもの危機

　病棟での生活は家庭とはまったく異なるものです。特に後天的な病気の場合，家族のもとから学校などに通っていたそれまでの生活から，慣れない場所や人々の中で苦痛を伴う医療的処置を受ける日々へと急激に変化します。

　身体面のみならず心理・社会面でも，多くの喪失を伴うため，怒り，不安，抑うつなどの感情をもたらします。たとえば小児がんの場合，化学療法の副作用で頭髪だけでなく全身の体毛が抜け落ちます。思春期の子どもは特に外見を気にかけることから，心理的な苦痛は相当なものがあります。また，入院治療中は，自分で何かを選択したり，決定したりすることが許されにくい環境にあり，無力感が生じることにつながります。

　治療の経過の中で，学校での学びが中断されるため学力不振に陥りやすく，学業への意欲や自尊心の低下が懸念されます。集団での活動が制限されやすい病棟生活では，子ども同士で関わることで育つ社会性の獲得が妨げられます。

　ストレス対処能力が未熟な時期に長期入院や生命の危機，痛み・恐怖を伴う処置を繰り返し経験することで，外傷後ストレス障害・ストレス症状を呈することが多いという報告があります[1]。

2．家族などとの面会・外泊

　小児科病棟の面会は，原則として家族（両親・祖父母・中学生以上の兄弟姉妹）に限定されているところが多いようです。感染のリスクが高い子どもを守るための措置ですが，きょうだいが中学生未満の場合，長期にわたって会うことができないことがあります。友人なども同様です。

　また，高度治療を受けることが可能な病院の数が限られていることから，自宅との距離が遠く，頻繁に面会に来ることができないという例も少なくありません。治療の経過に応じて，一時退院や外泊が可能となる場合があります。外泊や一時退院は，子どもの治療への意欲を高めるなどさまざまな意義がありま

す。しかし，自宅と病院が遠い場合，子どもの体力の問題や緊急時のリスクなどを考慮し，実現しない場合もあります。

3．プレイルーム・院内学級

　入院中の子どもは，病院内であっても小児科病棟の外を自由に行き来することはできません。最近では小児科病棟の中に，プレイルームが設けられる病院が増加しています。各年齢に対応した本や玩具などが備えられ，入院中の子どもたちが交流することもできます。保育士が配置されている病院もあり，プレイルームに出てくることができない子どもの病室に玩具を持って出張してくれたりします。

　学齢期にある子どもは，院内で教育を受けることができます。病院に併設された特別支援学校や地域の学校などで行われたり，教師を病院や児童生徒の家庭に派遣する訪問教育が行われたりします。子どもの状況によっては，ベッドサイドで学習することもあります。

第4節　家族が置かれる状況

1．親

　多くの場合，入院している子どもには親の付き添いが必要です。長期間，病院に寝泊まりしながら子どもと向き合うことになります。子どもと同じベッドで折り重なるように眠り，食事はインスタント食品ばかりという環境で，何日も自宅に戻ることができないということも少なくありません。

　病気の子の付き添いに専念するだけではなく，自宅にいる他の子どもの世話や学校行事に対応したり，所得を得るために仕事を継続したりする場合もあります。きょうだいが多い家や一人親家庭などでの親の負担は計り知れません。

　また，親の負担は，このような物理的な負担だけではありません。「なぜ自分の子どもが病気になってしまったのか」と，自分を責めるような気持ちに支配されることがあります。長期入院を要する子どもの病気の多くは原因不明や偶発的なものが多いのですが，インターネット上には根拠の乏しい真偽不明の

情報が氾濫しています。たとえば，親の若い頃の生活習慣や妊娠中の行動，子育ての仕方などが子の病気に影響するといった情報です。その他にも，遺伝や悪霊などが病気に影響しているというものまであります。さらには，同様の話を身内や知人から聞かされることもあります。このような情報に触れるたびに，親は自責の念を抱き，心理的な負担を増大させるのです。

2．きょうだい

　子どもの入院はきょうだいの生活にも大きな変化をもたらします。一般的に親の関心が病気の子どもに集中してしまうことで，病気の子どもだけが大事にされているように感じ，きょうだいは親に甘えられなかったり，何かあっても相談できなかったりするといわれています。

　きょうだいの年齢によって生じる問題はさまざまです。乳幼児であれば，親との愛着形成が十分に促されないことによって心の発達に支障を来すこともあります。学童期であれば，学校行事や習い事などで親の協力を得ることができず，家族や友人の中で疎外感を持つことがあります。受験期であれば，ただでさえデリケートな時期に親の協力を十分に得られなかったり，家事を分担せざるを得なかったりして，学業に専念できる状況にはありません。

　きょうだいの苦悩はそれだけではありません。病気により衰弱するきょうだいの姿から死への恐怖を感じたり，きょうだいの後遺症や外形的な変化を受け入れられず距離を置いたりすることもあります。いずれにしてもきょうだいの入院による生活の変化は，不安や孤独を感じ，多くのストレスを生じさせるだけでなく，心の発達や将来の人生にまで影響を与えることがあるのです。

3．祖父母

　祖父母が健康で近くに住んでいる場合，闘病生活の心強い応援団になることがあります。付き添いを一時的に代わってもらったり，きょうだいの世話や家事を依頼したりするだけで，親は心身共に楽になります。また，きょうだいも１人で過ごさなければならない時間が少なくなり，寂しさが軽減されます。

一方で，祖父母が孫の病気を受け入れられないということもあるようです。入院が長期になるに従い，心身の疲労で祖父母が健康を損なうこともあります。また，親と祖父母の教育方針の違いから，家族関係が悪化してしまったり，入院中の子どもやきょうだいが混乱したりすることもあります。

第5節　支援者・組織

1．医療・福祉関係者

　高度治療を受けることが可能な病院には，実に多くの職種が働いています。医師，看護師はもちろんですが，歯科医師，臨床検査技師，放射線技師，薬剤師，理学療法士，作業療法士，管理栄養士，歯科衛生士などの医療職やソーシャルワーカー，保育士などの福祉職です。さらに事務，調理，清掃などさまざまな方々の働きによって支えられています。

　また，小児がんの場合，「日本小児がん研究グループ（Japan Children's Cancer Group, JCCG）」という組織に，約170に及ぶ小児がん治療・研究を専門とする日本のほぼすべての病院などが参加し，関連するすべての専門家集団が結集して幅広い領域の小児がん克服支援体制が構築されています。つまり，主治医だけでなく全国の専門家が検査や診断などに関与することで，より正確な診断と適切な治療を行うようになっているわけです。患者や家族の見えないところで，多くの医療者や研究者が関わっているのです。

2．各種団体・親の会・企業の支援

　さまざまな団体・企業が病気の子どもや家族の支援を行っています。これらの活動は個人や企業などの寄付金を原資として，多くのボランティアが活動に参加することで成り立っています。ここでは，その一例を紹介します。

　「難病のこども支援全国ネットワーク」は，難病や障がいのある子どもたちと家族の相談支援を行い，交流の場を設ける活動などを行っています。活動の一つである「親の会連絡会」では，難病や慢性疾病・障がいのある子どもをもつ親たちを主たるメンバーとする親の会約70団体が参加し，経験交流や情報交

換を行っています。それぞれの親の会でも，相談支援，交流や病気に関する啓発活動などを活発に行っています。

　自宅から離れた病院で治療を受ける子どもと家族が低料金で宿泊することができる「ドナルド・マクドナルド・ハウス」は全国に11カ所設置・運営されています。2022（令和4）年の秋に新潟市内にも開設されました。面積が広く離島を持つ新潟の子どもや家族にとって，無くてはならない存在になることでしょう。

　「日本財団」では，病気の子どもと家族の支援施設を全国に建設しています。子どもを宿泊または日中預けることができる施設や，キャンプやレジャーを楽しむことのできる施設があります。「アフラック生命保険株式会社」は，保険契約の有無に関係なく利用することができる小児がん経験者のための給付型の奨学金制度を設けています。また自宅から離れた病院で治療を受ける子どもと家族のための宿泊施設「ペアレンツハウス」を全国に3カ所設置しています。

第6節　退院後の生活

　入院を経験した子どもにとって，退院して家庭に戻れることは何より喜ばしいことです。しかし，退院後も引き続き通院が必要になることがほとんどです。食事，運動，外出などの日常生活に何らかの制限が課せられることや，家族による医療的ケアが必要なこともあります。

　退院後は地域の学校に戻る場合が多いのですが，長期間欠席していたことから復帰に向けた準備が必要です。復帰しても通院などで欠席することが多く，体育など一部の授業に参加できないこともあります。学習の遅れや友人関係，外見の変化などから，本人が登校することに気後れする場合があります。円滑に学校生活に戻ることができるよう病院と学校，家庭の連携が不可欠です。

　病気そのものは治っても，薬や放射線，手術などの治療によってもたらされた副反応や病気そのものの影響が後々まで残り，時には数年後になって新たに起こってくることがあります。このような現象を晩期合併症と呼びます。晩期合併症の中には，成長障害や不妊，さまざまな臓器の障害など，生涯にわたっ

て付き合っていくことになる症状も含まれます。

　日本では病気の子どもに対する偏見が根強く，教育，就労，結婚などで差別
を受けることがあります。そのため，できる限り子どもが病気を抱えているこ
とを隠そうとする親が少なくありません。

第7節　まとめ

　医療の目覚ましい進歩に伴って，多くの病気が治癒するようになり，子ども
の命が救われるようになりました。同時に，後遺症や合併症を抱え，時に理不
尽な差別を受けながらも，助かった命を輝かせようと努力する子どもや家族，
それを支援する人々も増えています。

　私の次男は発病から5年以上経過しますが，目立った後遺症や合併症もな
く，元気に生活しています。その背景に，昔から続く当時の医療では助からな
かった子どもたちの命と家族の涙，そして医療者の苦労の上に成り立つ最新の
医学的知見・技術と，多くの方から受けた恩恵があるということを，私は忘れ
たことがありません。

　次男が入院中，ホスピタル・クラウン（入院中の子どもたちに対して道化師
がパフォーマンスする活動）の訪問を受ける機会がありました。不自由な入院
生活でふさぎ込んでいた子どもたちが，一瞬にして笑顔になる場面を目の当た
りにしました。

　クリスマスには大勢のバイク愛好家のボランティアが，サンタの格好で病院
にプレゼントを届けてくれました。直接面会できない代わりに，大勢のサンタ
が病院の外周をバイクで走ってくれる壮観な風景を，子どもたちは窓に張り付
いて見ていました。

　次男には多くの輸血が必要でしたが，土日や年末年始にも滞りなく血液が届
きました。これも日本赤十字社の人たちの働きと，お正月にもかかわらず献血
に協力してくれる人がいたからこその話です。

　1年に及ぶ子どもの闘病生活の中で失うものもありましたが，多くの素晴ら
しい人たちに出会うことができ，私の人生観は大きく変わりました。次男は大

病を患ったことを含めて，これからの人生の中でもさまざまな試練に遭遇すると思いますが，闘病経験を前向きに捉えながら，助かった命を輝かせて生きてくれることを願っています。次男の闘病には，当時6歳だった長男も協力してくれました。幼児園から小学校に上がるとても大切な時期に，随分と寂しい思いをさせてしまいました。多くの人に支えられながら家族で乗り越えた弟の闘病を誇りに思う日が来ると信じています。それが，今回の経験の中で出会った人たちに対する最大限の恩返しになると思うからです。

引用文献

1）永田真一・舩越俊一・上埜高志・林　富・松岡洋夫「小児がんに伴う外傷後ストレス障害（PTSD）」『小児がん』第42巻第4号，2005年，pp809〜816

参考文献

香西早苗・二宮千春・中新美保子「わが国の小児領域における病気をもつ子どもの同胞に関する看護研究の動向」『川崎医療福祉学会誌』Vol.28No.2，2019年，pp475〜483
高山智子編『がん専門相談員のための「小児がん就学の相談対応の手引き」』独立行政法人国立がん研究センターがん対策情報センター，2014年

第5章　知的障がいのある方のスポーツを考える

― 地域スポーツクラブの取り組みを通して ―

時本　英知

第1節　はじめに

　世界的な新型コロナウイルス感染症の感染拡大により，延期となっていた2020東京パラリンピックが，2021（令和3）年の8月から9月にかけて開催されました。これにより日本における障がい者スポーツに対する社会的な注目がさらに高まりました。一見すると日本における障がい者スポーツの振興は順調に進んでいるようにみえますが，必ずしもすべてが順調というわけではありません。その1つに知的障がい者のスポーツに関する課題があります。皆さんは2020東京パラリンピックに知的障がい者が参加していたのは知っていますか。調査によると，パラリンピックの参加対象に身体障がいが含まれることを約8割の人が認知しているのに対し，知的障がいが含まれていることについての認知は約4割にとどまっていました[1]。そもそもパラリンピックに知的障がい者が参加していることを知らない人が多い状況です。このように知的障がい者のスポーツという視点でみると，社会の関心は低いといえます。

　こうした状況は，これまでの歴史的な背景が関係しています。身体障がい者のスポーツは戦争で障がいを負った方のリハビリテーションとして早くから取り入れられ，障がい者スポーツの起点となりました。それに対して，知的障がい者のスポーツは，長らくなじめず親しむことができないと受け止められてきました[2]。さらに，知的障がい者もスポーツに参加できると理解されてからも，社会生活や就労の訓練が優先され，スポーツは余裕がある人がやるものとされてきました。その結果，知的障がい者スポーツは，積極的に取り組まれず身体障がい者スポーツと比べると，20年以上遅れていると指摘されています[3]。

第2節　知的障がい者のスポーツについて

1．知的障がい者スポーツの現状と課題

　現在の知的障がい者を対象としたスポーツは，学校の授業などにおける活動が中心となっており，卒業後に活動を継続しづらい状況が指摘されています[4]。また，障がいの有無に関係なく活動できる総合型地域スポーツクラブへの知的障がい者の参加も少しずつ見られるようにもなりましたが，その参加者の多くが特に配慮の必要のない障がいが軽い人となっています[5]。さらに，知的障がい者のスポーツやレクリエーションの実施率は身体障がい者と比べると高いものの，活動満足度が低く，結果としてスポーツやレクリエーションに対する関心が低くなっています[6]。理由として，知的障がい者はスポーツを面白いと感じるきっかけに恵まれないことが指摘されています[7]。

　このように，知的障がい者スポーツの現状には，年齢や障がいの程度，個人の活動目的といった個々の状況に応じた活動が実施できていないという課題があります。知的障がい者のスポーツは，身体障がい者のスポーツと比べ，体育館を整備する等の"見えやすい"準備を進める必要性はそれほど高くありません。その一方で，課題にもみられるような，知的障がい者がスポーツ活動を継続するための，彼らの状況に応じた工夫や配慮を取り入れた活動を整備するといった"見えにくい"準備を進める必要性は高いといえます。

2．知的障がい者スポーツの活動で着目すべきこととは？

　知的障がい者の中には，確かに運動発達に遅れが見られる方も少なくありません。しかし，その要因は，認知の問題によるものと日常の運動の機会の不足によるもので，そもそも身体上の問題というわけではないため，知的障がい児と同じ年齢の健常児との間に大きな違いがあるというわけではないと指摘されています[8]。そのため，知的障がい者スポーツの活動現場でも健常児者と同じように活動を進めようとする様子が見られます。

　それでは，知的障がい者に対しスポーツの活動を進めるにあたり，何に着目

する必要があるのでしょうか。私は，先述した知的障がい者が「スポーツを面白いと感じるきっかけに恵まれないこと」について特に着目しています。「才能」や「熟達」について研究する北村勝朗（2009）は，それぞれの分野における人の「熟達化」について，「導入期」に多くの「面白い，楽しいという『わくわく体験』」を積むことによって，その後の「専門期」に専門的で反復的な内容を「頑張り続けること」につながり，さらに，その後の「発展期」に自分で工夫を重ねながら取り組むことへとつながっていくと指摘しています[9]。この指摘は，一流の科学者やプロスポーツ選手などのエキスパートの熟達として述べられていますが，知的障がい者のスポーツにおける成長という視点でも共通する考えだといえます。そして，なによりその障がい特性を踏まえると，大切にすべき考え方の１つではないでしょうか。

3．知的障がい者スポーツにおける具体的な配慮ポイントとは？

　私が携わっていた知的障がい児者を対象とした地域のスポーツクラブに所属していた中学生は，中学校に進学したのを機に自らの競技レベルの向上のために，地域スポーツクラブを辞め中学校のクラブに入部しました。中学校のクラブでは，他の生徒（健常児）と同様に練習を取り組むことを条件に入部が認められました。本人は懸命に練習に取り組み，中学校のクラブの指導者からも評価されていましたが，結局，クラブを辞め地域のスポーツクラブに戻ってきました。戻ってきた本人に，中学校のクラブを辞めた理由を聞いたところ「練習で，（そのスポーツが）嫌いになりそうだった」と話してくれました。

　このエピソードの中学生が中学校のクラブを辞めた要因の１つとして，当時の彼にはまだ中学校のクラブにおける反復的な練習を頑張り続けることが難しい状況であったと考えられ，スポーツを「面白い，楽しいという『わくわく体験』」が不足していたことが挙げられます。

　この「わくわく体験」の不足は，それを体験できる機会が少なかったというだけではなく，活動を通して得られた体験を彼が「わくわく体験」として認知し，自らの中に蓄積させられなかったことも理由として考えられます。つま

り，知的障がい者スポーツを実施するにあたり，知的障がい児者の「わくわく体験」の機会を増やせるように支援することと，彼らがそれを「わくわく体験」として認知し，自らの中に蓄積できるように支援することの2つが大切であるといえます。

　以上の2つの点を踏まえ，次節では，私が仲間と共に進めてきた知的障がい児者を対象とした地域スポーツクラブの取り組みについて紹介します。そして，その活動では何を大切にしながら，どのような取り組みを行ってきたのかについて解説したいと思います。

第3節　知的障がい児者のための地域スポーツクラブの取り組みについて ──

1．地域スポーツクラブを始めるきっかけ

　知的障がい児者を対象とする地域スポーツクラブを設立するきっかけは，保育者を養成する短期大学における教育の一環として，地域に住む知的障がい児者を対象としたサッカー教室を開催したことが始まりでした。サッカー教室を通して，参加者のポジティブな反応と保護者からの予想以上の反響を受け，学生らと共に，知的障がい児者のスポーツを通した余暇支援活動の継続的な実施について検討しました。そして，翌年のサッカー教室開催後の2009（平成21）年9月に，知的障がい児者を対象としたサッカークラブを発足させました。1年目と2年目は私がメインコーチとして活動全体を進め，在学生が参加者の近くで活動をサポートしながら活動を進めました。3年目からは，しばらくボランティアとして参加していた卒業生がメインコーチとして就任しました。また，それにあわせて地域の理解者や支援者の協力を得て，2011（平成23）年9月に特定非営利法人の法人格を取得し，地域で活動を支え進める体制を整えました。

2．知的障がい児者を対象とした地域スポーツクラブの活動内容

(1)　サッカークラブの活動

　サッカークラブは，主に高校生以上を対象に週1回から2回程度の活動を行っています。活動は，勝敗にとらわれることなく，サッカーやさまざまな活

動を楽しみ，それらを仲間と共有できるような活動を行います。その中で，自らの役割を担いつつ仲間と協力する力を身に付けながら仲間との関係を深めることを目的としています。サッカークラブの参加者には，設立から13年以上，活動を継続している方もいます。

(2)　サッカースクールの活動

　サッカースクールは，主に小学生以上のすべての年齢を対象に週1回から2回程度の活動を行っています。活動は，サッカーボールを使った遊びを通して，体を動かす楽しさを感じられる活動を行います。その中で達成感を通して自信を獲得し，さまざまな場面でチャレンジする力を身に付けることを目的としています。サッカースクールは，障がいの程度が比較的重い方や競技性を求めない方の受け皿となるため，対象年齢を小学生以上のすべての年齢としています。

(3)　ちびっこスクールの活動

　ちびっこスクールは，主に未就学児から小学校の低学年を対象に週1回程度の活動を行っています。活動は，個々のペースや能力に合わせた運動遊びの活動を行います。その活動を通して，運動に慣れていない参加者に対し運動を始めるきっかけをつくることを目的としています。この活動は，少人数制をとり，スタッフやボランティアがマンツーマンで対応できるようにしています。

(4)　サッカー教室の開催

　スポーツ活動の経験の少ない知的障がい児者にとって，いきなり継続的な活動に参加するのは，とても勇気のいることです。たとえ，配慮や工夫を取り入れていたとしても，当事者からするとハードルは高く感じることでしょう。そのため，サッカー教室では，写真1のようなエアー注入型の遊具とミニサッカーコートなどを取り入れながら活動環境を整え，視覚的にも「楽しそう」と思えるように工夫し活動を行います。そのため，サッカーの練習に行くというよりは，遊びに行くという感覚で参加できるようにし，活動を通して体を動かす楽しさやチャレンジすることの面白さを体験し，「もっとやってみたい」という気持ちを刺激することで，継続的な活動を始めるきっかけとしていきます。

(5)　サッカー大会の開催

　毎年開催しているサッカー大会は，勝敗だけにとらわれず，誰でも気軽に参加できる大会を目指して実施しています。そのために，団体参加だけではなく，数名の仲間や個人でも参加できるようにしています。また，年齢や性別，障がいの程度に関係なく楽しめるような工夫を取り入れています。具体的には，遊び感覚でサッカーを楽しめるように「アトラクションブース（キックターゲット，パネル倒し，エアー注入型ミニサッカーコートでのゲームなど）」を設置したり，多くの人が参加できるように5人制サッカーを導入したり，参加者の運動能力や参加目的に合わせたリーグ構成を取り入れたりしています。さらに，サッカーの試合中は，コート内に参加者と審判だけとなるため，試合中に参加者をサポートできる審判の養成を行っています。このような工夫を通して，一人でも多くの参加者が楽しめる環境を整えています。

写真1　活用していたエアー注入型の遊具とミニサッカーコート

3．参加者との情動共有を意識したサポート

　ここまで紹介してきた活動において，共通して重視している取り組みがあります。それは，参加者と情動共有を図ることです。活動に取り組んでいると「楽しい」「うれしい」「恥ずかしい」「悔しい」「腹立たしい」などのさまざまな感情が湧き起こってきます。その参加者の感情の動き（情動）をコーチやボランティア，審判がしっかりと捉え，動きや言葉，表情で返して（共有）いき

ます。この取り組みを通して，成功による「楽しい」「うれしい」を増大させ
たり，失敗による「恥ずかしい」「悔しい」を分散させたりします。知的障が
い児者はその障がい特性から，自らの意思や考えを伝えることを苦手としてい
ることが少なくありません。そのため，他者を通じながら活動で湧き起こる自
らの感情を確認し，その表出方法を学んでいきます。そうした仲間との情動共
有ができるようになると，スポーツ活動を通した新たな醍醐味となり，活動の
継続や新たなチャレンジにもつながっていくと考えています。

　また，前節で述べた北村は，図1に示すような形で「熟達化」を説明してい
ますが，そこで注目してほしいのが図の左に記されている「指導者の役割」で
す。そこには「共感」「応援」「支援」が「わくわく体験」や「頑張り続けるこ
と」を側面から支えていることが示されています。この側面からの支えは，私
たちが重視している情動共有も当てはまります。その情動共有が活動における
「わくわく体験」につながります。さらに，情動共有は「楽しい」や「うれしい」
などの自らの感情を確認する役割を担っていることからも，参加者が「わくわ
く体験」として認知しやすくなり，蓄積させることになります。

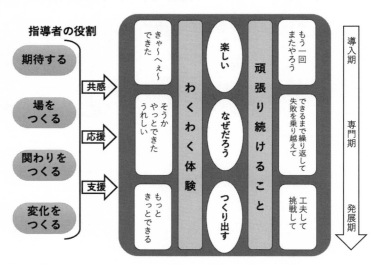

（出所：北村勝朗「『熟達化過程』から見た日本の科学者育成の課題」『BERD』15号，2009年，p.23）

図1　北村の示す熟達化過程の要素

第4節　まとめ

　以上のような取り組みを通して，多くの知的障がい者がスポーツを身近に感じ，これまで以上にスポーツを気軽に楽しみ，継続できる環境を目指しています。知的障がい者スポーツの現状からこのような活動がまずは必要だと考え，実践してきました。私たちが取り組んできた活動は，知的障がい者スポーツを山で例えるならば裾野にあたり，その裾野をひろげる活動といえます。山の裾野がひろがればその山は大きく高くなる可能性があります。一方で注目を集めやすいパラリンピックなどの競技スポーツは山の頂上に位置付けられる活動といえます。パラリンピック選手が活躍すれば，その選手に憧れを抱き活動を始める知的障がい児者も増えると予想されます。しかし，すべての知的障がい児者が最初から早く走ったり，高く跳べたりするわけではありません。そして，障がいの状況などによってはそこを目指せない方も多くいます。また，たとえ競技力が高い方でも年齢を重ね競技スポーツの第一線から退く時がやってきます。そうしたさまざまな状況の知的障がい児者のことを想定し，彼らが安心してスポーツに参加し，その活動を続けられる環境を整えることは，非常に重要だといえます。そのためにも，知的障がい者のスポーツは，競技力の高いものだけが魅力的で大切な活動というわけではないことを，活動を通して発信し続けていかなければならないと考えています。

引用文献

1）日本財団パラスポーツサポートセンターパラリンピック研究会『東京2020パラリンピック競技大会後における国内外一般社会でのパラリンピックに関する認知と関心　第3回調査結果報告（国際比較編）』2021年，p.9

2）能村藤一「知的障害者スポーツの現状と展望」『総合リハビリテーション』24巻3号，1996年，pp.275〜277

3）田引俊和「知的障害者のスポーツニーズと課題の検討－スペシャルオリンピックス参加者の保護者を対象とした調査分析－」『北陸学院大学・北陸学院大学短期大学部研究紀要』10号，2018年，pp.73〜78

4） 公益財団法人笹川スポーツ財団『地域における障害者スポーツ普及促進事業（障害者のスポーツ参加促進に関する調査研究）報告書』2016年，p.137

5） 後藤邦夫「知的障がいのある人とスポーツ」『JL NEWS』No.109，公益財団法人日本発達障害連盟，2017年，pp.1～5

6） 公益財団法人笹川スポーツ財団『地域における障害者スポーツ普及促進事業（障害者のスポーツ参加促進に関する調査研究）報告書』2016年，p.41

7） 公益財団法人笹川スポーツ財団『地域における障害者スポーツ普及促進事業（障害者のスポーツ参加促進に関する調査研究）報告書』2016年，p.57

8） ガラヒュー（Gallahue,D.L.）『幼少年期の体育 発達的視点からのアプローチ』大修館書店，1999年，pp.183～184

9） 北村勝朗「『熟達化過程』から見た日本の科学者育成の課題」『BERD』15号，2009年，pp.20～24

第6章　音楽に「正しい」はあるのか

栄長　敬子

第1節　正しく歌いたい?

　皆さんは，音楽は正しく演奏したいでしょうか？　正しく歌いたい，間違えずに弾きたい，自分だけではなく，聴いている人にも「間違っていない」と思われたい，という気持ちがあるでしょうか。「私はそんなことはない！　正しい音楽なんてない！　音楽は自由なものだ！　芸術は爆発だ！」と公言していても，どうしても家ではこっそりと「間違えないように」練習しておきたくなるものです。

　それでも，プロの音楽家，演奏家，アーティストは，なんて自由に楽しそうに，そして必ずしも「きれい」ではない音を堂々と，しかもなぜか「かっこよく」鳴らせてしまうのでしょうか。

　楽譜に忠実に演奏するクラシック音楽はもちろん，さまざまなジャンルにおいても，既成の作品には作曲者が定めた音の並びがあり，メロディーやリズム，ハーモニー等，何かしら決められている気がします。ピアノを習うと，先生からは決まって，間違えている音を指摘されます。「楽譜通り正しく弾きなさい」と。正しく弾くと何かいいことがあるのでしょうか。音楽，芸術は自由なはずなのに，正しい音楽とはどんな音楽をいうのでしょうか。なぜ私たちは，正しい音楽がそれほど気になるのでしょうか。

第2節　正しい音楽はあるのか　―音楽史から探る―

　「正しい音楽」という認識は，ずいぶん前からあったようです。「音楽とは正しく奏でる技術である」というのは，ルネサンス期の一般的な認識でした。正しくあるべきということだけでなく，歴史的に「音楽は○○であるべき」という主張はいつの時代も，熱く語られていたわけですので，この時期は「奏でる

技術」が一つ注目された時代だったのでしょう。

　実は，ルネサンス以前——古代，中世ヨーロッパでは，音楽は「神の技芸」
であり宇宙の真理であり，ともすれば聴こえないものですらあったのです。音
楽が聴こえない？　いえ，古代，中世ヨーロッパの人たちには，聴こえていた
（感じられていた）のかもしれません。私たちの知っているような音ではない
「何か」も含まれている，それが音楽——今私たちが感じている聴覚で捉えら
れるあの「音」を指していたのではなく，もっと別の次元の認識を指していた
と思われます。

　音楽の始まりはギリシア神話——音楽が「人間」の扱うものではなく，「神」
の技芸だった時——その不思議な力は神話の中で多く語られています。音楽が
聴こえる（伝わる）と，萎えた筋肉に活力が蘇った！　とか，上半身が女性，
下半身が鳥の姿のセイレーンの美しい歌に船乗りたちが惑わされ遭難した！
などの言い伝えもあります。音楽は，人間にも，動物にも，神にも通じる，不
思議なもの（感覚）だったのです。

　音楽の語源となるのは，女神「ムーサ」たちの技芸「ムーシケーmousike」
です。これはギリシア語ですが，英語ではこの女神を「ミューズ」といい，英
語のmusic，ドイツ語Musik，フランス語Musique，イタリア語musica，つま
り「音楽」の語源です。神の技芸・ムーシケーは，いわゆる聴いたり歌ったり
する音楽のみを指すのではなく，もっと広い概念として捉えられていました。
音楽が扱うテーマは，①宇宙の調和（天体），②人間の音楽（魂と肉体，霊と
精神の調和），③道具の音楽（声や楽器で奏でるもの），の３つです[1]。現代の
私たちが思う音楽は③道具の音楽，の意味のみですが，それ以上に「宇宙」や
「人間」という存在そのものを扱う「思弁的」な学問の一つだったのです。た
だただ耳に聴こえてくる音をどうやって楽しもうか，と考えられて生まれたも
のではなかったのですね。

　それが，ルネサンス期以降，「聴こえる音」にのみ焦点が当てられるように
なりました。いつの時代も，前例を壊す人たちがいますが，この時に活躍した
のは先進的な「詩人」たち。彼らはこう言います。「音楽では正しい基準など

わずかばかりもありはしない。むしろ，優れた人であれ，くだらない人であれ，これを楽しんで聴く人の快楽を基準として判定されるのが，最も正しいのだ」と。結局，正しくあるべきとも取れそうですが，少し違います。つまり，「正しい基準」はないけれど，人の快楽を基準として判定される中で「正しさ」が示される，この意味での「正しさ」が重要なのだ！　ということになります。そうして「人」の快楽を求め始めると，「私の快楽」つまり「私」が見えてきます。この時代から，音楽は「私」が「聴く」ことになったのです。快楽を求めて，積極的に「私」が関わるのです。それまでは「神」の物として思念するものでした。このルネサンス期以降，バッハなどの「バロック」の時代，ハイドンやモーツァルトなどの「古典派」，後の「ロマン派」へと，いずれにしても「私」の感覚が音楽の中心になったのです。たしかに，「私」の感覚に基づくようになると，まさに気にすべき規範もなく，自由だ！　と開放感に心躍るかもしれませんが，突然「私が」となると不安にもなるもので，どこかに規範を求める——「私の理想」「美学」が必要になり，その追究の変遷がその後の音楽史，ともいえそうです。

　さて，では何がいったい正しいのでしょうか。おそらく時代が大きく動くたびに，新たな音楽を聴いて顔をしかめた人はどこかにいたはずですから，正しいかどうかの判断も怪しいものです。前の時代の人は，新しい時代の音楽に触れると，「これは間違えている‼　正しい音楽とはこんなものではない！」と機嫌を悪くしたかもしれません。そうすると，時代を超えて普遍的に「正しい」ということも「間違っている」ということもない，ともいえるし，正しくもあり間違ってもいる」ともいえるのではないでしょうか。もう少し考えてみましょう。

第3節　正しい音楽?　美しい音楽? ─────────────

　「そういうことではないんです。楽譜にある音は正しいじゃないですか。だからその音は間違えてはいけないんです。私はそう教わってきたのですが…」という声が聞こえてきそうです。では，楽譜に記されている音は「正しい」の

でしょうか。

「そんなことを疑ったらきりがない…そもそも，音楽はきれいな響きがするものでしょう！　だから，間違えた音を弾いて，響きが変になって汚くなったら，ダメなんです！　音楽は美しいのだから！」とも言われそうです。では，音楽や芸術が求めるものは，いわゆる「きれい」なものばかりでしょうか？美しいとは，どのようなことなのでしょうか。

1．楽譜の音は正しいか

実は，歴史も，音楽史も，そして楽譜も，動き変化しています。数十年前まで「これはショパンが書いた音だ！　一音たりとも別の音を弾いてはいけない！」と必死になっていた音が，実は弟子が記譜していたもので，本人の自筆譜には違う音が書かれていた，ということはよくあります。いろいろな作曲家について時折発見され，大いに盛り上がります。しかも，ショパンは自身もピアニストでしたから，自作の物を弾きながら改訂もしていて，弟子へのレッスンの中でその改訂を伝えていたかもしれない。とすると，案外かつての自筆譜よりも，弟子の記譜した版の方が最終的なショパンの想いを表しているのではないか，とも考えられたりします。そうすると，ショパンと弟子との関係は？弟子が記譜した状況は？　出版されたいきさつは？　ショパンがその曲をどのように弾いていたか，どの版が最もショパンに近いのか，そもそもショパンも気持ちが変わるだろうし，いつのショパンが「正しい」ショパンなのか？　面白いですね。演奏家以上に，楽譜の校訂者，音楽学者，文学者，研究者，歴史学者など，人気のある作曲家には世界中のマニアが微に入り細に入り「正しい」を判断するための「材料」を集めてくれています。私たちは，必要に応じて，色々なレベルで追究し，色々なレベルで「正しさ」を探ることができるのです。ショパンはずいぶん前に亡くなっているにもかかわらず，楽譜も人となりも少しずつ動いている──。歴史上の人物や作品は，一つの完結としてすべてにつじつまが合うように解釈が求められがちですが，当人からすると，「そんな簡単に決めつけないでくれ…」という気持ちなのかもしれません。楽譜に記しき

れない「奏法」ともなると, 正しさを求めることはもっと難しくなります。「正しさ」は, 時代も地域も超えて普遍的なものではなく, 「何が正しいのか」を探し続ける行為こそ大事なのかもしれません。

2. 美しいとは

「美しい」という言葉からはどんな印象を持ちますか?　少し気どっているような感じ, 少し重すぎるので日常的にあまり使わない, あるいは「美味」「美酒」のように, 分かる人には分かる, 分からない場合もある, という感じもするでしょうか。

まず, 「美しい」の一般的な意味を確認してみましょう。広辞苑では「愛らしい, かわいい, いとしい」, さらに「形・色・声などが快く, 好ましい。きれいである/行動や心がけが立派で, 心をうつ」という意味が示されています。「美」についてもみてみましょう。「美」とは「うつくしいこと/良いこと, 立派なこと」のほかに, 哲学用語として「知覚・感覚・情感を刺激して内的快感をひきおこすもの」と説明されています。さらに, 「『快』が生理的・個人的・偶然的・主観的であるのに対して, 『美』は個人的利害関心から一応解放され, より普遍的・必然的・客観的・社会的である」とまとめられています。

音楽は, 神々ムーサの技としてあり, その技芸artは, 人間の技となってより普遍的なもの, 客観的なものを追究し始め, いわゆる「美学」「芸術哲学」の中で語られるようになりました。美は何か, 表面的にきれいというだけでない, 価値そのものへの挑戦が, 歴史的に繰り広げられてきて今に至ります。そして今は多様性の時代。行きつ戻りつしながらも, 神を失った人間, 音楽を自分のものとした私たち人間が求める美は?「美しさ」は, 時代も地域も超えて普遍的なものではなく, 「何が美しいのか」を探し続ける行為こそ大事なのかもしれません。

第4節　音楽の自由はどこにあるのか

正しさも, 美しさも, それを完成させることではなくて, 求めることが音楽

を楽しむ条件と思えてきます。そして，それは演奏者（創造者）も，聴き手（享受者）も，両者とも求めていることが必要なのです。音楽を演奏したり（作曲したり）聴いたりする中で，まさに「よかった！　楽しかった！」と感じる時，それは双方の「美的態度」に一致がある時だと，作曲家の近藤譲は述べています[2]。音楽が音楽として認識されるには，創造者と享受者の美的態度の一致が必要であり，その一致は両者に共有される文化だともいいます。つまり，その一致を求めて「音楽する」と，楽しい音楽の瞬間を体験できるというわけです。

　では，何か楽譜が出版されている曲，例えばベートーヴェン作曲の「エリーゼのために」を音楽として楽しむ，としましょう。ここで，「正しさ」を求めて取り組むとします。聴き手も「エリーゼのために」として楽しむためには，「エリーゼのために」であることが分からないといけないので，ある程度正しい音を並べる必要はありますね。あまりにいい加減な音やリズムになると，自分でもこれが「エリーゼのために」かどうか，分からなくなるかもしれません。まずは，「エリーゼのために」だと分かるようには演奏したい，これを第1段階としましょう。次に，楽譜の細部が気になり始めます。ベートーヴェンが「こんな風に弾くと，この私が作った名曲『エリーゼのために』が美しくなるんだよ…」とできる限りのヒントを楽譜に書き記してくれているわけなので，そのヒントを参考にさせていただくと，なるほどベートーヴェンの思うところに近づいていく気がするわけです。これが第2段階。そして第3段階としては，「この楽譜は本当にベートーヴェンの作品の本質を表しているのだろうか？」「ベートーヴェンはこの楽譜の記号以外に，何か言いたかったことはないのか？　いつ頃作曲したのか？　ところでエリーゼって誰？」と，この曲の正しさをさらに探りたくなるのです。聴き手も同様です。「あ，『エリーゼのために』だ！　この曲知ってる！」の第1段階，「あのメロディーが切ない…終盤で劇的な感じがするよね」などと細部も感じる第2段階，「『エリーゼ』って実は『テレーゼ』というベートーヴェンが結婚を考えたこともある女性の事らしいよ…いやいや，『エリーザベト』という女性の事だって最近分かったらしいよ！」と，この作品からさまざまな想いをはせてこの曲を楽しみ尽くす第3

段階です。正しく理解し，味わい，聴き尽くすためには，自分なりに得られる情報を少しずつ増やし，聴くために楽譜も見てみるなど，より深いところまで楽しみたくなります。

　そして音楽は，この第1段階でも十分楽しめるわけです。今は第1段階を楽しもうということでも良し，もちろん第2，3段階を行きつ戻りつしても面白いので，それは自在です。このそれぞれの「正しさ」へのアプローチは，進めば進むほど楽しくなるので，第1段階は第1段階の，第3段階は第3段階の楽しさがあります。それは強制されるものでも，指示されるものでもありません。いつも常に第3段階まで踏み込まなくてはいけない，ということもないのです。ただ，進むとさらに楽しくなり，いつまでも飽きずに楽しめるのが，音楽，芸術，アートの面白いところです。どの段階を楽しむのも自由，そして，各段階において「何を正しいとするか」は基本的に自由です。ただし，真剣に「正しい」を探り，相手の「正しい」に真剣に向き合う，ということが条件です。弾く人は，聴き手に「私が真剣に向きあった『正しい』を聴いてほしい」と思い，聴く人は「あなたの『正しい』への想いの音を，真剣に捉えたい」と思って聴く，このお互いの了解が音楽を共有する時に最も重要といえるでしょう。

　「美しい」については，もっと自由です。いわゆる，きれいな音を目指すのも，濁りや雑味の音色などで真実へ迫り，それこそが「美しい」とする姿勢も，いずれも「美」への追究です。ジャンルを問わず，作品の真実に向き合う過程で，必ずしも表面的なきれいさではない音を選択したとしても，それが真剣に向き合ったからこその音であれば，美的姿勢からきているといえます。しかし，気をつけたいのは，それが個人的な独りよがりに終わらないことです。個人的に主観的に，良いなぁと感じたものにとどまっているのは，「快」の状態です。それが，共有されるに値する快感，感覚になって初めて「美」に近づきます。たとえ，その時代が，雑味や濁りのある音を良しとしない感性が一般的だったとしても，聴き手の真剣な受け止める態度があれば，新しい「美」の体験がそこから生まれるかもしれないのです。弾く人は，聴き手に「私が真剣に向きあった『美』を聴いてほしい」と思い，聴く人は「あなたの『美』への想

いの音を，真剣に捉えたい」と思って聴く，このお互いの了解が音楽を共有する時に最も重要といえるでしょう。

　先生は生徒の間違いや奏法を指摘します。それは，正しいとされる音，美しいとされる音の，現在の平均的な感覚を示しています。きっとご指導通りに弾くと，比較的多くの人に，音楽として概ねしっかり伝わり，共感してくれて，みんなが楽しめる，その確率が高くなることでしょう。つまり，専門家の助言を得て取り組んだ音楽は，創造者と享受者の美的態度とその価値基準が一致する確率が高い，安全策でもあるのです。先生は，生徒に楽しんでほしい，こうしたらもっと楽しさを味わえる，と思うので，より正しい「と思われる」音，より美しい「と思われる」音を促してくださるのでしょう。

　それを壊すのは，次の世代の役目です。しかし，それは真剣です。あくまでも「創造者」と「享受者」の間で，お互いに一致することを目指し，普遍的，客観的，社会的である「美」への誠実なエネルギーが必要です。「だれからも理解されなくてもいい」ということではありません。理解したい，理解してほしいという，双方の本気のアプローチが，音楽に最も重要なことなのです。

　今，隣の人が本気で歌う歌に，真剣に耳を傾けてみませんか。今，間違えること，冒険することを恐れずに，真剣に，歌ってみませんか。まずは，今，隣にいる人の歌を本気で聴くことが，多様な一人一人を理解する一歩となる——これが音楽の力です。

引用文献

1）田中和紀夫・鳴海史生『音楽と思想・芸術・社会を解く　音楽史　17の視座』音楽之友社，1998年，p.13
2）近藤　譲（永井均他編）「音楽」『事典　哲学の木』講談社，2002年，p.143

参考文献

佐々木健一（永井均他編）「美」「美学」『事典　哲学の木』講談社，2002年
柴田南雄・遠山一行総監修『ニューグローヴ世界音楽大事典』講談社，1993年

下中邦彦編『哲学事典』平凡社，1971年

田中和紀夫・鳴海史生『音楽と思想・芸術・社会を解く　音楽史　17の視座』音楽之友社，1998年

吉成　順『知って得するエディション講座』音楽之友社，2012年

第7章　ビジュツは口ほどにものを言う

第1節　なんで福岡はビジュツをやってんの??

　ズバリ，勉強が嫌いだったからです。でも，たまたま私がそうだっただけで，美術が好きな人はみんな勉強が嫌いなわけではありません。この章では，なぜ勉強は嫌いになったのに，美術を嫌いにならなかったのか，そして今，私がなぜ美術を介して人と接しているのかを私の過去を振り返りながら，そのきっかけをお話しいたします。

　図工に苦手意識を持っている大人は，たいてい「うまく作ったり描いたりできないから，小さい時からダメなんだよね」とおっしゃいます。それならば保育士養成校で図画工作を担当する私は，上手に作り続けることができる器用な少年だったと思いますか？　意外かもしれませんが，一度もうまくできたと思ったことはありませんし，作ったものを褒められたこともありません。図工が好きか嫌いかなどと考えたこともなく，自分が作りたいものをただ作っていただけで，気持ちが高まらなければ何もしませんでした。そして現在に至っています。たぶん，これからも上手に作りたいと思うことはないでしょう。なぜかと言うと，そう思うと急に勉強している時と同じ気分になってしまうからです。

第2節　ガッコウ生活

1．ラクガキ

　皆さんは小学生の時，授業中にノートの片隅へこっそりラクガキをした覚えはありませんか。授業の内容とはまったく違う，自分の気になるものを手で隠しながら…そしてそれが先生に見つかって…。

　岐阜県大垣市立日新小学校へ通っていた時の私のノートは，たぶん皆さんの

とは明らかに違うでしょう。ノートの中央には周囲の友人の顔，自分が乗っている自転車，家にある車，飼っている犬や鳥，そしてなぜか幾何学模様などがびっしり描いてあり，本来書かなければならない授業の内容は，片隅にほんのわずかメモ程度にしか記入してありません。それを見つけた両親は，早々に私の学力向上を諦めました。でも私は，毎日，毎時間ラクガキばかりしていたわけではありません。先生の目を盗んでは友達としゃべったり，たまには先生へいたずらを仕掛け教室内に笑いをもたらしたりと，少々活動的だったような気がします。天気が悪くても外で遊び，夕方の下校を促す草川　信の代表曲『夕焼小焼』のメロディーが近隣住民への迷惑ともなろうかという音量で流れ始めると，遊び足りない私は放送室へ駆け込み，電源喪失を企てようとしたこともありました。１年生の時から全開活発に生きていた私は，毎日多くの先生より「叱られない日が１日でもあるといいですね」と励ましの言葉をいただいておりました。

２．似顔絵

　４年生の担任の先生は，背が高いお父さん的な存在の安田先生。みんな親しみをもって「ヤスマン」と呼んでいました。半袖の体操着を着るようになった頃，図工の授業で友達の顔を描くことになりました。私は迷うことなく給食後にいつも歯を磨いているヤスマンの顔を描きました。友達ではないのですが，私はヤスマンのその状況を絵にしたいという衝動を抑えることができません。あっという間に下描きをすると，ヤスマンは私のもとへ苦笑いしながらやってきて「教科書みたいに描きなさい」とおっしゃいました。そこで教科書の参考作品のように，さまざまな水彩絵の具を使って豪快に歯を磨くにぎやかなヤスマンを完成させました。その日の夕方，職員室で１通の手紙をヤスマンから受け取ります。家に帰り母に渡すと，「お前は先生の言うことをまったく聞かないどころか，授業中ふざけるとは何事か」と叱られてしまいました。

3．規則

　小学校高学年になるにつれ，私は制服というものに窮屈さを感じ始めます。それはサイズ的な問題ではなく，制服を着なければならない理由に疑問を持つようになったからです。日新小学校の児童の基本的な服装は，白い上下の体操服で，冬は指定された紺色のブレザーと任意でジャンパーを着ることができます。私は５年生の10月に，ジーンズと赤いトレーナーを着て学校へ行ったことがありました。注目を浴びながら登校するも，１時間目の授業に出られないどころか，鬼の形相の教頭先生から「なぜあなたはみんなと同じことができないのか」と猛烈なお叱りを受けました。今日は体操服を着たくない気分だったからということを一日中主張しましたが，まったく聞き入れてもらえません。それどころか職員室から一歩たりとも出ることは許されず，一人寂しく夕方まで反省することとなりました。しかし，何をどう反省すればいいのか分からずに一日が終わってしまったという残念な思いは，ぬぐえませんでした。

4．うごくもの

　身体はぐんぐん大きくなる一方，毎授業で繊細なラクガキを楽しみ，相変わらず図工の授業では教科書通りに作ろうとはせず，有り余る力で過激な制作を楽しんでいました。ある日，大垣市の小学生を対象とした造形コンクールが開催されるた

写真1　市展に出品してもらった私の作品

め，授業中に紙粘土でうごくものを作ることになりました。私は自動車に大変興味があったため，親の車をラリー競技用に見立てて作ろうと決めました。ボンネットやトランクを大きく開けて，エンジンや室内の細部を忠実に再現しよ

うとしました。すると，担任の先生が「なんであなたはいつも，みんなと同じように作らないの，動物を作りなさい。教科書にも載っているでしょ」とおっしゃいました。しかし私は，参考作品のクマが鮭をくわえている姿を実際に見たことはないし，同級生が作っている恐竜も見たくても見ることができないものだから，まったく作りたいとは思いませんでした。ましてや作るものが誰かと同じになることをもっとも嫌う私は，先生からの助言が理解できませんでした。後日，展覧会が開催されて見に行くと，私の車に黄色い紙が貼ってあり，賞をいただいたことを知りました。その時のすごくホッとした気分は今でも鮮明に覚えています。

　自分の意思に素直に生きた結果，6年間のすべての通知表にはもれなく，「落ち着きましょう」との記載がされております。この評価をいただいた私は，落ち着こうとする意識さえ持って生きればいいのだと理解し，その後の人生に生かそうと心に決めたのです。

第3節　ヒョウゲンの不完全燃焼

1．過渡期

　中学生になった私は，行動範囲が広がり好奇心も増したため，さらに落ち着きのなさが増していきます。ラクガキノートは興味のあるものが具体化していき，設計図のようになっていきました。また，遊びやスポーツも"楽しみたい"という思いに"勝ちたい"という欲望が加わり，私のギラついた眼が先生方の監視を強化させてしまったように見受けられました。

　高校生になっても相変わらずで，誰もが行う進路指導では，「そろそろ落ち着いて将来のことを考えませんか」とご指導をいただき，幼少期より同じ指摘を受けている事に気づいた私は，これは私の永遠のテーマだと確信しました。とある大学の経営学部への進学希望を伝えると，「諦めなさい」と即答。そして冷静に今までの自分を振り返り，いつの時代もラクガキを続けていることに気づき，「美術学校に進学します」と返事をしてしまうのです。

　薄っぺらな動機は，当然のごとく私に1浪という試練をもたらしてくれまし

た。しかし，人生最大の岐路に立っているにもかかわらず，受験に心血を注ぐ
どころか趣味や興味に気を取られ，大都会での生活を満喫するのです。なぜな
らば，予備校での受験対策は，画力を上げるカリキュラムが今まで嫌っていた
勉強となんとなく似ていると感じてしまったからです。真っ白な古代人の頭像
をバランスよくリアルに描けるようになること，半透明のビニール袋があたか
もそこに存在しているかのように描けることなど，それらが他の人の絵よりも
優れて見えるように仕上げなければならないのです。合格するためには絶対や
らなきゃいけないと理解するものの，辛くて仕方ありません。行為そのものは
同じことなのですが，ラクガキをしていた時の気持ちとは明らかに違います。
だから浪人生なのに遊んでしまったのです。

　一度も落ち着くことなく奇跡的に大学生となってからも，予備校時代の絵を
描くことに対する嫌悪感が消えないことを理由に，遊びに熱中していました。
しかし，遊びの中でもあの頃のラクガキのような感覚で美術制作をする機会も
ありました。たとえば，個性的な居酒屋の壁や激辛中国料理店の天井などに自
由な絵を描かせていただいたことです。「店のコンセプトに縛られず，福岡君
が行きたくなるような店にしてほしい。絵は任せた」と多くの店主から委託さ
れたことにより，私の幼少期からのラクガキ精神に再び燃料が注入されまし
た。私は好きなものを好きなように描きながらも，そのお店で働くスタッフが
疲弊しない壁画にすることを心がけ，圧迫感とコントラストがきつい配色はし
ないように心がけました。毎日10時間，立ちっぱなしで絵を描いていても疲れ
ることはありません。店主に喜んでもらえたことで，その後もたくさん好きな
ように描くことができました。

2．おどろき

　学生生活を終えて社会へ出ることになった私は，愛知県のとある女子短大で
保育士を目指す学生に図画工作を講ずることになりました。当時の副理事長か
ら「保育士として恥ずかしくない表現力を身に付けてもらうための授業をして
ください。授業内容はお任せします」と申し受けました。私が受けたくなるよ

うな授業をやろうと心に決めて，目標を１つ掲げました。

「制作を強要しないこと」

テーマと作品提出期限だけは明確にしつつ，材料選択から制作方法，仕上げにかけて，できるだけ指示をしないことにしました。いわゆる「自由な制作」です。第１回目の授業でこれらを伝えると，多くの学生は自由にできることに喜びました。そして翌週からの授業に臨んだのですが，いきなりがくぜんとしてしまいます。いざ自由といっても何から手を付けていいのかわからず，たちまち制作意欲が喪失してしまう人が続出したのです。焦る私は，「自由とは…」「思うがままに…」などとさまざまな言葉で活動意欲を刺激しようと試みましたが，言葉をかければかけるほど学生は固まってしまいます。そして最後には「先生，具体的に指示してください」と。

自由に作ったり描いたりすることがこんなに難しいことなのかと不思議に思った私は，次の授業で質問をしました。

　　１，図画工作は好きでしたか
　　２，１で答えた理由を教えてください

集計してみると，驚くことにほとんどの学生が嫌いと答えたのです。そして，嫌いになった理由が自身の幼少期や小学生の頃の工作の授業にあったことが分かり，保育士になるためには図工が上手にできないといけないという強い思い込みに困惑していることを知りました。自信をもって作ったのに，毎回先生から下手だと言われて大嫌いになったという意見がもっとも多く，教科書に載っている参考作品のように作れる人がヒーローになったという現実は，私の幼少期の体験とまったく同じです。私はそれ以後，授業の内容を改善して，簡単な言葉でテーマを掲げ，そこから連想した広い世界を自由に表現できる授業環境をつくることにしました。そしてこの考えは，今も私のすべての授業の基軸になっています。

第4節　巨大帝国「コトバ」

1. 依存脱却

　では次に，授業以外の個人的な活動についてお話をいたします。私が個人的に美術を介して交流を行っている場面は，障がい者支援活動です。年齢に関係なく障がい者と一緒に私もラクガキを楽しんでいます。授業とは違って，そこでは簡単なテーマを示すようなことはしません。そして私が制作方法について言葉で説明することもありません。完全に自由です。活動できる環境をつくり，そこで私が真っ先に無言でラクガキを始めるのですが，たまに鼻歌が混じることもあります。無造作に置いた大量のマジックペンは誰でも手に取ることができます。気が済むまで活動をしたら終了です。活動したくなさそうな人や，すぐにやめてしまう人も中にはいらっしゃいますが，そのような時はこちらから活動を促すような声をかけることは絶対にしません。一方，予定の時間を過ぎても熱中して活動をする人がいれば，私はそのまま見守っています。授業以外の基本的な活動に対する私の考えは「言葉に頼らないことと強要しないこと」で，これを授業に取り入れることはなかなかできません。

2. 覚醒

　障がい者の中には言葉による交流が苦手で，言葉をかけられることに敏感な人もいます。私たちはさまざまな感情を会話の中に織り込むのが得意です。そのため，もし健常者が障がい者と関わりを持とうとすれば，笑顔とともに優しく話しかけようとするでしょう。しかし，その行為が相手にどのような影響をもたらすかを考えることは恐らくないはずです。なぜならば，健常者は優しく言葉をかけて相手を気遣っていると思っているからです。

　最近，美術館では，対話型鑑賞が注目されています。解説者が「問い」を投げかけると，来場者は"つぶやき"ながら柔軟な答えを出そうとします。それをみんなで優しくキャッチし合いながら次第に対話は成立していきます[1]。解説者は来場者が正確な回答を求めないよう，あえて直感的につぶやくような話

題から話すのだそうです。しかし，正解のない問いを目指そうと印象深い話題を提供すれば，目の前の美術作品に言葉のフィルターをかけているのではないか，それによって美術作品が見えにくくなっていないのだろうかと私は心配してしまいます。美術作品に限らずたとえば，壮大な風景や愛らしい動物や土手に咲く小さな花などでさえ，見た人の感情はさまざまに自然なつぶやきとなって生まれるはずです。なので，それを引き出そうと誰かが誘導してしまえば，意図的に生成されたつぶやきとなり，主体的とは言えないのではないでしょうか。

第5節　同等の価値

　美術的な制作をする時や，美術作品を見る時に，言葉があると便利でしょう。もちろん，一般的な社会生活において言葉は大切です。しかし，偏った意味合いの言葉だけでその場の雰囲気がつくられてしまうと，どうなるでしょうか。幼少期の私は，みんなと同じにしなければならない，教科書に載っているもののように作らなければならないという言葉がもたらす教育環境に心が揺さぶられていたために，落ち着いていられなかったのだと振り返ります。今，私が美術を介して人と接することができるのは，叱られはしましたが，後日行われた授業参観の時に一番目立つところへ絵を掲げてくれたヤスマンや，自由な服装で登校できる日を設けようと職員会議で提案し奮闘してくれたという噂の教頭先生，そして1つだけ場違いな車を入賞させてくれた大垣市の教育のおかげです。言葉による意思表現のコントロールに歯向かい続けるばかりの私であれば，社会生活のルールから逸脱していたかもしれません。しかし，私の意志表現を受け入れてくれたという事実は，「これでもいいのだ」と私に自信をもたらしてくれました。

　自分の意思を表現しようとやる気に満ちあふれている人がいれば，受け手となる周囲の人は言葉が武器にならないように注意する必要があります。言葉は，便利がゆえに使用法を間違えれば，たちまち表現者の意欲を消失させるだけではなく，上昇気流を一気にマイナス方向へと誘うかもしれません。なの

で，そのひとことを発する前に少しだけ待っていただけませんか。

　主体的な表現意欲が素直に表出し合える環境の中で，言葉と同等の価値を持つビジュツの力は大変デリケートだと分かりました。

引用文献

１）　鈴木有紀『教えない授業　美術館発,「正解のない問い」に挑む力の育て方』英治出版,
　　　2019年，pp.95〜100

第8章　認知症の高齢者と向き合う介護従事者

坂井　香菜美

第1節　はじめに

　私たちは，誰もが平等に年を取っていきます。人口の割合をみると高齢者は全人口の約3割を占めています。高齢者の増加に伴い，認知症を患う人も年々増加しています。

　皆さんは「認知症」という言葉を聞いて，どのようなことが思い浮かびますか。多くの方が「物忘れをする」と思うのではないでしょうか。しかし，認知症の症状は物忘れだけではなく，1つにとどまりません。

　私は2013（平成25）年に本学にて介護福祉学の分野を学び，2015（平成27）年から7年間，特別養護老人ホームに勤めていました。その中で，認知症を患う高齢者と接する機会が多くありました。

　ここでは認知症を患う高齢者と，その高齢者に向き合う介護従事者について，私の経験を交えながら述べていくことにします。

第2節　日本の人口と高齢化率

1．日本の人口と高齢化率

　内閣府[1]によると，2021（令和3）年10月時点で，日本の総人口は1億2550万人となっています。その中で65歳以上人口は3621万人であり，総人口に占める割合（高齢化率）は28.9％と，高齢者が人口の3割を占めています。

　65歳以上の高齢者内訳は，「65歳以上〜74歳人口」が1754万人（14.0％），「75歳以上人口」は1867万人（14.9％）と，「75歳以上人口」の方が多くなっていることが分かります。

　一方，「15〜64歳人口」は，1995（平成7）年をピークに減少し，2021（令和3）年には7450万人と，総人口の59.4％となり，総人口の6割に満たない状

況です。

2．平均寿命の延齢

　高齢者の人口が増加している背景として，出生率が減少傾向にあることはもちろんですが，平均寿命が延びていることも要因の1つとなっています。1950（昭和25）年の平均寿命は男女共に65歳に届いていませんが，その後平均寿命は延び，2020（令和2）年に男性の平均寿命は81.56歳，女性は87.71歳となっています。1950（昭和25）年と比較すると，男性は＋23.41歳，女性は＋25.95歳と大幅に上回っています。平均寿命は今後も延びることが予想され，2065（令和47）年には男性は84.95歳，女性は91.35歳となり，女性は90歳を超えると見込まれています。

第3節　認知症

1．認知症を患う高齢者

　高齢者の増加に伴い，認知症を患う高齢者も増加しています。日本の認知症を患う高齢者は，2012（平成24）年に約462万人，軽度認知障害の人は約400万人とされ，65歳以上の約4人に1人が認知症かまたはその予備軍であるといわれていました。その後2018（平成30）年には認知症の人は500万人を超え，団塊の世代が75歳以上となる2025（令和7）年には700万人と，65歳以上の5人に1人は認知症を患っている高齢者であると推計されています[2]。

2．認知症の種類

　認知症は大きく分けて4つの種類に分類することができます[3]。最も多くの割合を占める原因疾患はアルツハイマー型認知症です。脳内にたまった異常なたんぱく質により神経細胞が破壊されることで，脳が萎縮します。昔のことはよく覚えていますが最近のことは忘れやすく，徐々に進行し時間や場所の感覚がなくなっていきます。次に割合の多い脳血管性認知症は，脳梗塞や脳出血によって脳細胞に十分な血液が送られず脳細胞が死滅し起こります。主な原因は

高血圧や糖尿病などの生活習慣病が挙げられます。脳血管障害が起こるたびに進行し，障害を受けた部位によって症状が異なります。レビー小体型認知症は，脳内にたまった特殊なたんぱく質（レビー小体）によって脳の神経細胞が破壊され起こる病気です。現実にはないものが見える幻視や，手足の震えや筋肉が固くなるといった症状がみられ，歩幅が小刻みになり転びやすくなります。前頭側頭葉型認知症は，脳の前頭葉や側頭葉で神経細胞が減少して脳が萎縮します。症状は感情の抑制がきかなかったり，社会のルールを守れなくなるなどがあります。

3．中核症状

　認知症には，「中核症状」と「周辺症状」の2つの症状があります[4]。中核症状は，脳の細胞が壊れることによって直接起こる症状のため，改善は望むことができません。以下の症状がみられるようになります。

(1)　記憶障害

　物事を覚えられなくなったり，思い出せなくなります。一般的な「もの忘れ」とは，忘れた事柄の内容を思い出すことができないことを指しますが，認知症の記憶障害はその事柄があったこと自体を忘れてしまいます。

(2)　見当識障害

　はじめは季節や時間に関する見当がつきにくくなります。進行すると場所や家の中の配置が分からなくなり，近所で迷子になることがあります。過去に獲得した記憶を失うという症状まで進行すると，自分の年齢や人の生死に関する記憶がなくなり周囲の人との関係が分からなくなります。

(3)　理解・判断力の障害

　ものを考えることにも障害が起こります。理解や判断に時間がかかり，また正常に処理することが難しくなります。

(4)　実行機能障害

　計画を立てることや状況によって変更をすることが難しくなります。たとえばスーパーマーケットで大根を見た際に，健康な人は家の冷蔵庫にある油揚げ

と共にみそ汁を作ろうなどと考えます。しかし，認知症を患う高齢者は冷蔵庫に油揚げがあることを忘れており，買って帰ります。帰宅し夕食の準備をする頃にはすでに買い物をしたこと自体を忘れ，冷蔵庫を開け目に入った食材を使いみそ汁を作り，冷蔵庫には油揚げ2つと大根が残ります。このようなことを繰り返し行います。

4．周辺症状（BPSD） [5]

　認知症を患う高齢者本人の性格や環境，人間関係など，さまざまな要因が絡み合って起こる心理面・行動面の症状です。以下の症状がみられます。

(1)　心理症状

　幻覚や妄想，睡眠障害や気分・不安障害，感情コントロールの障害があります。妄想は「物盗られ妄想」「被害妄想」が挙げられます。睡眠障害では「不眠」の他に「昼夜逆転」などがあります。気分・不安障害は「抑うつ」「不安」「薬を何度も要求する」など，気持ちの不安が症状となって出てきます。感情コントロールは「気分の易変」「感情失禁」「焦燥」などがあります。

(2)　行動コントロールの障害

　脱抑制や徘徊・不穏行動，物への執着などが挙げられます。具体的に，脱抑制では「他人の物を持っていく」「独語」「おむつを外して布団に排せつする」などがあります。不穏行動は「落ち着きのなさ」「多動」など，長時間座ることや物事に集中することができず，椅子から立ち上がり歩き回ることなどがみられます。物への執着は，「金銭への異常なこだわり」「収集癖」などがあります。

第4節　高齢者施設の介護従事者

　認知症高齢者の生活の場は，自宅や特別養護老人ホーム，グループホームなどの地域密着型サービス，あるいは病院などがあります。ここでは私が勤めていた高齢者施設のことについて述べていきます。

　高齢者施設には高齢者（介護サービスの利用者）と，それを支える介護従事

者がいます。介護従事者は介護福祉士や介護職員であり，実際に高齢者に対して介護サービスの提供をする立場です。一般的に「介護」と聞いてイメージをしやすい食事や排せつ，入浴はもちろんのこと，施設で楽しく穏やかに過ごすために，施設内で祭りや季節行事を企画し開催することや，外出支援でドライブに行くなどの娯楽提供も介護サービスに含まれます。さらには日々の生活内での関わりやたわいもない会話など，介護従事者は多くの介護サービスを提供しています。

　多くの業務をこなす介護従事者は認知症の高齢者に対して，どのような心境を抱き，対応を行っているのでしょうか。

　松山郁夫（2006）[6]は，認知症高齢者の介護に携わる介護職員が言語理解の程度を把握する場合の視点，および認知症高齢者とコミュニケーションをとるときに心がけている視点を検討するため，特別養護老人ホームに勤務している介護職員156名に，作成した質問項目をアンケート調査しました。

1. 言語理解の把握

　認知症高齢者の言語理解の程度を把握する視点として，「言語概念」「生活言語」「身体運動・イメージ」の3つを意識していることが分かりました。「言語概念」は，赤や青などの色に対する理解や，手足など自分の身体部分を理解できているか，コップやテレビなどの周囲にある物の名称を理解しているかなど，概念についての理解があります。「生活言語」では，日付や曜日についての認識や，足し算割り算などの計算能力，現在行っていることを記憶する能力などの，生活に必要な言語の理解となります。「身体運動・イメージ」は，手を振って歩くなどの全身運動がどの程度行うことができるか，ひもを結ぶことなどの手先を使うことができるかなどが挙げられます。

　介護従事者が言語理解の把握することは，対象の認知症高齢者を理解しようとする動機づけを強め，言葉をかけようとする心掛けを高めることにもつながります。

2．コミュニケーションをとる際の心掛け

　介護従事者は認知症高齢者とのコミュニケーションにおいて，「コミュニケーションへの配慮」「非言語的コミュニケーション」「コミュニケーションの具体的工夫」の3つを意識しています。「コミュニケーションへの配慮」は，相手が何か伝えようとしたときに急がせないことや，ポイントをしぼって分かりやすく話をすること，話しやすい雰囲気をつくるなどがあります。「非言語的コミュニケーション」では，相手の言葉の理解程度が低い場合，具体的に話をする・繰り返すこと，表情を使うこと，具体的なものを指さしで示すことなどを意識しています。「コミュニケーションの具体的工夫」は，相手の言葉の理解程度が低い場合，ゆっくり話をすること，短い言葉で話をすること，理解の程度をふまえてコミュニケーションをとることなどが挙げられます。

　コミュニケーションをとる際に上記の項目を意識することは，認知症の程度が重度であっても認知症高齢者とのコミュニケーションをとろうとする介護職員としての姿勢を示しています。

　このことから，介護従事者は認知症高齢者の言語理解の程度を把握したうえで，言語理解の程度に応じたコミュニケーション手段を踏まえてコミュニケーションをとることを心がけているのです。

3．事例

　はじめにお伝えしたように，私は以前特別養護老人ホームに勤務しており，認知症高齢者と関わる機会が多くありました。認知症高齢者と接する際に意識していたこと，また，対応後の反応はどのようなものであったか，実際に私が経験した事例をいくつか挙げていきたいと思います。

(1)　事例1

　認知症を患うAさんは，現在の季節はいつ頃なのかを問うても「分からね」と返答する方でした。私は会話の中で「今は冬だから朝は冷えますね」などの声掛けを行いながら，カーテンを開け外の景色をAさんと共に見ていました。そうするとAさんは実際に雪を見て，「本当だね，どうりで寒いわけだ」と季

節を感じることができました。Aさんは雪を見て季節が冬であることを理解し，冬の時季は寒いということを自ら結びつけることができたのです。私が理解のためにとったコミュニケーションは，非言語的コミュニケーションとコミュニケーションの具体的工夫です。歩行のできるAさんを窓際まで誘導すると雪を指さしで見てもらうことができ，雪を見たら外が寒いと理解するのではないかと，理解の程度を踏まえてコミュニケーションを図りました。また，歩行が難しい他の認知症高齢者には，外で小さな雪だるまを作り施設内のテーブルにて鑑賞できるように配慮することもありました。

(2)　事例 2

Hさんは普段車いすを使用しており，トイレやベッドに移る時，どこにつかまったらよいか分からなくなることがありました。手すりにつかまるよう伝えますが，「おっかねー」と車いすのアームサポートにつかまり，不安から立ち上がることが難しい様子も見られていました。私はHさんの前に立ち，自らの上着の裾をHさんに見せ「ここにつかまってくださいね。私もしっかり支えますよ」と声を掛けました。すると差し出した服の裾につかまり，Hさんのタイミングで「どっこいしょ」と気合を入れ立ち上がることができました。コミュニケーションへの配慮とコミュニケーションの具体的工夫を用いることでHさんの不安は軽減し，私の服につかまること，さらに立ち上がる動作を理解し行うことができたのです。

(3)　事例 3

宿泊予定の方が午後 3 時半頃に居室からカバンや帽子・コートを着て「今日のバスは何時ですか，急がなきゃ」と話しかけてくることもありました。Mさんは「帰らなきゃ」と話し玄関に向かいますが，職員は手薄になる時間帯もあり，何度か呼び止めることがありました。すると「なんでそんな意地悪するんだ！」と怒り出すことがあり，制止をしてしまう場面が時折見られていました。再度行動が見られた際にMさんへ「一緒について行ってもいいですか」と伝え，玄関先まで同行しました。玄関先のソファに座りMさんはしばらく周りの様子をうかがっていましたが「今日はだめか」と自ら居室に戻り，その後は他の利

用者と夕食を食べ，穏やかに過ごしました。コミュニケーションの配慮を意識することでMさんが怒らずに納得し，自主的に居室へ戻ることができたのです。

　このように，介護従事者は日常生活の中でも多くのことに配慮をしながら認知症高齢者を前にしているのです。

第5節　まとめ

　「高齢者は同じ利用者でも日によって別人になります。前日まで自身でできていたことが翌日にはできなくなっていることもあります。毎日同じ介助方法ではなく，その利用者のことをよく見てその時に合った介助をすることが大切です」

　これは，私が介護福祉士として職に就く際に，先輩から教えていただいた言葉です。認知症高齢者に関してはその日ごとだけでなく，30分前や5分前，数秒前の状況さえも変化します。普段は従事者の対応を穏やかな気持ちで受け入れられるときもあれば，聞き入れられず大きな声で怒ってしまうこともあるのです。介護従事者はそのことを当たり前と思いながら，さまざまな状況を理解し，認知症高齢者に向き合っています。しかし，介護従事者も生身の人間です。私自身もそうでしたが，これらの細かい配慮を負担に感じてしまうこともあります。

　その負担を感じながらもなぜ，介護従事者は認知症の方と向き合うことができるのでしょうか。それは細かい配慮の積み重ねによって，認知症の方にとって安心できる環境づくりが促され，結果として認知症の方が笑顔になってくれるからです。日々の生活の中で食事や入浴・排せつを行うだけでは得られない，楽しみややりがいを見いだしてもらうことは，認知症高齢者が穏やかに過ごすための未来へつながる大きな一歩だと確信しています。そのためには介護従事者が物おじせず，認知症高齢者とお互い笑顔で過ごすために配慮と模索が必要だと感じるのです。

引用文献

1）内閣府『令和 4 年版高齢社会白書』2022年，pp.1〜6

2）厚生労働省『認知症施策推進大綱』2019年，pp.2〜3

3）厚生労働省『認知症施策の総合的な推進について』2019年，pp.1〜10

4）厚生労働省「認知症を理解する」『政策レポート』

5）山口晴保「BPSDの定義，その症状と発症要因」『認知症ケア研究誌』第 2 巻，認知症
　　介護研究・研修センター，2018年，pp.1〜9

6）松山郁夫「認知症高齢者とのコミュニケーションに対する介護職員の認識」『佐賀大学
　　文化教育学部研究論文集』第10巻，第 2 号，佐賀大学文化教育学部，2006年，pp.181
　　〜188

第9章　健康維持のための減量法

― 減量を成功させるには ―

春口　好介

第1節　日本人の肥満に対する考え方

1．日本人の肥満率

　近年，日本では食生活の欧米化，すなわち食生活を取り巻く社会環境の変化や運動不足から肥満の人が急激に増えています。

　厚生労働省「2019（令和元）年度国民健康・栄養調査報告」（以後厚生労働省の調査とする）によると，日本人の男性の33.0％，女性の22.3％が肥満（BMI 25以上）であり，男性は30代以上に肥満の人が多く，60代を超えると減少傾向となっています。一方，女性では60代を超えると増加傾向にあることが報告されています。

2．日本人の食事習慣及び運動習慣に対する意識

　肥満を改善するには，食習慣と運動習慣を改善することとされていますが，それを実行し成功した人がどの程度いるでしょうか。

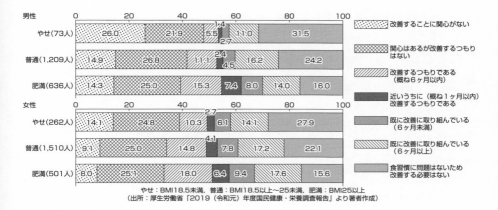

やせ：BMI18.5未満，普通：BMI18.5以上～25未満，肥満：BMI25以上
（出所：厚生労働省「2019（令和元）年度国民健康・栄養調査報告」より著者作成）

図1　【BMI別】食習慣を改善してみようと考えていますか

　肥満の人で食生活改善にすでに取り組んでいる人（6カ月未満，6カ月以上の合計）は男性で22.0%，女性は27.0%でした（図1）。女性は男性と比較し，年齢に関係なく美に対する意識が高い人が多い，また，女性は食事を自身で調理することが多く，健康的な料理を自身で調整できることがこの結果に表れているのではないかと考えられます。

　健康な食習慣の妨げとなる点は，「特にない」と回答した人の割合が35.3%と最も高く，次いで「仕事（家事・育児など）が忙しくて時間がないこと」が27.5%，「面倒くさいこと」と回答した人は25.3%でした。食習慣改善の意思別にみると，「改善することに関心がない」「関心はあるが改善するつもりはない」「すでに改善に取り組んでいる」人では，妨げは「特にない」との回答が最も多く，「改善するつもりである（おおむね6カ月以内）」「近いうちに（おおむね1カ月以内）改善するつもりである」人は，「仕事（家事・育児など）が忙しくて時間がないこと」との回答が最も多い結果でした。

3．日本人の運動習慣に対する意識

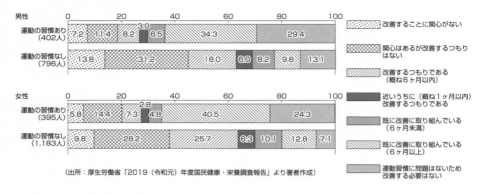

(出所：厚生労働省「2019（令和元）年度国民健康・栄養調査報告」より著者作成)

図2　【運動習慣の状況別】運動習慣を改善してみようと考えていますか

　現状の運動習慣の状況による階層解析では，運動経験のない人では「関心があるが改善するつもりはない」と回答した人が最も多く，男性31.2％，女性28.2％でした（「運動習慣がある人」とは，1回30分以上の運動を週2回以上実施し1年以上継続している人）。男女ともに運動習慣のある人では「すでに改善に取り組んでいる（6カ月未満，6カ月以上の合計）」と回答した人が最も多く，男性40.8％，女性45.3％でした（図2）。

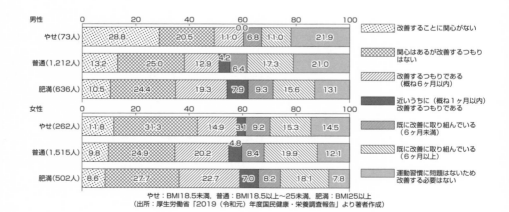

やせ：BMI18.5未満，普通：BMI18.5以上〜25未満，肥満：BMI25以上
(出所：厚生労働省「2019（令和元）年度国民健康・栄養調査報告」より著者作成)

図3　【BMI別】運動習慣を改善してみようと考えていますか

肥満の人が運動習慣改善にどの程度取り組んでいるか，厚生労働省の調査結果では運動習慣のある人では「すでに改善に取り組んでいる（6カ月未満，6カ月以上の合計）」と回答した人は，男性で24.9%，女性で26.3%でした（図3）。

　運動習慣がある人は改善に取り組む意識が高く，取り組みを継続できる人が多いといえるのではないでしょうか。運動習慣がない人が運動を始めても，基本的な運動の方法がなじんでいない，また，運動することの爽快感などを感じ取ることが難しく身体を痛めてしまう人も少なくないと思われます。運動習慣は，過去にある程度運動習慣を持った経験，たとえば幼少時代から運動クラブや小中学校，高等学校の部活動などの経験がある人は，改善しようとする動機があれば長続きする人が多いのはうなずけます。そのような運動習慣がない人は，減量を目的に運動を始めても継続することは難しいと考えられます。

第2節　減量の失敗事例

　以下に，減量に挑戦し失敗した私と私の知人の5事例を紹介します。

　1例目は私自身の失敗事例です。私は幼少期から痩せ型で，20歳では180cm，体重は58kg（BMI＝17.9：低体重）でしたが，40代後半で90kgまで体重が増加（BMI＝27.8：肥満度1）し肥満となりました。

　血圧は最大血圧160mmHg台，最小血圧100mmHg台，中性脂肪400mg／dℓとなってメタボリックシンドロームも指摘されるようになりました。

　健康診断時の医師の診察を受け，このままでは，脳梗塞，心筋梗塞などの生活習慣病を発症するリスクが高くなる。食事，運動の習慣を改善するよう指導を受けました。

　20年以上続けていた少林寺拳法の練習量を増やす努力をしたのですが，仕事の忙しさも重なり減量には至りませんでした。食事量を減らそうとも思いましたが，そう思うと増々食欲が湧いてきます。食事量の調整は2日間くらいで頓挫してしまい，結局減量を決意しては失敗を何度も繰り返していました。

　2例目は30代の男性です。20歳の頃より15kg体重が増え肥満になったため，減量を目的として，メディアにもよく登場する有名なスポーツジムに入会し週

3回以上トレーニングを続けました。そのスポーツジムは基本的に筋力トレーニングのみで食事制限はないのですが，本人は結果を出したいので糖質を制限してたんぱく質主体の食事に切り替え，大好きなアルコールも控えていました。その結果，3カ月で標準体重まで減量することに成功しました。顔の輪郭も，腹筋もスリムになり見違える程に変わりました。さすがメディアでも評判になるだけのことがあると感心しました。

　しかし，その3カ月後にその知人に会ったら，なんと，元の体型に戻っていたのです。本人に話を聞いてみると，「減量に成功してスポーツジムを中断してから，あのジムに通えばいつでも痩せられるという安心感から，トレーニングもさぼりだし食習慣が元に戻りアルコールも以前のように飲み始めた。以前の生活習慣に戻ったため，すぐに体重が増えてしまった」と嘆いていました。

　3例目は20代の男性です。趣味はボディービルで，年に数回ある大会に合わせて筋力トレーニングと食事の制限を行い大会時に減量が最高潮に達するそうです。しかし大会終了後は，食欲が泉のように湧いてきて肥満体型に戻ってしまいます。その繰り返しを続けているそうです。決して健康的とはいえないようです。

　4例目は，20代の女性です。テレビショッピングで購入した脂肪の吸収を抑えてくれる健康食品を活用して減量を試みていましたが，会うたびに体重が増えているようでした。健康食品の効果を期待して，食べても体重が増えないという意識が働き，過食となったのが原因のようです。その後も体重が増加したため1カ月程で健康食品を中断しました。現在，脂肪の吸収を抑える健康食品は多数市販されていますが，減量につながるレベルのものは存在しないのが実情です。

　5例目は50代の女性です。ウオーキングを1日30分以上，雨の日以外何年も継続していました。しかし，その知人と会うたびに顔の輪郭が丸くなり，腹囲が増大している感じに見て取れました。本人は，ウオーキングのスピードが遅いのと時間が短いのが原因ではと自己分析されていましたが，その後も減量できていません。運動量をどの程度増やせば減量できるか，また，食事の改善も

同時に考えていかなければ軽い運動だけでは減量することは難しいようです。

第3節　減量の成功事例

　私は，減量に挑戦し失敗を繰り返していましたが，10年ほど前，あることを
きっかけに，1年間で減量に成功し肥満を解消することができました。

　以前から希望する分野の大学に異動する希望がかなって，勤務場所を異動す
ることになりました。職場環境が大きく変わり，そこで対人関係で悩まされ大
きなストレスを感じるようになりました。そのストレスにより，不眠と食欲低
下が顕著に出現して，その状況が数週間続きました。3〜4週間が経過した時
に，鏡を見ると自分の顔の輪郭が細くなっていることに気づき体重を測定しま
した。90kgだった体重が85kgになっていて以前より5kg減っていました。こ
れは想定外の衝撃でした。

　今まで何年も，減量するには運動量を増やすことが一番効果があると信じ続
けて苦しい練習をしていたのですが，その効果はまったく実感できませんでし
た。それが，食事量が減った事で数週の間に，目に見えて体重が落ちていたの
です。運動量を増やすより，はるかに簡単に減量できると実感することができ
たのです。これを機会に減量しようと思い立ちました。

　減量する方法は，健康を害さず，食事の摂取カロリーを減らす方法を検討し
ました。朝食と昼食を栄養バランスの取れたビスケット（以後ビスケットとす
る）に変更することで，トータルで800kcal以内に抑えます。夕食は野菜を多
く含む料理を取ることで，栄養バランスを崩さずに，また，仕事を持った者と
して持続することが可能な方法を考えました。

　朝食と昼食が，ドラッグストアやスーパーマーケット，コンビニエンススト
アなどで手軽に購入できるビスケットでも，夕食は自宅である程度時間をかけ
調理でき，バランスが取れた料理を準備することが可能です。

　目標の体重を標準体重の72kgに設定し，目標体重達成の期日は1年後とし
ました。急激な減量は身体に害を及ぼすことが指摘されており，月に2kgず
つ減量することとしました。くわえて，毎日体重測定を行いグラフに記録して

いくことにしました。

　減量開始から 3 カ月が経過し対人関係が改善されストレスが解消されてくると，食欲が湯水のように湧いてきて抑えるのに大変な思いをしました。平日は仕事をしているので気がまぎれて何とかしのげました。しかし，休日は旅行や買い物などで家族や友人たちと外食することが多く，欲求に負けて，何度かラーメンや焼き肉，白米など減量の妨げになる食事を食べてしまうこともありました。くじけそうになった時，いつも心の支えになったのは「食事摂取カロリーを減らせば必ず減量できる。減量に成功すれば，スリムな体型に戻れる。血圧や中性脂肪が正常に戻ることが期待される」と考えるようにしました。加えて，毎日測定している体重のグラフを見ることで，何とか減量に対する意欲を持ち続けることができたと思います。

　カロリー制限を開始して 1 年後，体重は90kgから68kgとなり，目標を 4 kg上回る22kgの減量に成功しました。体重以外にも血圧と中性脂肪が正常に戻り，腹囲は92cmから78cmとなりました。現在，減量に成功し 9 年以上経過していますが，リバウンドもなく普通体重を維持しています。

　マイナスとなったことは，減量前のスーツ，ジャケットなどのサイズがまったく合わなくなり，買い替えが必要となったことです。減量にはお金は使わなかったのですがスーツ代が高くつきました。これは想定外でしたがうれしい誤算です。

第 4 節　減量を成功させるポイント

　私の減量の失敗と成功体験から，減量に成功するポイントを以下にまとめました。

１．減量の目的を明確にする。

　肥満のままでは何が問題なのか，減量に成功することで何が得られるのか，減量目的を明確にする必要があります。

２．自分にとって最良の減量の方法をアセスメントする。

　自分にあった効果的な減量方法を自分で選択することです。肥満を改善する

ための減量方法は，大きく分けて2つあります。1つ目は食事習慣の改善，2つ目は運動習慣の改善です。この2つのどちらかを選択するのか，それとも両者を併用するのかをはっきりさせることです。私の場合は運動習慣の改善ではうまくいかず，食事習慣の改善を選択しました。

3．減量目標を明確に立てる。

　毎日体重測定を行い減量の経過を記録する。グラフ化し自分の頑張りを評価する。

4．成功した時の自分をイメージする。そのことでモチベーションが継続できる。

　以上となります。私は，決して意志が強い人間ではなく，特に空腹には耐える自信はありませんでした。また，運動量だけを増やして減量することにも挑戦しましたが，少々運動量を増やしても私には効果は見られませんでした。ストレスにより食欲が低下し減量できることを体験したことで，苦しいトレーニングに耐えるより，食事量を減らし空腹感に耐える方が楽に減量できると痛感しました。そのことが減量成功につながったと考えます。

参考文献

河合俊英「肥満の運動療法」『成人病と生活習慣病』47巻11号，2017年

厚生労働省『令和元年国民健康・栄養調査報告』2020年

坂本龍男「望ましい減量法とは」『日本臨床スポーツ医学会誌』2巻2号，2004年

南雲吉則『Dr.ナグモの7日間若返りダイエット　20歳若返り，15kg痩せる！』SBクリエイティブ，2012年

南雲吉則『「空腹」が人を健康にする』サンマーク出版，2012年

南雲吉則監修『Dr.ナグモ式「一日一食」健康生活（パワームック）』大洋図書，2021年

聾学校の思い出

相澤　里美

・・

　聴覚に障がいのある子どもが通う特別支援学校には「ろう学校」や「聴覚特別支援学校」という名称もありますが，私が勤めていたのは題名どおり漢字表記の「聾学校」，その中でも配属は幼稚部でした。

　大学院で学んだのは主に小学生以上の年齢を対象とした発達障がいのことだったため，聴覚障がいのことも乳幼児の発達のこともわからず，手話もできない状態でした。支援者になるために特別支援教育を学んできたはずが，聾学校では自己紹介すら一人でできずに手話通訳をしていただき，支援されることから始まりました。「聴覚だけに頼らないコミュニケーション文化の中では，聞こえている私の方が『障がい者』のようだ」と思った貴重な体験です。

　着任から数日後に学校の春休みが明け，子どもたちが登校してくる日を迎えました。幼稚部の集会で自己紹介をする時は，他の先生からのアドバイスを受けて用意した「先生の好きなもの」の写真を持っていきました。何かを用意したという安心感から，先生方の前であいさつをした時より緊張していなかったと思います。できる準備はやっておくべきです。

　おかげで，自分が話している最中に相手の反応を見る余裕がありました。当時在籍していた子どもたちは補聴器や人工内耳を付ければ「まったく音が聞こえない」ということはないようでした。それだけでなく，誰かが前に立ったらその人に注目することが習慣になっているようにも思えました。特に印象に残っているのは，手話を付けて話すことができなかった私のために「あ」「い」「ざ」「わ」と言いながら１文字ずつ指文字で示してくれた子がいたことと，集会が終わった後すぐに私と同じ「あ」の付く名前の子が「あ」という指文字と「同じ」という意味の手話で話しかけてくれたことです。都合の良い解釈ですが，おそらく「先生と僕，一緒だね」と言ってくれたのでしょう。言葉で簡単にやり取りできないからといって，気持ちまで通じ合わないことはなかったのです。

　子どもたちにとって，私は「先生」というより同じ体験をしながら一緒に言葉を学んでいく存在だったかもしれません。先に覚えたことを教えてくれたり，私

が簡単な手話で表現したことに反応を示してくれたりする，そうした関わりの一つ一つがうれしかったのです。うれしい出来事の積み重ねは安心感や自信につながり，私を支えてくれました。

　私たちは最初から言葉を身に付けて生まれてくるのではありません。また，言葉だけで他者とつながっているわけでもありません。「言葉は，身近な人との関わりを通して次第に獲得されるもの」であって「人との関わりでは，見つめ合ったり，うなずいたり，微笑んだりなど，言葉以外のものも大切」です。そして「幼児は気持ちを自分なりの言葉で表現したとき，それに相手がうなずいたり，言葉で応答してもらうと楽しくなり，もっと話そうとする」のです[1]。

　すでに大人になっていた私も，新しい言語を獲得するためには自分の発した言葉を受け止めてくれる存在が必要であること，言葉以外の方法で他者とつながれることを実感しました。もし，私が子どもたちにとって「この人に話したい」と思える相手になれていたのであれば，大事な役割を果たしたと思います。

　さて，一般的には聞こえない人が「障がい者」，話せない人が「障がい者」と思われているかもしれません。しかし，それは「障がい」が個人の中にあるという考え方ではないでしょうか。特別支援教育を学んだり，聾学校で働いたりした経験から，私は「障がい」は個人と個人，あるいは個人と社会の間に存在している壁のようなものだと考えるようになりました。その壁は私たちがお互いに理解し合うことを諦めた時に一層高くなってしまいます。

　自分とは異なる人と出会った時，ただ知らないからといって遠ざかるのではなく，関わり続けることや寄り添って同じ体験をすることが大切だと学びました。このことを，保育者養成の仕事を通して次の世代に伝えていきたいと考えています。

引用文献

1）文部科学省『幼稚園教育要領解説』フレーベル館，2018年，p.213

「やさしい日本語」

関　久美子

　「やさしい日本語」とは日本語を母語としない外国人や，日本語の理解やコミュニケーションに困難を抱えている人のために配慮された日本語表現です。1995（平成7）年に発生した阪神淡路大震災では外国人住民の死亡率は日本人住民の約2倍であったという悲劇的な結果から，命に関わる正しい情報伝達の重要性が認識され，それには簡単な日本語が最も効果的だということが分かりました。それがこの「やさしい日本語」研究の始まりです。

　「やさしい」は「易しい」でもありますが，「優しい」という意味も込められています。「やさしい日本語」は外国人のためだけではありません。日本手話を母語とするろう者にとって日本語は第二言語であり，難解な日本語は理解が困難です。発達障がい，知的障がいのある人や高齢者にとっても，回りくどい言い方や複雑な表現はコミュニケーションの障壁になり得ます。「やさしい日本語」は日本に住むすべての人々が互いを思いやりながらともに生活していくための大事なコミュニケーションツールなのです。

　では，普段私たちが使っている日本語をどのように「やさしい日本語」に変換すればよいのでしょう。それには次のような「ハサミの法則」を使います。

　　1．ハーはっきりと言う。もごもご言わずに明瞭な発音を心がけよう。
　　2．サー最後まで言う。「なんですけど…」というあいまいな表現は避けよう。
　　3．ミー短く言う。まさにハサミのごとく文章を切って，簡単に簡潔に言おう。

　特に1と2は口頭のコミュニケーションでは気をつけなくてはいけませんね。日本人は自分の思いや考えをはっきり伝えることにちゅうちょしがちで，少し遠回しに言って語尾をぼやかし，相手に察してもらおうとする傾向がありますが，それでは日本語を母語としない方や日本語を理解するのに障壁がある方には困難な表現になってしまいます。また私たちは文章を簡潔に終わらすことが苦手で，「それで…，それで…」とだらだらと続け，最終的に何を伝えたかったのか不明瞭になってしまうことがよくあります。一文を短く，主語をはっきりさせることで，かなり分かりやすい表現になります。

さて，以下は厚生労働省の新型コロナウイルス感染症拡大防止のお願いから抜粋した文章です。これを「やさしい日本語」に変換してみましょう。

本来の文章

　「外出する際は，今一度，ご自身の体調を確認いただき，発熱や倦怠感があった場合は，軽度であっても外出や移動を控え，自治体の方針に従って受診や検査をお願いします。」

「やさしい日本語」表現

　「出かける時は，もう一度，自分のからだの調子を確認してください。少しでも熱がある時や疲れている時は，出かけないでください。そして役所の約束を守り，受診や検査を受けてください。受診とは医者にみてもらうことです。」

　いかがですか。日本語を母語とする人にとっても分かりやすい文章になったと思います。漢字はなるべくひらがなにするか，ふりがなを振るとよいでしょう。ここでのポイントは，「受診」のように日常生活でよく使う言葉や重要な言葉は，難しくてもあえて簡単にせず，説明を加えることで学んでもらいます。また「ライフライン」や「フリーダイヤル」といったカタカナ・外来語，「頭がズキズキする」や「フワフワした触感」といったオノマトペも日本語を母語としない人には理解しづらいので避けた方がいいでしょう。

　現在多くの自治体がこの「やさしい日本語」を取り入れて情報発信しています。一方，中にはこの「やさしい日本語」を「幼稚だ」と批判したり，文章にふりがなが振ってあると「読みづらい」と文句を言ったりする人もいるそうです。しかし，言葉はコミュニケーションの道具です。伝えるためにあるのです。私たち個人レベルでも多文化社会のコミュニケーションツールとして，優しい気持ちでこの「やさしい日本語」を広めていけたらと思っています。

参考文献

吉開　章『入門・やさしい日本語：外国人と日本語で話そう』アスク出版，2020年

第2部　地域の多様性

第1章　越後をまとう
── 新潟における伝統的染織品の発展と展開 ──

小出　真理子

第1節　はじめに

　日本には固有の風土の中で育ち，長い年月によって受け継がれてきた伝統的
染織品が全国的に多数存在します。このような伝統的染織品のもとをたどって
みると，当時それらは特に冬の農閑期に製作される傾向が強く，雪国の風土を
持ち合わせる豪雪地帯の新潟県は，古来より日本を代表する多様な伝統的染織
品が多く生産された地域です。その中でも，現在の新潟県小千谷市や南魚沼市
に位置する地域で生産されている麻織物である小千谷縮や越後上布は全国的に
も大変有名です。小千谷縮は近世前期に関西の技術を継承することにより画期
的技術改良がなされ，生産量，販路が増加して18世紀中頃から19世紀初頭にか
けてはその生産額は20万反になったといわれています。近代に入り減産の一途
をたどりますがその技術は細々と継承され，1955（昭和30）年には重要無形文
化財に指定され，また2009（平成21）年にはユネスコの無形文化遺産に登録さ
れています。このように小千谷縮や越後上布を中心に生産している小千谷地域
は麻を材料とした生産地として非常に有名ですが，この地には木綿を材料に作
られた片貝木綿と呼称される伝統的染織品が存在することをご存じでしょう
か。この片貝木綿の誕生には，1920年代に柳　宗悦らによって提唱された「民
藝」との関わりがあることが分かってきました。

　そこで本章では，新潟県の伝統的染織品である小千谷縮と越後上布そして片

貝木綿を中心に，それらがどのように誕生して，現在まで育まれてきたのかということについて考え，またこのような伝統的染織品の技術保存に心血を注いできた人たちについてお話ししていこうと思います。

第2節　小千谷縮と越後上布について

1．小千谷縮と越後上布について

　小千谷縮と越後上布は，新潟県小千谷市，十日町市，南魚沼市一帯で生産されている全国的にも大変知名度の高い，越後を代表する伝統的染織品です。これらは材料に苧麻を使用している麻布です。この越後の麻布について，古くは905（延喜5）年の『延喜式』に越後布・越後国商布一千段が上納したと記されています。商布とは，交易用の布のことで，貨幣の代わりにも用いられました。また，鎌倉時代の故実書『吾妻鏡』には，1192（建久3）年に，源頼朝が勅使に餞別として，越後布を贈ったという記述がみられます[1]。このように古代より越後では苧麻が栽培され，それにより優れた麻織物が生まれ，非常に価値のあるものとして存在していたことが分かります。越後地域は寒冷地ですが土地が肥沃だったため，さかんに麻の栽培が行われたといいます。江戸時代に入り木綿が普及するようになるまでは，布といえば麻織物を指し，長い間庶民の衣生活を支えていました。しかし，当時の庶民たちが使用した麻織物は大麻を材料とした粗末なものでした。柄は縞柄などの素朴なもので，かつ自身や家族が着用する自家用に織られていました。苧麻を材料とした麻織物はもっぱら上流階級の人々が用いていて，苧麻の中でも更に上質なものが献上布として扱われて，「上布」と呼ばれていました。越後の上布は，糸が非常に細いため，とても薄くしなやかで「天保銭の穴を通す」とその技術の高さが称されました。これは，折りたたんだ越後上布を小さな7mm四方の穴の中に通せるほどの生地の薄さや軽さを物語ったものです。このように江戸時代に入ると商品化されるほどその質が向上して技術を要する絣柄なども織られるようになりました。そして，江戸時代に入り後期頃には，越後で生産される麻織物は20万反となっ

ていきました。特に，越後で生産された麻織物が武士のユニフォームである袴に採用されて，江戸幕府の服制に取り入れられたため大きく発展していきました。そして，江戸時代寛文期には，現在の兵庫県である播磨国明石の藩士堀次郎将俊が越後小千谷に来住し，堀によって明石縮の技法が伝わることになり，表面が平らな越後の麻織物にしぼを付けた小千谷縮が誕生したといわれています。この縮の技法とは，緯糸に強いひねりをかけてしぼを出すものです。このため小千谷縮は着用しても肌に麻布が張りつかず，さらっとした風合いを持っているため夏の衣料品の最高峰といわれています。このように越後上布や小千谷縮を生み出す越後は，日本一の麻織物生産地域へと発展していきました。しかし，経済力を持つ富裕町人層などにより絹織物が一般化してきたことと同時に，江戸時代中期頃になると，木綿が全国で栽培されるようになり，麻織物に代わって庶民の日常着として用いられ，また麻織物の最大の上顧客であった武士が明治維新により没落したことなどの複数の要因により，明治時代になると麻織物は衰退の一途をたどっていきました。その後昭和に入り，越後における麻織物の技術保存を強く願った人物の一人で，小千谷地域で織物問屋を営み小千谷縮の研究者でもあった西脇新次郎らの尽力により，1955（昭和30）年にはこの2つの麻織物は重要無形文化財に指定され，2009（平成21）年にはユネスコの無形文化遺産に登録されました。

2. 越後上布と小千谷縮の伝統技法

　前述したように，越後上布と小千谷縮は重要無形文化財に指定されており，厳しい指定要件が設けられ，それらに沿って厳密に製作されています。その要件は以下の5つです。①すべて苧麻を手績みした糸を用いること。②絣模様は手くびりによること。③居座機で織ること。④しぼを取る際は湯もみあるいは足踏みを用いること。⑤出来上がった反物に雪晒しを行うことです。この要件以外にも60以上の工程があり，非常に手間暇をかけて製作されています。

　現在の小千谷縮や越後上布に使用されている苧麻は，戦国時代に越後を支配した上杉家が会津へ移ったと同時に会津地域が生産の中心になり，新潟県境に

近い奥会津や福島県昭和村で栽培されたものです。苧麻は「からむし」とも呼称され，イラクサ科カラムシ属の多年草植物です。この植物の皮を削いで糸の原料にしていきます。この糸作りはとても特殊で熟練の技術を要します。あらかじめ水に浸した苧麻の繊維を小指の爪先を使って毛筋より細く裂いていきます。そして裂いた2本の苧麻繊維を，毛羽が立たないように口に含み唾液で湿らせながら，繊維の端を結ばずにねじってひねり合わせながら一本の糸にしていきます。この作業工程は「苧績み」と呼ばれ，この工程には湿気を必要としています。というのも苧麻の繊維は乾くと固くなり折れやすいため，繊維を湿らせて績む必要があります。新潟県は豪雪地帯で降雪の時季が長くあり，湿気を帯びているため，この工程は新潟ならではの自然を利用したたまもので，風土に根差したものといえるでしょう。この工程はすべて手仕事なので，一日作業を行っても3匁（約11g）しか作れず，きもの1着に使う1反分の糸を作るには2カ月以上もかかるといいます。

　その後，糸を強くするため糸車を使ってひねりをかけ，一定の長さに巻いて結束させます。そして，きものの柄のデザインを考え図案を紙に起こしておきます。その後デザインの基準となる木製の木羽定規を作っておきます。そして機にかける糸が出来上がると，きもの1反分の糸に木羽定規を使って絣くくりをする箇所に墨などで印を付けます。その印の箇所だけを木綿の糸で強くくくり，柄のデザイン通りに1反分の糸をくくり終わると，その糸をすべて染料液に浸して染めます。染めた後に木綿糸でくくった箇所から木綿糸を解くと，その部分だけ白く残り絣柄が出てくるという仕組みです。その後，居座機を使い，手はもちろんのこと，足や腰を上手に使って織りあげていきます。このように全身を使って織りあげるので大変な重労働です。そのため，1反（幅約30cm・長さ約13m）を織りあげるのに約3〜4カ月かかるといいます。

　織りあげられた麻織物の反物は，湯もみといって，舟（木桶）に湯を張ってその中で足で踏んで布を柔らかくしなやかにして布目を詰まらせる処理を行います。また，小千谷縮の製作過程の場合は，足踏みをして湯洗いした布を，手で強く絞りあげます。こうすることによって，糸を製作する時点で緯糸に強く

ひねりをかけていた糸が変化をして細かいしぼが出てきます。このしぼは，小千谷縮の最大の特徴となるため大変重要な作業工程といえるでしょう。その後，麻織物の余分な汚れなどを漂白するために，雪晒しを行います。これは，豪雪地帯である新潟ならではの伝統的技法で，越後の春の風物詩にもなっています。雪原の上に，反物を広げて行いますが，これは，雪解けで水蒸気が上がり，そこに太陽の紫外線が当たることにより化学反応を起こしてオゾンが発生する効果によって反物が漂白される仕組みです。このように伝統的技法で作られた反物は現在年間30反ほどの生産のみで，大変貴重な麻織物として珍重されています。

　江戸時代末期，越後塩沢の縮問屋であった鈴木牧之_{ぼくし}は，その著書『北越雪_{ほくえつせっ}譜_ぷ』において，以下のように記しています。「（中略）件_{くだん}の如_{ごと}く雪中に糸となし，雪中に織り，雪水に洒_{そそ}ぎ，雪上に曬_{さら}す。雪ありて縮あり，されば越後縮は雪と人と気力相半して名産の名あり。」[2] 越後という雪深く，湿気を帯びた場所で麻を織り，土地の水を使い湯もみをして，雪の上で織りあがった織物を太陽にさらすことにより，この土地独自の織物が出来上がると鈴木牧之は述べています。越後独特の風土や環境はこの地の染織品に必要不可欠であると伝えています。

第3節　片貝木綿の誕生と民藝

1．紺仁_{こんに}と柳宗悦，西脇新次郎の関係性

　これまで述べてきたように，小千谷縮を中心に生産している小千谷地域は麻を材料とした生産地として非常に有名ですが，この地には木綿を材料に作られた片貝木綿と呼称される伝統的染織品が存在します。そしてこの片貝木綿の誕生には，1920年代に柳宗悦らによって提唱された「民藝」との関わりがあることが分かってきました。民藝運動の指導的役割を担った柳宗悦のおいである，染織家であり元女子美術大学学長であった柳悦孝と越後の伝統的染織品の技術保存に心血を注いできた人々との交流について述べて，柳悦孝を通じた民藝の考え方が，新潟の織物にどのような影響を与えたのかについて考えていきま

す。

　新潟の伝統的染織品である片貝木綿と呼ばれる染織品を製作したのは，現在の有限会社紺仁という染織工房であったといわれています。ここではこの紺仁の概要を述べて，柳悦孝を介して誕生した片貝木綿について考えていきます。

　紺仁は，江戸時代1751（宝暦元）年越後浅原の荘片貝（現小千谷市片貝町）にて，初代松井仁助が紺屋として創業しました。江戸時代片貝は天領地だったこともあり，多くの職人が集まった地域であったといいます。当初は藍染をはじめとする植物染めを中心とした染物屋業を営んでいました。江戸時代片貝には約13軒の紺屋が存在し，これらは「農間紺屋」と呼ばれていました。いわゆる農閑期だけ染物屋をするという意味で使われていて，紺仁も農家との兼業であったということがうかがえます。一般的に糸を紡ぎ，機織りをするのは農閑期に行うため，染めるのもやはり農閑期でした。農家では，農閑期に綿織物を自家用に織り，その生地を防虫などにも適した藍染をする紺屋に染めてもらいそれを野良着にして，迎える農繁期に使用するというサイクルで自給自足の生活をしていたそうです。紺仁は，農間紺屋と呼ばれていた時代が160年前後続き，明治時代に入った1880年後半頃から古型といわれる唐草型を染めるようになると１年中の需要が見込めるようになり，紺屋専業となったといいます。

写真１　紺仁の松井喜平太（左から２人目）と柳悦孝（左から４人目）（著者撮影）

近代に入っても紺仁は引き続き染物業を専門に営んでいましたが，綿織物産業が衰退の一途をたどっていた昭和初期頃，10代目当主の松井喜平太（写真１）は綿織物の製造を学び，染物業と共に綿織物の生産に着手するようになります。この頃の紺仁は田舎縞など農作業向けの綿織物を生産していました。柳悦孝は紺仁が製作した片貝木綿の誕生経緯について，「（中略）土地で消費する程度の数量を織る機屋が，小千谷周辺にも何軒かあった。その一軒に，小千谷市片貝の『紺丹（「仁」ノ誤植カ）』があった。この家は紺屋と機屋を兼業しており，盲縞や田舎縞などの農村向けの綿機を家業としていた。これに西脇新次郎が目をつけたのである。紺丹（原文ママ）紺屋は，十六番手くらいの太糸を使って実用的な木綿を織っていた。紺屋と機屋の兼営も珍しい例である。しかもかなりの数量を製産していた。農村でも現在では，ビニロン混紡などの作業服が多くなり，野良着にする紺絣も大量生産のものが流通して，それぞれの土地で必要量を織るということはあまりなくなっている。今や，昔ながらの綿機では商売にならない。むしろ野暮ったいくらいに良心的で古風なその技術を理解する一部の趣味人に向けて，都会的な用途に切りかえるということを西脇新次郎は考えたのである。」とそのいきさつを記しています[3]。

　松井は，同業で比較的近しい関係にあった織物問屋の西脇新次郎を介して柳と出会い，そして柳は実際に昭和30年前後頃に紺仁を訪れ，紺仁は柳から技術指導を受けています。まず柳は，「木綿は木綿らしく」との理想を掲げて，木綿のふんわりとした柔らかさや，あたたかさを一番に配慮し，糸のひねりを強くせずに少しあそびを持たせて織ることにより強度を強めるように心掛けさせたといいます。そして，経の織糸は中番手（20番手），太番手（10番手），中番手，細番手（30番手）順に番手の異なる糸を混ぜて独自の加工を行い，凹凸のある生地を作り出し紬のような風合いを持たせました。このような風合いを保つために，糸に多くのひねりをかけていないので，経糸に糊づけを行い筬打ちに耐えられるよう加工しています。また，織機は綿機を使い，動力を利用していますが回転数のスピードをかなりセーブして張力を加減するなどさまざまな工夫を凝らして手織りの風合いを出すように指導しました（写真２）。

写真2　紺仁製　片貝木綿反物（藍染・松煙染めによる型染）

　柳は民藝の思想のもと，大衆の人々のための新しい工芸品をつくるために，生産者側の枠組みが重要と述べ，特にデザイナーと技術者たちとの協力が必要であると説いていました。この助け合うという協働作業は，前述しているように柳悦孝の叔父である柳宗悦が考える民藝の特徴である協調性にも通じる考え方であり，この関係性は越後の片貝木綿を通して，デザイナーは柳悦孝，技術者は紺仁，それを仲介し，そこから新しく生まれる製品を販売する問屋として存在したのが西脇新次郎擁する西脇商店といえ，柳が持ち合わせていた民藝の考え方は，新潟の伝統的染織品を通して大きな影響を与えたといえるでしょう。

引用文献

1 ）中江克己『日本の染織7　縮と上布　心で織る素朴な布』泰流社，1975年，p.46
2 ）鈴木牧之『北越雪譜』岩波書店，1936年，p.74
3 ）柳　悦孝「日本の手織木綿(2)越後綿紬・広瀬絣」『服装文化』140号，1973年，p.14

参考文献 ——————————————————————————

石崎忠司「越後片貝の木綿」『美しいキモノ』54号，1967年

片柳草生『残したい手しごと　日本の染織』世界文化社，2017年

鈴木牧之『北越雪譜』岩波書店，1936年

中江克己『日本の伝統染織事典』東京堂出版，2013年

西脇新次郎『小千谷縮布史』小千谷縮布史刊行会，1935年

丸山伸彦監修『産地別　すぐわかる染め・織りの見わけ方』東京美術，2002年

三宅和歌子『日本の伝統的織りもの，染めもの』日東書院本社，2013年

柳　宗悦『工藝の道』講談社，2005年

第2章　開港場新潟の街路政策

菅原　邦生

第1節　新潟のまち ─────────

　新潟は，1858（安政5）年の日米修好通商条約によって開港される五港（函館・横浜・神戸・長崎・新潟）の1つに選ばれ，1868（明治元）年11月19日に開港しました。外国人に恥ずかしくない市街地とするため，1872（明治5）年6月，県令に着任した楠本正隆（くすもとまさたか）は，不衛生な街路を一掃するなど積極的な街路政策を行ったことが知られています。1878（明治11）年に新潟を旅した，イギリス人女性旅行家のバード（Bird, I. L.）もその街路景観の美しさを称賛しています。

　新潟は，横浜や神戸などと異なり，外国人居留地がなく，当初より外国人と日本人が共に暮らす雑居地のみで，文明開化に際し，旧習のままの不衛生な街路空間を，早期に一掃する必要性があったものと考えられます。

　本章では，楠本が主導した新潟の街路政策の具体的な内容[1]について，その一端をご紹介したいと思います。

第2節　街路の清掃と掃除人足（にんそく） ─────────

　不衛生な街路の清掃について県は，1872（明治5）年7月に掃除人足を定め，1小区当たり8名，5小区全体で40名とし，給金は1人当たり1カ月3円と決めました。区とは，当時の県内を12大区99小区に分けたもので，新潟市街は第一大区であり，その中を5つの小区に分けたものです。

　町中に設けられた捨場所には，塵（ちり）・芥（あくた）がたまり悪臭を放っており，県はその撤去を指示しました。また朝方は五ツ時（午前8時頃），夕方は七ツ時（午後4時頃）より掃除人足が街路を掃除するため，それまでに各家において軒下（のきした）を

掃除し，軒前に塵・芥を積み，掃除人足が回収しやすいように指示されました。

　県は，現在の警察にあたる邏卒を新潟町に25人配置して，厳重な取り締まりを行い，軽犯罪の摘発にあたらせるとともに，掃除人足の監督業務を担当させました。

　また同年8月には沿道住人によって街路が清掃され，集められた塵・芥は箱に入れられ，掃除人足が塵車と塵船で回収することとなりました。このうち塵船は，当時，街路沿いに張り巡らされていた水路を利用したものと考えられます。また掃除人足は1小区6人，5小区合計で30人となり，経費も5小区全体で120円から90円に減りました。掃除人足の人数が減らされたのは，その業務が，集められた塵・芥の回収のみに軽減されたためと考えられます。掃除人足は，罪人と一般人が半数ずつで構成されていました。

　さらに1873（明治6）年8月には塵・芥を前日分と合わせて掃除人足が回収し，掃除人足が過ぎ去った後で塵・芥が出た場合は，翌朝まで家の中にとどめ，街路に出さないこととされました。街路衛生を徹底するためと考えられます。

　こうした背景については，文明開化に際し，旧習のままの不衛生な市街地の様相を恥じ，早期に一掃することが目的でしたが，その要因の1つとして，新潟は外国人居留地がなく，当初より外国人と日本人が共に暮らす雑居地のみであり[2]，衛生的な居住環境の改善に早期に取り組む必要性があったためと考えられます。

　以上，1872（明治5）年7月には，40人体制の掃除人足が街路の清掃にあたっていましたが，家々の軒下については，その住人が掃除することとされ，同年8月には沿道住人が街路清掃を担い，集められた塵・芥を掃除人足が回収することになりました。結果，掃除人足は30人体制に縮小され，かかる経費も少なくなりました。道路上の清掃は，掃除人足から沿道住人によって徹底されるようになった訳です。

第3節　塵・芥の処理方法

　1872（明治5）年7月には，塵・芥を捨てる場所を設ける必要性に迫られ，

1小区ごとに竹かごを3個程度設けて塵・芥を集めて町外の捨場に捨て，遠方の農村で肥料として使うように決められました。循環型社会の一つの好例ともいえます。私たちの暮らしを今一度見直す必要性もあるでしょう。

第4節　尿桶の撤去と請願

　1872（明治5）年7月には，家々の前に設けられ悪臭を放っていた尿桶（おけ）の撤去が指示されました。尿桶の具体的な姿については不明ですが，通行人の利便性から各町内の横町に尿桶を1カ所設けて，目隠し板でこれを覆い，目隠し板などが腐らないように白ペンキを塗ることとされ，さらに糞尿（ふん）は郊外で肥料として使い，その収益を尿桶などの修理費用とするように決められました。横町は，表通りから横に入った小路に面した場所で，衛生上・美観上，より目立たない場所に設けられました。県は尿桶の必要性を認めるものの，不衛生との認識が強かったためと考えられます。

　その後，1872（明治5）年8月17日の記録[3]によれば，尿桶の実際の設置数は23カ所と，2町で1カ所設けられる程度でしたが，「死禁」（失禁か）する者もいて，1町1カ所とし，70カ所に増やしてほしいとの請願が出されています。

　以上，尿桶の設置方法が決められるなど，衛生的な街路空間の確保の徹底が指示されました。しかし，その設置数は十分ではなかったことが分かります。

第5節　障害物などの撤去

　1872（明治5）年7月には，道路内の材木や薪木（たきぎ）の積み置き，菜園により道幅が狭くなっていたため，その撤去が指示されました。なお，材木と薪木については，その場所を告げ，乱雑に置かないこととされました。また道路内の材木，薪木，菜園，物干し杭，店先や道路への衣類・洗濯物の張り出しなどが禁じられました。

　また同年同月の記録[4]によれば，道路内の材木，薪木，菜園だけでなく，物干し場も設けられており，その撤去が指示されました。さらに同月の記録[5]

によれば，道路上の置き物の撤去期限は，説諭後，3日以内とされ，物干し場については，空き地のない密集した長屋では，大家に相談のうえ，7日以内に撤去するか，裏屋の屋根上に設けることとされました。説諭とは，悪い事を改めるように教えさとすことを意味します。

1873（明治6）年3月の「定」[6]をみると，店先や表庇（雁木），屋根上の物干しは禁じられたものの，屋根上に物干し場を設けた場合は許可されました。また紺屋（こんや・こうや）や漁師など特定の職業では，道幅に応じて道路上への物干しの張り出しの限度が定められ，普請のため街路に材木を置く場合は，片側に寄せることで認められました。普請とは，土木・建築工事などを意味します。

以上のように往来を妨げる材木，薪木，菜園，物干し場などは，説諭後3日以内にその撤去が指示されたものの，物干しについては屋根上に物干し場を設けるか，職種によっては道幅に応じて許可されるなど，生活実態を考慮したものと考えられます。

第6節　街路の修繕

1873（明治6）年8月には，道路や伏樋を壊さないように注意することとされました。また多く壊れた場合は，町会所へ申し出ることとされました。伏樋とは街路両側の排水用の側溝と考えられ，毎月1回，水を流し，蓋板が散乱しないように注意することとされました。沿道住人による一定の管理が求められたためと考えられます。

第7節　街灯の設置

1872（明治5）年7月には，5区内の街灯設置が確認でき，「点灯籠」と呼ばれていました。この街灯は明治中期の古写真[7]にも確認でき，柱上に四角い窓の空いたランプが載ります。街灯への落書きや傷をつけることは禁じられていました。

さらに夜間の犯罪が多く，風紀が乱れ，その抑止が課題であり，開花繁栄策

の一環として，町ごとに「灯木（当時の呼び方は不明）」を建築することが決められました。「灯木」とは，具体的な姿が不明なものの，その設置目的が「市街点灯」であることから，点灯籠同様，街灯のことと考えられます。

第8節　違反者への罰金

不衛生の一掃を徹底させるため，「2銭」の罰金が科せられましたが，再犯した場合の罰金が「4銭」と高くなっていることから，再犯者が多かったものと考えられます。旧来の習俗を改めることは，容易ではなかったわけです。

第9節　『日本奥地紀行』にみる街路の様子

こうした新潟町の状況を外国人の立場から観察・記録した女性がいました。1878（明治11）年に新潟を旅したバードです。

その著『日本奥地紀行』[8]（金坂清則・訳注）によれば，①西洋化を始めている新潟の官公庁地区は，日本的な旧市街と比べるとまったく見劣りすること，②旧市街は，これまで見てきた町の中では最も整然とし，最も清潔で，見た目にも最高に心地よいこと，③見事なまでに清潔なので，この掃き清められた町通りを泥靴で歩くのは，気がひけること，④藁や小枝の一本，紙切れ一枚でも落ちていれば，すぐに拾って片付けられ，ごみは蓋付きの箱や桶に入っている場合は別として，一瞬でも路上に放置してはおかれないことなど，バードが称賛したポイントを知ることができます。

この記述は，当時の新潟を知り得る貴重な内容であり，楠本の街路政策の成果の一端を知ることができます[9]。街路は清潔で，藁や小枝などがすぐに片づけられることなどは，前述の通り，沿道住人による徹底した清掃の成果と考えられます。新潟は，美しく，清潔なまちへと生まれ変わった訳です。

第10節　「街路取締規則」にみる規制

楠本は，1875（明治8）年に東京に転出します。その後，1880（明治13）年2月の「街路取締規則」[10]によれば，道路上の街灯や標旗の設置は，警察署

に届けたうえで，下水外2尺（約60cm）を限度としました。

　「街路取締規則」は，楠本の後任となる永山盛輝県令時代の規則であり，これまでの街路関係規則を整備し，街路の実態に即している点に特徴があります。

　上記以外の内容としては，往来に陳列して物品を売買する場合は，下水外4尺（約120cm）を限度とし，市で商売する場合は制限がありませんでした。また街路に沿って木材を保管する場合は，縄などで崩れないようにすることとされました。さらに街路に沿って薪・炭などを置く場合は，その高さを9尺（約270cm）以下としました。道路を行き交う人々の安全を確保するためと考えられます。

　また公衆便所を街路上に設ける場合は，図面を添えて警察に届け出ることで認められ，工事用の材木などを一時的に街路に置くことや，板囲い・足場などを設ける場合は，図面を添えて警察に届け出ることで認められました。

　以上，1880（明治13）年には，道路上の街灯や標旗，商売などを一定の条件で認め，道路沿いに薪・炭などを置く場合はその高さを定め，また公衆便所や工事用材料の設置などは届出により認めるなど，街路政策は単なる規制から実態に即した柔軟な姿勢へと移り変わったことが分かります。

第11節　おわりに

　最後に，これまでの検討を整理するとともに，地域の歴史を振り返る意味を述べたいと思います。

　開港後，不衛生であった新潟の街路は，1872（明治5）年，楠本が着任すると，清潔な街路へと一掃され，道路上の清掃は当初掃除人足により実施されますが，後に沿道住人によって徹底されるようになります。集められた塵・芥は町中の籠にためられて町外の捨場に運ばれ，その後，農村で肥料として使われました。家々の前には尿桶が悪臭を放っており，その撤去が指示されましたが，通行人の便宜を図るため，横町に目隠し板などで覆って設置されました。しかし設置数は十分ではありませんでした。

さらに街路上の材木，薪木，菜園，物干し場などは往来を妨げるため，その撤去が指示されたものの，物干しについては，1873（明治6）年，屋根上に物干し場を設けた場合や職種によっては許可されました。

　こうした細かな規制は，外国人に恥ずかしくない市街地を整備したいとする，楠本の政策が具体化したものであり，バードによって称賛された，清潔で美しい町並みの創出に寄与したものと考えられます。

　一方，楠本が転出すると，1880（明治13）年には，街路上の商売は一定の条件下で認められ，市での商売に制限はありませんでした。また街路内の街灯，標旗，公衆便所，一時的な工事用材料の設置などは，届け出のうえ認められるなど，より生活実態に応じた街路政策が県により示されるようになりました。

　新潟は，前述の通り，外国人居留地のない雑居地のみであり，横浜や神戸などと異なり，近世以来の港町が近代化したものです。そのため開港場にふさわしい居住環境の改善に，早期に徹底して取り組む必要性があったものと考えられます。

　以上，開港場新潟の街路政策の一端を見てきましたが，地域を考えるとき，その地域固有の歴史を振り返ることは，とても大切なことです。今回取り上げた新潟も開港から150年余りとなり，新しい時代の県都として，日々，多様なまちづくりが実践されています。

　私は，都市史・建築史を専門としていますが，なるべく自身が，今暮らす地域を研究の対象とすることにしています。今回は，新潟における開港場形成の発端となった楠本の街路政策について，その一端をご紹介してきましたが，さらに検討しなければならない課題も多々あります。

　これからの新しいまちづくりを進めるうえでは，そのまちを作り上げた先人の知恵や思い，時代的な背景を理解することが大切です。近年，盛んな歴史的建物や町並みを生かしたまちづくりにおいても，重要な鍵となっています。

注）――

1）本稿においては，『改革叢書』（新潟市歴史博物館蔵　明治10年代に新潟区の役人（筆

跡から早川清作との指摘あり）がまとめたもので，新潟市史編さん近代史部会編『新潟市史　資料編5　近代Ⅰ』新潟市，1990年，pp.142〜162に，町の行財政改革や都市整備に関する中心的なものが収録されている。なお，同時期の史料と同様の記述があるため，信ぴょう性は高いといえる。）を中心に検討し，それ以外を参照した場合は，注記としている。

2 ）青柳正俊「雑居地新潟に関する一考察－『外国人の居留地外居住問題』をめぐる展開」『東北アジア研究』20巻，東北大学東北アジア研究センター，2016年，pp.1〜26

3 ）『明治五年　諸願伺留　自七月至十月』（新潟市歴史博物館蔵）

4 ）『諸御布告留』（新潟市歴史博物館蔵）

5 ）注3 ）前掲

6 ）新潟市史編さん近代史部会編『新潟市史　資料編5　近代Ⅰ』新潟市，1990年，pp.561〜562

7 ）新潟日報事業社出版部編『写真集　ふるさとの百年＜新潟＞』新潟日報事業社，1980年，pp.40〜41

8 ）金坂清則訳注『完訳　日本奥地紀行2　新潟－山形－秋田－青森』平凡社，2012年，p.40

9 ）新潟市史編さん近代史部会編『新潟市史　通史編3　近代（上）』新潟市，1996年，p.117　注8 ）前掲の本文中にも「街が改善されたのは最近であり，現東京府知事楠本正隆氏によってこれが完成をみたのはつい先年のことである」とある。

10）注6 ）前掲，pp.562〜563

参考文献

諫山　正・高橋　姿・平山征夫監修『みなとまち新潟の社会史』新潟日報事業社，2018年
新潟市史編さん近代史部会編『新潟市史　通史編3　近代（上）』新潟市，1996年
新潟市史編さん近代史部会編『新潟市史　資料編5　近代Ⅰ』新潟市，1990年

※本稿は，拙著「明治期における港町新潟の街路政策について」『日本建築学会計画系論文集』第770号，2020年，pp.967〜973の論考に一定の加筆を行い，一般の方向けに書き改めたものです。

第3章　新潟企業の分析
── 地域社会における企業の役割 ──

西森　亮太

第1節　社会的存在としての企業

1．企業とはなにか

　皆さんは「企業とは何でしょうか？」と質問された場合，どのように答えますか。簡潔に答えるならば「企業とは会社やお店のこと」です。もっと詳しく，正確に答えるためには，企業の分類を理解する必要があります。

　企業はまず「個人」と「法人」に大きく分けられます。「個人」とは，会社という組織形態をとっていない個人商店や，誰かに雇われるという働き方をしていないフリーランスを指します。一方で「法人」はさらに「公法人」と「私法人」に区分されます。「公法人」とは，公社，公庫，公団，公共組合など，特定の行政上の目的を実施するために設立された法人をいいます。「私法人」はさらに細かく「営利法人」と「非営利法人」に分けることができます。「営利法人」には，株式会社，有限会社，合同会社，合資会社，合名会社などが該当します。「非営利法人」には，学校法人，医療法人，社会福祉法人，宗教法人，NPO法人などがあります。

　企業の規模別で分類してみますと，中小企業の数が全体の99.7％を占めており，労働者数全体の68.4％の雇用を生み出しています。皆さんがご存じの，テレビCMなどでよく目にするような大企業の数は，ほんの一握りなのです。

　企業といえば，一般的に営利法人を指します。中でも株式会社が中心です。その株式会社ですが「株式」の扱いによって，区分することができます。すべての株式を売買することが制限されている会社を「未公開会社」，すべての株式，あるいは一部の株式を自由に売買することが可能な会社を「公開会社」，

株式を市場に上場している会社を「上場会社」，株式を市場に上場していない会社を「非上場会社」といいます。有名な大企業の多くは，公開会社であり上場会社であります。ちなみに新潟県内に本社がある会社で，公開会社かつ上場会社の数は現在38社です。小売業が最も多く6社あります。

2．企業は誰のものなのか

　「企業もしくは会社は誰のものなのか」というテーマは，経営学をはじめとした社会科学を学習するうえにおいて，今日においても非常に重要です。そこでまずは，企業（会社）にはどのような人たちが関わっているのか，企業をとりまく「登場人物」について押さえておきたいと思います。

　企業を動かして経済活動を行う「経営者」は必ず存在します。経営者とは社長やその他取締役のことです。また株式会社の場合，株式を購入することによって会社に対してお金を出資している「株主」がいます。中小企業の場合，経営者と株主が同一である同族会社が多いですが，会社の規模が大きくなるにしたがって，経営者と株主は別個になってきています。さらに，企業で雇用され，そこで働いている「労働者」も重要な存在です。経営者の存在だけでは，企業は経済活動を行うことができません。企業の利益（もうけ）は労働者の労働の成果として生み出されています。ほかに，販売商品や原材料等の仕入を行う「取引先」，運転資金などの借入先である銀行などの「債権者」，納税や補助金・助成金などの受給先である「国・地方公共団体」，商品やサービスの提供先である「消費者」も企業に関わっているといえます。そして「地域社会」の存在も忘れてはいけません。企業は，地域社会，地域住民との信頼関係がなくては成り立ちません。電力会社が原子力発電所を稼働させるためには，地域社会，地域住民に対して十分な説明を尽くして了解を得ることが不可欠であることが，一例として挙げられます。もっとも原発に関しては，放射性廃棄物処分などの多くの問題をかかえています。よって，地元の了解さえ得られれば稼働してもよいというわけにはいかないと考えますが，あまり深入りすると本章のテーマから脱線してしまいますので，別の機会に議論したいと思います。

以上より，企業には多くのさまざまな「登場人物」が存在します。この「登場人物」のことを利害関係者，ステークホルダーといいます。現在，わが国の経済は，アメリカの影響を受けて，「登場人物」の中でもとりわけ株主を重視した「株主資本主義」とよばれる状況となっています（株主資本主義は新自由主義，金融資本主義ともよばれます）。株主資本主義は，株式の値段（株価）を上げることを第一に考え，そのためには労働者の給料をカットするなどして利益を少しでも増やそうとします。しかし，正社員を少なくして給料の安い非正規雇用を増やしたことなどによって，格差と貧困の拡大を招くことになり，株主資本主義は行き詰まりをみせています。このままでは資本主義経済そのものが危うくなってしまうという意見も出てきました。そこで，株主を重視した株主資本主義から，株主だけでなくすべてのステークホルダーについて考慮する，ステークホルダー資本主義への転換を図ろうとする動きが活発になってきています。

　このような企業を取り巻く社会，経済情勢において，新潟県内の企業はどのような状況にあるのでしょうか。県内を代表する3社の分析をとおして，地域社会における企業のあり方について学習してみましょう。なお3社の分析は，本章執筆時点におけるデータに基づくものであることをご了解願います。

第2節　県内企業の分析

1. ステークホルダーと企業－塩沢信用組合－

　塩沢信用組合（しおしん）は，1953（昭和28）年3月5日設立，同年4月1日営業開始（創業）です。現在，南魚沼市の本部・本店のほかに石打支店，五日町支店，津南支店，小出郷支店があります。さらに2023（令和5）年9月，名称を塩沢信用組合から「ゆきぐに信用組合」に変更し，営業エリアを十日町市全域および長野県栄村にも拡大する予定です。新潟日報の記事には「信組が合併を伴わずに県境を超えて営業エリアを広げるのは全国でも珍しい。財務基盤の安定を背景に，他県の過疎地域の『金融空白地』に進出し，経営のさらなる安定を図る」[1)]と記されています。

ところで，塩沢信用組合の取り組みで注目すべき点は「経営の基本方針」にあります。塩沢信用組合は組合員を代表する「総代」を，年齢や性別に関して，組合員全体の構成比と総代の構成比をほぼ同一にして，総代の意見と組合員の総意がイコールになるようにしているのです。性別構成比について，総代，組合員それぞれみてみると，総代は男性65.8％，女性34.2％に対して，組合員は男性63.9％，女性36.1％であり，たしかにほぼ同一であるといえます。これは，県内はもちろんのこと国内の協同組織金融機関において初となる取り組みです。まさに，ステークホルダーを重視した経営の一環であると評価できます。

　それでは，財務状況をみてみましょう。預金残高は2022（令和４）年３月期に370億円を超えて，10年連続の増加です。組合経営の盤石さがうかがえます。また貸出金残高は205億7600万円でした。2021（令和３）年３月期同様，200億円を維持しています。これは，コロナ禍における企業の資金繰り支援が主な要因です。また，最終的な黒字か赤字かを判断する当期純利益は，2009（平成21）年度はリーマンショックの影響により，４億5600万円の最終赤字でしたが，2010（平成22）年度以降は13年連続最終黒字を確保しています。2022（令和４）年３月期は6600万円の最終黒字でした。そのほか，自己資本額は24億900万円，不良債権額は11億2600万円となり，不良債権比率は５％台を維持しています。

　ステークホルダー重視の経営を貫きながら好業績を維持し，さらなる事業展開を見据えた塩沢信用組合の取り組みは，今後も注目する必要があります。

２．SDGsと企業――正蒲鉾株式会社―

　一正蒲鉾株式会社は，1965（昭和40）年１月創業で，本社は新潟市東区です。事業内容は，水産練製品・惣菜（そうざい）の製造販売，キノコ類の生産販売です。本社のほかに11事業所，７工場，２つの関連会社を有しています。東証プライムへの上場会社です。

　直近の財務状況についてですが，売上高は，2022（令和４）年６月期316億円であり，対前期比30億円減となりました。2021（令和３）年度，2022（令和４）年度と２期連続の売上高減少となりました。営業利益は対前期比12億円と

いう，大幅な減少により５億4500万円でした。また当期純利益は，５億6500万円となり，こちらも対前期比21億円の大幅な減少でした。2022（令和４）年６月期決算の減収減益の要因については「利益面ではかまぼこ主原料の魚のすり身価格が新興国の経済成長による需要の高まりなどを背景に高騰。エネルギー価格の上昇も利益を押し下げた」[2] ということです。2023（令和５）年６月期決算では，売上高354億円，営業利益13億円，純利益８億5000万円を見込みます。

　一正蒲鉾の注目すべき点は，SDGsの取り組みです。一正蒲鉾は，地域再生プラットフォーム「SDGsにいがた」準備会主催の，SDGsの理念に沿った県内の取り組みを表彰する「第２回新潟SDGsアワード」大賞を，佐渡総合高校とともに受賞しました。

　SDGsとは，2015（平成27）年に国連が採択した持続可能な開発目標のことです。SDGsのポスターを目にしたことがある人も多いと思いますが，17の目標および169のターゲットからなっています。一正蒲鉾の大賞受賞理由は「一正蒲鉾は事業価値に即して企業価値も向上させられる「マテリアリティ（重要課題）」を特定し，ESG（環境・社会・企業統治）経営宣言を制定するなどした活動が企業の取り組みモデルになると評価された」[3] ということです。ESGとはESG投資ともよばれ，投資家が環境・社会・企業統治に配慮して，企業に投資することを意味します。SDGsとの関係では「ESGは手段，SDGsは目的」といわれたりします。企業によるSDGの取り組みにおいて，ESGは必ずといっていいほど出てきます。

　それでは，一正蒲鉾のSDGsの取り組みについて，「サステナビリティレポート 2021」から具体的にみてみましょう。まず，2021（令和３）年７月に「ESG経営宣言」を制定し，第二次中長期経営計画のベースとしていることが重要な点です。「ESG経営宣言」の内容は下記のとおりです。

　・「人と組織を大切にします」
　・「食の安全・安心と新たな価値をお届けします」
　・「『海の命』『山の命』を守り，自然の『恵み』を大切に活用します」

・「地球温暖化防止に向けた取組みを進めます」

・「すべてのステークホルダーの皆さまとの協働を重視した経営を行います」

・「透明性の高い健全経営を行います」

　以上の「ESG経営宣言」に基づき「マテリアリティ（重点課題）」が定められています。具体的には「人財の育成」「食の安全・安心　新たな価値の提供」「環境マネジメント強化」「海洋資源を含めた生物資源の有効活用」「社外との協力」となります。そしてマテリアリティに対する取り組みを実施し，前期との比較で達成状況を確認しています。2022（令和4）年6月期は「環境：二酸化炭素排出量4.8％減」「人財：教育・研修費用0.5％減」「人財：女性管理職比率1.7％増」「人財：有給休暇取得率9.1％減」などと，非財務情報として示されています。

　一正蒲鉾は，投資家に対してだけでなく，消費者・生活者の価値観，購買行動の大きな変化も見据えて，SDGsに取り組んでいます。このように，事業の核にSDGsを取り入れた経営のあり方は，株主資本主義の発想などとは一線を画したものであると評価できます。

3．公共性と企業－新潟交通株式会社－

　新潟交通株式会社は，皆さんにとって最も身近な企業の一つではないでしょうか。1943（昭和18）年12月創業，本社は新潟市中央区万代にあります。関連会社として新潟交通観光バス株式会社，新潟交通商事株式会社，株式会社シルバーホテルなどを有することにより，事業内容は運輸事業を中心に，不動産事業，旅館事業，旅行事業などとなっています。

　経営状況は，事業内容からも想像がつく人が多いと思いますが，新型コロナウイルス感染症の長期化にくわえ，原油価格などの高騰により，2022（令和4）年3月期決算においても非常に厳しい状況が続いています。会社全体の売上高は，2022（令和4）年3月期は144億円でした。2021（令和3）年3月期の136億円と比較すれば増収となりましたが，2年前の2020（令和2）年3月期186億円との比較では，42億円の減収でした。

事業内容別にみてみますと，運輸事業は修学旅行など，学校関連の需要の回復により前期比増収となったものの，先ほど触れましたように依然としてコロナ禍の影響を受けており，コロナ前の売上までには戻っておりません。不動産事業は，万代シテイのリニューアル工事の完了，行動制限の緩和に伴う客の増加により，テナント料収入，駐車場収入ともに増収となりました。旅行事業，旅館事業などは，コロナ禍の影響を引き続き受けており，コロナ禍以前の水準には回復しておりません。本業のもうけである営業利益は6600万円のマイナスであり，二期連続の赤字となりました。

以上のような厳しい経営状況が続いている新潟交通ですが，他の企業と異なる点は，企業PRにもなっているとおり，公共性の高いサービスを提供している点にあります。つまり，私たちの住んでいる地域の交通を支えているという，公共性を有した企業なのです。赤字だからバス路線を縮小するようなことを安易に実施すれば，バスを利用して生活している市民にとっては死活問題です。

関連ニュースとして，JR東日本が地方路線ごとの収支を公表しました。新潟県は8路線11区間が赤字ということでした。もちろんバス会社も鉄道会社も赤字の財務内容を改善するという企業努力は必要ですが，会社内部のみならず，利用客である私たちも重要なステークホルダーとして，地域自治体などと一緒になって主体的に関わらなければいけない問題です。コロナ禍が終息しても，人口減少社会における地方交通のあり方は，引き続き真剣に考えていかなければなりません。

第3節　さいごに

「ステークホルダー」「SDGs」「公共性」の観点から，県内にある3つの企業についてみてきました。もちろんこの3社以外にも，分析する必要のある県内企業はたくさんあります。知っているつもりでも案外知らない身近な企業を素材に，これからの企業のあり方について考えることは，ステークホルダーである私たちにとって重要な事だと思います。

引用文献

1） 新潟日報，2022年 6 月22日，朝刊
2） 新潟日報，2022年 8 月 6 日，朝刊
3） 新潟日報，2022年 2 月22日，朝刊

参考文献

一正蒲鉾株式会社「2022年 6 月期　決算短信」，一正蒲鉾株式会社ホームページ，2022年（2022年 7 月30日取得，https://contents.xj-storage.jp/xcontents/AS00463/30dae44a/8a7a/4565/bb87/927c2e065ddb/140120220804512501.pdf）

一正蒲鉾株式会社「サステナビリティレポート2021」，一正蒲鉾株式会社ホームページ，2021年（2022年 7 月30日取得，https://contents.xj-storage.jp/xcontents/AS00463/e2354b2d/4f93/4bef/8fbf/70b82f5123a9/202112101191629970s.pdf）

大島和夫『企業の社会的責任　地域・労働者との共生をめざして』学習の友社，2010年

小栗崇資・陣内良昭編著『会計のオルタナティブ　資本主義の転換に向けて』中央経済社，2022年

企業分析研究会『現代日本の企業分析　企業の実態を知る方法』新日本出版社，2018年

塩沢信用組合「2022 Disclosure」，塩沢信用組合ホームページ，2022年（2022年 7 月30日取得，http://www.shiozawa.shinkumi.jp/pdf/disclo/disclo_2022.pdf）

新潟交通株式会社「令和 4 年 3 月期　決算短信」，新潟交通株式会社ホームページ，2022年（2022年 7 月30日取得，https://www.niigata-kotsu.co.jp/ir/pr_docu/r040513_tanshin.pdf）

野中郁江・三和裕美子編『図説　企業の論点』旬報社，2021年

第4章　作家や作品の「ゆかりの地」と観光

―― イギリス文学の例でみる観光の多様性 ――

青木　繁博

第1節　はじめに

1．本章の概要とねらい

　観光とは本来，さまざまな要素が関係してくるものです。観光を考える学問である観光学は学際的（いくつかの学問領域にまたがるもの）といわれており，経済学，社会学，心理学，人文科学など，複数の専門領域から考察することができます。本章では，イギリス文学の例を紹介しながら，意外かもしれませんが，日本の地域の観光と結び付けた考察を行います。これらの考察から得られるヒントや気づきが，私たちが暮らす地域のことを見直す際に役立つのではと考えます。

2．本章で取り上げる地域と作家・作品

　以下4つの地域と関連する作家・作品を取り上げて論じます。1）ハワースとエミリ・ブロンテ（Emily Jane Brontë）の『嵐が丘』，2）ストラトフォード・アポン・エイヴォンとシェイクスピア（William Shakespeare）の演劇作品，3）ロンドン～カンタベリーとチョーサー（Geoffirey Chaucer）の『カンタベリー物語』，4）湖水地方とポター（Beatrix Potter）のピーターラビットシリーズ。

第2節　イギリス文学ゆかりの地と観光

1．ハワースを訪れる観光客のお目当ては

　イギリスの中ほどにハワースという町があります。ヒースというツツジ科の

低木くらいしか育たず，とくに冬は風が吹きすさび，寒々しい光景が広がる荒地ということです。必ずしも自然美に恵まれているといったわけではなく，それほど大きな町でもないそうですので，そういった点では観光客が多く来る要素はないようにも思われます。しかし実際には，ある作品の存在によって，この町は世界中から多くの人が訪れる観光地となっています。

　ハワースは，イギリス文学の名作の一つ『嵐が丘』と，その作者エミリ・ブロンテのゆかりの地です。生涯の大部分をハワースで過ごしたエミリは，自分の故郷を舞台にした作品を書き上げました。よその場所のことをほとんど知りませんから，それはある意味で必然だったのかもしれません。ハワースによく似た荒涼とした土地で繰り広げられる，何年にも渡る愛と憎しみの物語は，出版当初は賛否両論，当時の読者にはあまり受け入れられませんでした。しかしエミリがその短い人生を終えた後，作品の評価は次第に高まり，今ではイギリス小説の傑作の一つとして世界中の読者に愛されています。

　ハワースは『嵐が丘』に魅了された読者が世界中から訪れる場所です。ハワースの，どちらかといえば寂れたところもある雰囲気は，作品で描かれた激しい愛憎劇にはむしろぴったりだと考える人も多いようです。作者が実際に歩いたであろう道を散策するなど，作品を知る人にとっては何物にも代えがたい，決してよそでは体験できない時間を過ごすことができることでしょう。その点で，ハワースは唯一無二の場所であるということができます。それを目当てにお客さんが来ることには何ら不思議なことはありません。

　このように，必ずしも「きれいな場所」だけが観光の目的地になるのではありません。『嵐が丘』が好きな人にとってのハワースのように，訪れる人にとっての意味が感じられるかどうかが大切なのではないでしょうか。皆さんが暮らす地域にも，ゆかりの人物や作品などはありませんか？ 地元の人は案外忘れていたり知らなかったりすることも多いので，改めて地域ゆかりの人や作品，出来事などを調べてみてはどうでしょうか。それらに魅力を感じている人たちが，あなたの住む町を訪問したがっているかもしれませんよ。

2. 観光地としてのシェイクスピアの故郷

ウィリアム・シェイクスピアは，おそらくイギリスにとどまらず，世界で最も有名な劇作家ではないでしょうか。『ハムレット』『ロミオとジュリエット』といった題名は，読んだことはなくても，ほとんどの人が聞いたことがあるでしょうし，「生きるべきか，死ぬべきか，それが問題だ」など数々の名ぜりふもよく知られています。今も世界中の劇場では彼の演劇作品が上演されていますし，最近では，シェイクスピアの作品を原案とする映画が製作されヒットを飛ばしています。

写真1　シェイクスピアの生家（著者撮影）

そのシェイクスピアの故郷とされるのがストラトフォード・アポン・エイヴォンです。1564年にストラトフォード・アポン・エイヴォンに生まれたシェイクスピアは，ロンドンに出て劇作家として活躍した後，引退して故郷に戻り，この地で1616年に没したといわれています。

世界的に有名な劇作家の故郷であるという点は，この町に圧倒的な知名度を与えているといえます。もちろん町の方でも，シェイクスピアの足跡をたどりたいと考える観光客に対して，その知的好奇心を満たすような楽しみ方を長年にわたって提供しています。

写真2　アン・ハサウェイの家（著者撮影）

この町の観光の目玉の1つがシェイクスピアの生家と言われている建物です（写真1）。一時期は荒れていたこともあったそうですが，現在は博物館・記念館として整備されており，内部や庭園を見て回ることができます。くわえて，シェイクスピアが故郷で結婚したとされる女性アン・ハサウェイ

の実家もよくツアーに組み込まれます（写真2）。商売をしていたといわれるシェイクスピアの生家と比べると，どちらかといえば素朴な印象の建物ですが，当時のたたずまいを残してよく保存されています。やがて文豪となる若いシェイクスピアが，こういった場所で，のちの奥さんと何を話したのか，どんなやり取りを交わしたのか，想像のタネは尽きません。

　ここまで話を進めてくると，まるでシェイクスピア関係の場所がすべて保存されているように思われたかもしれませんが，それは事実ではありません。劇作家を引退したシェイクスピアが移り住んだ屋敷，ニュープレイスと呼ばれるその場所は，後の所有者によって建物が取り壊されてしまっており，今は庭園などが残るのみとなっています。実はシェイクスピアの人生には謎も多く，どんな生涯を送ったかよく分からない点も多いため，もし仮に晩年を過ごした家が残っていたならさまざまなことが分かったかもしれません。このように文化の面でも残念に思うのですが，観光の面でも，ニュープレイスが保存されていたなら，もっと多くの人が訪れたりイベントに活用したりする可能性もあったのではと考えると，惜しいことだと感じるのは私だけでしょうか。

　一度でも壊してしまった文化財は完全には元には戻りません。もし再建したとしても「本物」とは言えなくなってしまうためです。残しておいたなら活用できる地域の文化財を守っていくことは大事なことです。反面，何でもかんでも残せばいいというものでもありません。無駄なものがあるだけで後の世代の人が困ることにもなりかねません。広い視野から，地域の今後に何が大切なのかを考えて，何を残して何を新しくするか，検討していくことが求められるのではないでしょうか。

3．中世にもあった観光インフラ

　イギリス文学の初期の傑作，チョーサー作の『カンタベリー物語』は，カンタベリーの大聖堂を目指す「巡礼の旅」を下敷きにしています。カンタベリー大聖堂は，イギリスの宗教の中心地の1つであり，中世の時代には国内各地から多くの巡礼者がそこを目指して訪れる場所でした。物語は，身分の高い人や

聖職者だけでなく，庶民も含む30人ほどの一団が，ロンドンの宿屋からカンタベリーに向けて出発するところから始まります。道中，何日もかかる旅程のため退屈してはいけないということで，旅のまとめ役の宿屋の主人の発案で，参加者それぞれが思い思いの話を語って聞かせることになる…といった筋立てになっています。

　現実の14世紀頃にも，ロンドンの宿屋の主人が巡礼者を集めて，集団でカンタベリーへと移動するといったことが行われていたそうです。そこだけを取れば，現代の旅行会社の社員やツアーコンダクターが行う案内業務と同じ，ということになります。もちろん現代のそれとは細かい違いはありますが，大枠としては，観光（または巡礼）に行きたい人のニーズに合った，観光が成り立つための仕組みができていたと捉えることが可能です。

　意外かもしれませんが，観光は自然に成立するものではありません。どんなに立派な観光地があったとしても，もしそこまでの交通手段がなければ，そこにたどり着くことすらできないでしょう。着いたとしても，そこで何かのサービスを提供していなければ，お客さんはただ見て帰るだけで，誰ももうかりません。何らかの社会の制度あるいは産業として，観光に関連したものが存在して機能していること，今の言葉でいえば「インフラ」が整っていなければ，観光は成り立ちません。カンタベリーの例でいえば，中世の時代にはすでに移動や宿泊，情報提供や道中のお世話などさまざまな面で観光に関係する制度などが実現されており，そのことにより，多くの巡礼者が旅することが可能になっていたのです。

　なお観光インフラに何が求められるかは時代によって変化します。『カンタベリー物語』が書かれた頃のカンタベリーへの旅は，ロンドンから東に向かい，約90kmを数日かけて徒歩または馬の背に揺られて進んだのだそうです。その移動のための街道が整備されていました。カンタベリー大聖堂は世界遺産であり，現在も多くの人が世界中から訪れますが，交通機関の発達によりロンドンからは1～2時間程度で訪問できるようになっています。鉄道や高速道路があっという間に旅行者を運ぶため，事前にロンドンの宿屋に集合する必要はな

くなりました。宿屋の主人に代わる現代の案内役としてすぐ思いつくのは旅行会社や観光ガイドでしょうか。実際，カンタベリーを訪れるコースもイギリスを巡るパッケージツアーに組み込まれたりもします。ただ，イギリスやカンタベリーに限らず，最近では旅行会社を通さずにインターネットを使って旅行を手配する人が増えています。その場合にはもしかしたら，IT業界で働く人たちや，その人たちが作ったシステムが，私たちにとっての「旅のまとめ役」なのかもしれません。

　皆さんが暮らす地域にも良いところはたくさんあると思います。ただ，そこにどうやってお客さんが来るのかといったアクセスの面に目を向けてみると，交通手段が限られていたり，十分に情報提供や案内がなされていないなど，問題点が見つかることがあります。今ある地域の観光資源を生かすためにも，観光が成立するためのさまざまな条件を考えてみましょう。

4．ピーターラビットゆかりの地は「サステナブル」の先駆け

　ビアトリクス・ポターの名前は知らなくても，ピーターラビットは知っているという人は多いのではないでしょうか。うさぎのピーターが活躍する『ピーターラビットのおはなし』をはじめとするシリーズは，世界中で子どもから大人まで親しまれている絵本作品ですが，その作者がここで取り上げるポターです。

　ポターゆかりの地は，イギリス国内では風光明媚な場所とされる「湖水地方」という地域です。氷河期に形成された山や谷，そして数々の美しい湖が織りなす景観の素晴らしさで知られています。イギリスでは人気の観光地の1つで，自然美を求めて多くの人が訪れます。ポターは湖水地方の出身ではありませんが，幼少時から何度も訪れたこの地域の豊かな自然が気に入り，屋敷や農場を買って移り住みます。その後も執筆活動を続けたポターの作品の中には，彼女が暮らした農場など現実の湖水地方の風景が描き込まれています。それらの多くは保全されているため，ピーターラビットシリーズのファンは，お気に入りの絵本に描かれたいくつかの場面に，今でも実際に訪れることができます。し

かしそのことは，決して偶然や巡り合わせではなく，作者の「ある行動」によるものでした。

イギリスは世界をリードして工業が発展した国です。工場や住宅などの近代的な建物が建つようになり，鉄道や道路が通じるなど，ポターの時代にも国土の開発が進んでいきます。豊かな自然を誇った湖水地方にも，開発の波が押し寄せてきました。そこでポターは，自分が死んだ後にも湖水地方の自然が残るように，絵本の印税などを使って得た土地や建物を「ナショナル・トラスト」に寄贈することにします。ナショナル・トラストとは，イギリスを中心に現代でも行われている自然や文化財の保護活動で，土地や建造物を寄贈してもらい保有することで，その場所が開発されないようにするものです。どんなに由緒ある建物であっても，個人の誰かが持っていたなら，そのうちに建て替えられたりなくなったりするかもしれません（前述したシェイクスピアが所有していた屋敷の1つがそうだったように）。しかし保全を目的とするナショナル・トラストが所有しているならば，建て替えられたり，取り壊されたりする可能性はほぼありません。さらには文化財などを公開することで観光にも活用することが可能となります。

ポターはナショナル・トラストの活動に賛同し，湖水地方の自然が残るように行動しました。このことは，現代で機運が高まっている，持続可能な環境活動の先駆けであると非常に高く評価されています。ポターをはじめとする複数の人たちの具体的な行動を通じて，湖水地方は今でも訪れるべき風景を残しているといえるのです。

環境問題と観光は密接な関係を持っています。SDGsなどの観点からも観光を考えてみてはどうでしょうか。また，ポターのような多大な貢献でなくても，一人一人の考えや行動は，地域を守ったり発展させたりといったことにつながる可能性があります。このことにもっと意識を向けてもらえたらと考えます。

第3節　結び

　上に述べた環境と観光のように，多様な視点から観光を考えることは，さまざまな現代的な問題に目が向くことにつながります。また，海外の事例を学ぶ中で，かえって身近な問題に気がつくことも多々あります。皆さんもこれから，広く世界のことに興味を持ってもらうのと同時に，自分なりに地域のことを考えていってもらえればと思います。

本章で紹介したイギリス文学作品

E・ブロンテ作，大和資雄訳『改訳　嵐が丘』角川文庫，1967年

G・チョーサー作，桝井迪夫訳『完訳　カンタベリー物語（上）（中）（下）』岩波文庫，1995年

W・シェイクスピア作，河合祥一郎訳『新訳　ハムレット』角川文庫，2003年

W・シェイクスピア作，河合祥一郎訳『新訳　ロミオとジュリエット』角川文庫，2005年

ビアトリクス・ポター作・絵，いしいももこ訳『ピーターラビットのおはなし』福音館書店，2002年

参考文献

石原孝哉・市川　仁・内田武彦『イギリス文学の旅　作家の故郷をたずねて・イングランド南部篇』丸善（丸善ブックス038），1995年

石原孝哉・市川　仁・内田武彦『イギリス文学の旅Ⅱ　作家の故郷をたずねて　イングランド北部／スコットランド／アイルランド篇』丸善（丸善ブックス052），1996年

小津次郎『シェイクスピア伝説』岩波書店（岩波セミナーブックス26），1988年

小池　滋『イギリス文学探訪』日本放送出版協会（NHKライブラリー），2006年

下楠昌哉責任編集・著『イギリス文化入門』三修社，2010年

芹沢　栄『イギリス文学の歴史』開拓社，1990年

日本イギリス文学・文化研究所編『イギリス文学ガイド』荒地出版社，1997年

伝農浩子・辻丸純一写真『ピーターラビットと歩く　イギリス湖水地方　ワーズワース＆ラスキンを訪ねて』JTBパブリッシング，2005年

第5章　人口減少社会を生きる私たち
― 群馬県南牧村の事例から ―

柳澤　利之

第1節　はじめに

　アメリカの実業家イーロン・マスク氏が2022（令和4）年5月7日，ツイッター上で「出生率が死亡率を上回るような変化がない限り，日本はいずれ消滅するだろう」と述べたことが大きなニュースになりました。長引く少子高齢化により，日本の人口は減少しており，今後その傾向はますます強まることが予想されています。くわえて，人口は東京周辺に一極集中しており，地方の人口減少はより深刻さを増しています。多くの自治体にとって，人口減少を食い止め，持続可能性を高めることは喫緊の課題となっています。人口が集中している都会も，良いことばかりではありません。多くの人が集中している都会に大きな災害が生じた場合，被害はより甚大なものになるでしょう。さらには食料や水などを供給している地方が衰退することは，都会に暮らす人々に深刻な影響を及ぼします。決して対岸の火事ではないのです。人口減少と東京一極集中の現状は，多くの人々の生命や国家の存続にも関わる重要な課題をはらんでいます。

　ところで，人口が減少した社会の未来はどのようなものなのでしょうか。そのヒントを，日本で最も消滅可能性が高いとされている自治体の姿に見いだすことができます。舞台は群馬県の南西部に位置する甘楽郡南牧村です。私は今から20年以上前ですが，約4年間，この南牧村で働き，暮らしてきました。本章では，私が暮らしていた頃の経験と南牧村の現状について述べることで，人口減少社会を生きるということはどのようなことなのかを考えていきます。

第2節　人口減少と消滅可能性都市

1．日本の人口推計

　日本の人口は，江戸時代後半では3000万人程度で安定していましたが，明治以降に急増し，1967（昭和42）年には１億人を突破しました。しかし2008（平成20）年の１億2808万人をピークに減少を続け，2022（令和４）年１億2519万人となっています。今後も人口減少は続き，国立社会保障・人口問題研究所「日本の将来推計人口（平成29年推計）」の出生中位推計では，2040（令和22）年の１億1092万人を経て，2053（令和35）年には１億人を割り込み，2065（令和47）年には8808万人になるものと推計されています[1]。

2．消滅可能性都市

　日本全体では人口は減少し，今後もその状況は続きますが，人口の増減には地域差があります。2021（令和３）年総務省住民基本台帳人口移動報告によると，東京，神奈川，千葉，埼玉などでは転入者が転出者を大きく上回り，人口が増加している一方で，それ以外のほとんどの道府県では転入者よりも転出者が多いことによって人口が減少しています[2]。人口が東京周辺に集中することにより，地方の人口減少はより深刻なものになります。新潟県は青森県に次いで全国で２番目に，転入者よりも転出者が多い状況になっています。

　2014（平成26）年に日本創成会議が，人口減少によって将来の存続が危ぶまれる自治体を「消滅可能性都市」として独自の試算でとりまとめました。この結果を公表したことは多くの人々に衝撃を与えました。2040（令和22）年までに20〜39歳の女性の人口が５割以上減少すると推計された896市区町村で，全自治体のほぼ半数に該当します。消滅可能性都市は東京を含むすべての都道府県に存在していますが，秋田県では１カ所を除きすべての自治体が該当するとされており，新潟県では18市町村が該当するとされています。傾向としては農村部，山間部，離島などに多くみられます。

第3節　人口減少の弊害

1．国家レベルでの弊害

　経済活動はその担い手である労働力人口に左右されるため，人口減少によって成長力が著しく低下することになります。また，働く人と支えられる人のアンバランスが顕著になります。高齢者1人を支える現役世代の人数は，少子高齢化の現状が継続した場合，2110（令和92）年時点では高齢者1人に対して現役世代が約1人となり，社会保障制度と財政の持続可能性は著しく低下します。弊害は安全保障に関わる問題にも及びます。四方を海に囲まれた日本が抱える領土問題は離島で生じています。人口減少に伴い人が住まない離島が増加することで，他国から侵略を受けるリスクは高まります。

2．人口減少が著しい地域での弊害

　日常生活を送るために必要な各種サービス（小売・飲食・娯楽・医療機関など）が地域に存在するためには，一定の人口規模が必要ですが，生活関連サービスの立地に必要な人口規模を割り込む場合には，地域からサービス産業の撤退が進み，日々の生活が不便になる恐れがあります。これは鉄道や路線バスなどの公共交通，学校などの教育機関にも同様のことがいえます。

　人口減少は地方財政にも大きな影響を及ぼします。人口減少とそれに伴う経済・産業活動の縮小によって，地方公共団体の税収入は減少する一方で，高齢化による社会保障費の増加が見込まれており，それまで受けられていた行政サービスが廃止または有料化されるといった場合が生じることも考えられます。

　地域コミュニティーの機能の低下に与える影響も大きいといわれています。町内会や自治会といった住民組織の担い手の不足が共助機能を低下させ，消防団員数の減少は地域の防災力を低下させます。地域活動の縮小は，住民同士の交流の機会を減少させ，地域のにぎわいや愛着が失われていく恐れがあります。

３．都市部での弊害

　人口減少が深刻な地域では，農業，林業，漁業といった第一次産業が地域の基幹産業となっています。その地域が衰退すると，都市部に暮らす人々にも多大な影響を与えます。なぜなら，人口減少が深刻な地域から都市部へ供給されるものは食料や水など人が生きていくうえで不可欠なものが多いからです。まず食料ですが，2021（令和3）年の日本の食料自給率はカロリーベースで38％，生産額ベースで63％と低い現状にあり，多くを輸入で賄っています[3]。天候不順や国際情勢などによって輸入が制限されれば，食料不足に陥るリスクは高まります。日本は人口減少が問題となっていますが，世界人口は2080年代まで増加する見通しであり，地球規模での食料不足が予測される中，そうした事態に備えるために食料自給率を向上させる必要があります。しかし，日本の農業や漁業に従事する人は減少の一途をたどっています。

　次に水について，その供給には森林が大きな役割を果たしています。都市部の人々は山間部から河川を通じて流れてくる水を浄水して利用しています。森林には過剰な雨水をいったん吸収して河川の氾濫を防ぐとともに，乾期には水を供給することで干ばつを軽減するという保水機能があります。近年では日本の国土の7割弱を占める森林が荒廃し，保水機能が十分に機能しなくなった結果，台風などの際に山間部で土石流が発生し，都市部に土砂や流木が大量に流されてくることが増えています。その背景には，林業に従事する人が大幅に減少し，森林の管理が適切に行われなくなっていることがあります。このような状況が深刻化すれば，都市部に暮らす人々は水不足に陥ることや，災害で生じた土砂や流木が都市部のインフラを破壊するなどの事態も想定されます。

第4節　群馬県南牧村に見る人口減少社会の未来

１．南牧村の概況

　群馬県甘楽郡南牧村は，東京から車で2時間の群馬県の南西部，長野県との県境の山間に位置します。かつてはコンニャクイモ栽培，養蚕業，林業などで栄えていましたが，外国から安価な製品が入るようになり衰退しました。1955

（昭和30）年から1980（昭和55）年までの25年間で4680人（約44％，年間約190人）の人口が減少しました。2020（令和2）年の人口は1611人となり，1955（昭和30）年に比して8962人（約85％）減となっています。1999（平成11）年から政府主導で行われた市町村合併の際，近隣の市町村との合併を試みましたが，相手方の住民投票で反対が多数を占めたことにより不調に終わりました。南牧村は日本創成会議が列挙した消滅可能性都市の中で，最も消滅可能性が高いとされています。また，群馬県年齢別人口統計調査結果（2021（令和3）年10月1日現在）によると，総人口1535人，65歳以上人口1030人，高齢化率67.1％であり，日本で最も高齢化率が高い自治体となっています。後期高齢者（75歳以上）の人口は664人（43.3％），年少人口（0～14歳）は42人（2.7％）です。

2．生活関連サービス等の状況

　村内には食品・生活雑貨を販売する商店が数軒あり，地区によっては移動販売車が巡回しています。コンビニエンスストアやスーパーマーケットはなく，隣町まで行かなければなりません。金融機関は信用組合，郵便局，JAの支店が村内にあります。テレビ，インターネットについて，全国に先駆け1996（平成8）年に村営CATVが開局しました。CATV網を使ってインターネット接続サービスをしており，テレビに加入するとインターネット接続サービスにも加入できます。村内に病院はなく，隣接する自治体には総合病院があります。隣町のクリニックの分院が村内にあり，週2日診療を行っています。介護サービスは特別養護老人ホーム（通所介護，短期入所生活介護，訪問介護，居宅介護支援事業所併設）1カ所，地域密着型小規模特別養護老人ホーム1カ所，グループホーム1カ所，ケアハウス1カ所が村内にあります。学校は小・中学校が1カ所ずつありますが高校はなく，村外へ通学します。保育所と学童クラブが1カ所ずつあります。鉄道はなく，隣町にある上信電鉄の下仁田駅と村の間を村営のバスが平日1日9往復運行しており，バス路線外の集落からは乗り合いタクシーが曜日ごとに運行しています。

3．対策

　村では2014（平成26）年に「南牧村まち・ひと・しごと創生総合戦略」を策定，2015（平成27）年からさまざまな施策をスタートさせました。基本方針に「幸齢者日本一」「潤いのある充実した人生が送れる村」を掲げています。田舎ならではの魅力ある住環境整備を推進・発信していくことで若者・子育て世帯を主体としたＵＩターン者を獲得し，一定数の人口規模の保持を目指しています。年間2.5世帯，7～8人の転入を目指し，施策を推進した結果，その目標を上回り，2018（平成30）年には数十年ぶりに転入が転出を上回りました。若手世代が少しずつ増えることで，10年後の高齢化率を50％台にすることを目指しています。具体的な取り組みをいくつかみていきましょう。

(1)　高齢者住宅の整備と健康寿命の延伸

　村には1995（平成7）年から特別養護老人ホームがありましたが，長い待機期間中に村を離れてしまう人が多くみられました。そこで，21床の地域密着型特養とケアハウスを開設した結果，介護が必要な高齢者や，生活上の不安がある高齢者が村を離れずに済むようになりました。村の高齢者全員に対して健康診断に加えてフレイル検診を実施し予防医療を進め，1年間介護サービスなどを利用せずに過ごせた場合に旅行券をプレゼントする企画も行い，住民が積極的に介護予防に努める仕組みをつくりました。

(2)　コミュニティーの消失対策

　地域のコミュニティーの維持のために開始したのが，区長を「コミュニティー支援員」に任命することです。その活動は，地域の人々への声掛けなどを中心に，映画鑑賞会や集団旅行など，独自のイベントを企画し，人々のつながりの維持を目指しています。活動に要する費用は基本的には村が負担しています。

(3)　雇用の喪失と移住・定住の促進

　(1)(2)で述べた方法によって高齢者の流出を防いだうえで，若者世代を呼び込む施策を実施しています。具体的には空き家を活用したＵＩターン，移住促進支援です。空き家問題は全国共通の課題でもあるため，周囲の自治体との低価

格競争に陥っていた時期があったそうです。そこで，空き家に付加価値をもた
せる方針に切り替えました。たとえば，「レストランをやりたい」という人に
は，開業可能な状態にするために村があらかじめ厨房設備などを整備していま
す。

4．南牧村に移住する人々

　近年，都会から南牧村に移住する若い人たちが増加しています。国の事業で
ある「地域おこし協力隊」を通じて村に来たことがきっかけで定住する人や，
住民によって構成される「南牧山村くらし支援協議会」が運営する空き家バン
クを通じて移住を決める人もいます。2016（平成28）年には「なんもく大学」
が開設しました。主に東京で暮らす若い社会人を中心に運営され，村内に借り
た古民家に10人が泊まれるキャンパスもあります。月に数回，都内の学生や若
い社会人が村を訪れ，村の人々が講師となって，田舎暮らしを体験し，村の人
たちと交流しています。会員登録は200人を超えているそうです。この活動が
きっかけで移住を決める人もいます。

　移住した人たちの中には農業や林業を始める若い人たちがおり，その人たち
に対して経験豊かな村の高齢者が技術的な指導を行っています。また，企業や
NPO法人などを起業する人たちもいます。古民家を改修して，村で採れた農
作物を使った料理を出すレストランやカフェを経営する人も増えてきました。
かつて村の道の駅で開店と同時に即完売になるほど人気だった村の工房で作ら
れていたパンを，病気で亡くなった工房主から事業を継承して復刻し，再び道
の駅の人気商品に育て上げた人もいます。最近ではテレワーク普及が追い風と
なり，若い夫婦が村に移住するケースもあるそうです。コロナ禍でキャンプを
楽しむ人が増えましたが，移住して手作りのキャンプ場を起業した人もいま
す。移住，定住した人たちは，南牧村の魅力について「豊かな自然」「満天の星」
「村の人たちの素朴で温かい人柄」などを挙げています。

第5節　まとめ

　本章では人口減少が私たちの暮らしに及ぼす影響についてみてきました。その多くはネガティブに感じるものだったと思いますが，これらの現実はすぐ近くまで来ています。人口減少を最小限に食い止め，地域の持続可能性を高めることは待ったなしの状況です。しかし，人口が減少する社会には，「消滅する」という暗い未来しかないのでしょうか。私はそうは思いません。

　日本で最も消滅可能性が高いといわれる南牧村に，都会の若い人たちが集まり始めています。私は自らの経験から，その理由が分かるような気がします。私自身，20代の頃に約4年間，南牧村で働き，暮らしました。当時を振り返ると，大きな組織や地域では限られた役割しか与えられなかったであろう若い時期に，人が少ないぶん，広い範囲の役割を与えられたことで仕事のやりがいを感じ，多くのスキルを身に付けることができました。未熟だった私の挑戦や失敗を温かく見守ってくれる人たちが当時もたくさんいました。都市部での生活の経験しかなかった私が，村の伝統や文化に触れたときは他では味わうことのできない新鮮な感動を覚え，村の人々との日常的な交流からは，社会人として大切なことをいくつも教わりました。

　事例でも述べた通り，南牧村では都会にはない暮らし方，働き方，生き方を実現することができます。家賃も安く，現在では村を挙げてのさまざまな支援を受けられるため，若い人たちが失敗を恐れずに新しいことに挑戦しやすい環境が整っています。移住した人たちは，1つの職業に縛られることなく，農業や林業などの本業の傍ら，インターネットを使ってビジネスを行ったり，さまざまな地域活動にも主体的に参加したりして，ここでしかできない暮らしや生き方を実現しているのです。このような魅力に気づく人が増えていることが，人口減少社会を生きる私たちにとって何よりの希望といえるでしょう。

　インターネットなどの発達や進化によって，立地の不利が軽減されていることも南牧村の魅力を高める要因になっています。どこに住んでいても高校や大学で学ぶことができ，ビジネスができる時代です。オンライン診療が普及すれ

ば，日常的に医療を受けることもできるようになります。ネット通販でほとんどの物が入手可能ですし，創意工夫によって村でしか，自分だけしか作ることができない商品を作り，全国の人たちに販売して収益を得ることもできます。

　人口減少社会を生きるということはどのようなことなのかを考える時，どこで暮らすかという選択を一人一人が真剣に考えることから始めるべきだと私は考えます。暮らす場所によって，まるで異なる魅力と苦労があるからです。多くの人にただ流されるのではなく，多様な暮らし方，働き方，生き方に関心を持ち，一人一人がよく考え，行動を起こすことが，これからの時代に求められるのではないでしょうか。私たちが「消滅可能性」というたった１つの尺度から解放され，多様な尺度を持ったときに，東京一極集中の問題は解決に向かうものと考えられます。

引用文献

１）国立社会保障・人口問題研究所『日本の将来推計人口（平成29年推計）』2017年，p 2
２）総務省統計局『住民基本台帳人口移動報告　2021年結果』2022年，pp 6 - 9
３）農林水産省『令和３年度食料自給率・食料自給力指標について』2022年，pp 4 - 7

参考文献

日本創成会議・人口減少問題検討分科会『成長を続ける21世紀のために　ストップ少子化・地方元気戦略』2014年

第6章　現代の貧困問題

― 自分らしく暮らせる社会とは ―

土永　典明

第1節　はじめに

　近年の雇用・失業問題が国民・住民生活の経済的基盤を揺るがしているといわれます。このことは，貧困と格差の拡大をより深刻なものにしています。これまでに正規雇用・自営業などで生計を維持してきた稼働世帯は，失業や派遣，パート，日雇いなどの不安定雇用を強いられています。そのため，世帯の経済的基盤である稼働収入は喪失・減少の状況におかれています。これに相まって，新型コロナウイルス感染症は，2019（令和元）年12月初旬に，中国の武漢市で第1例目の感染者が報告されてから，わずか数カ月ほどの間にパンデミックといわれる世界的な流行を引き起こすことになりました。そして，わが国においては，2020（令和2）年1月15日に最初の感染者が確認され，新型コロナウイルスは私たちの日常に大きな影響を及ぼし続けています。

　近年日本での貧困率は急速に上昇しており，とくに一人親世帯で増えています。父子家庭よりも6倍多い母子世帯においては，その母親の労働条件が原因で子どもの貧困が起こりやすいといわれています。多くの子どもたちが，経済的理由により，学習環境を整えることができない状況の下で暮らしています。

　貧困は失業している状況という認識が一般的です。しかし，実際にはフルタイムで働いていても，貧困層から抜け出せない人々が多いといわれています。2019（令和元）年の「労働力調査」によれば，雇用者5596万人のうち，非正規従業員は2120万人で全体の約37%でした。現代の社会は，人と人とのつながりそのものが弱くなっているといわれています。最低生活保障を行うには，人間生活の多様さを理解する視点が不可欠だとされます。さらにこの理念を具体化

144

する1つとしての生活保護法は，生活保護を受ける者が，人間として自立していくことを目指していることを忘れてはなりません。

第2節　権利としての生活保護制度

　社会保障制度を国民・住民生活のセーフティーネット（網の目のように救済策を張ること）の観点からみていけば，次のように位置づけられます。第1は，国民・住民の大多数が給与生活者であることから雇用の確保としての雇用対策，居住の確保としての住宅対策が挙げられます。第2は，通常生活していくなかで生活困窮が生じた場合に対応するものであり，それは国民・住民を強制加入とする社会保険制度です。この社会保険は，失業や業務上・通勤途上の疾病という労働災害に対応する労働保険（雇用保険・労働災害補償保険），障害・老齢・死亡に対応する年金保険，傷病・出産に対応する医療保険，介護に対応する介護保険の5つからなります。最後の第3は，低所得で貧困であるかどうかという生活困窮の事実認定としての経済的要件が課せられるものであります。それには，所得調査を課す低所得対策（社会手当制度，生活福祉資金貸付制度）と資力調査を課す貧困対策（生活保護制度）の2つがあります。

　生活保護は，居宅保護を原則としますが，これによることができないとき，または，保護の目的を達しがたいとき，さらに被保護者が希望したときは，施設に入所させて，またはこれを利用させて保護を行うことができます。その施設として，救護施設，更生施設，医療保護施設，授産施設，宿所提供施設の5種類があります。

　生活保護をめぐる問題を挙げると，①都市部に多くみられるホームレスの問題，②国際化の進展に伴う困窮外国人問題，③上級学校進学率の増加に伴う被保護世帯の教育問題，④経済停滞に伴う雇用・失業問題，などがあります。

　生活保護制度は社会保障全体の中でも，最後のセーフティーネットとしての役割・機能を担っています。そのため，この生活保護制度は国民・住民生活を守り，国民の信頼と安心をもった生活につなげるものとなることが求められています。

第3節　生活保護の仕組み

1．生活保護の目的と基本原理・原則

(1)　日本国憲法に定める基本的人権や生存権と生活保護

　日本国憲法では基本的人権の1つとして生存権を保障し，その保障を国の義務としました。そしてこの義務を果たす役割の1つとして，生活保護制度があります。社会保険と異なり，生活保護は，公費（税）を財源に，貧困状態に陥った国民に対し，公の責任で最低生活を保障する救貧的性格をもつものです。

(2)　生活保護の基本原理

①国家責任の原理

　生活保護法に規定する「国家責任の原理」とは生活に困窮するすべての国民に対し，その困窮の程度に応じ，国が必要な保護を行い，その最低限度の生活を保障するとともに，その自立を助長することを意図しています。

②無差別平等の原理

　「無差別平等」とは，生活困窮に陥った原因のいかんや人種・信条・性別社会的身分・門地などは一切問わずに，生活に困窮しているかどうかという経済状態だけに着目して保護を行うということになっています。

③最低生活保障の原理

　この法律に規定する「最低生活」とは，たんに衣食住などの必要を満たすにとどまりません。人間の生存に必要な最低条件である最低生存水準ではなく，知的生活・栄養状態・体格なども一応の水準に到達でき，文化的・社会的生活面でも人間としての生活を享受することができる最低生活水準を指します。

④保護の補足性の原理

　この法律に規定する「保護の補足性」とは，制度を運用するにあたって極めて重要です。なぜなら，生活保護給付の財源は国民の税金によって賄われるためです。したがって，公的扶助の特徴といわれるミーンズテスト（資力調査）は，この要件を確認するためのものです。資産能力など活用の原則に

146

基づき，保護を受けるためには，土地や家屋を売却してその売却代金を生活費に充てるなど，資産を最低生活維持のために活用しなければなりません。また，能力の活用についての規定もあり，現実に稼動能力があり，適当な職場があるにもかかわらず，働こうとしない者については保護を受けることができません。

(3) 生活保護実施上の原則

生活保護法には基本原理のほかに，保護を具体的に実施する場合の原則として4つの原則が規定されています。

①申請保護の原則

申請保護の原則とは，生活保護制度が保護者側からの申請行為を前提として，その権利の実現を図ることを原則としています。

②基準・程度の原則

基準・程度の原則の中に記された基準とは，要保護者が最低限度の生活を維持するための需要を測定する尺度を意味し，的確かつ具体的に示されています。

③必要即応の原則

必要即応の原則とは，生活保護法によると，生活保護制度の画一的な運用に陥らないよう，個々の要保護者の実情に即して，有効適切な保護を行います。

④世帯単位の原則

世帯単位の原則とは，どの程度の保護を要するかという判断について，その者の属している世帯全体を見て判断するという趣旨です。

2．生活保護実施機関としての福祉事務所

福祉事務所は，生活保護を担当する第一線の行政機関として，その管内に居住地または現在地を有する要保護者に対する支援を行っています。福祉事務所は2022（令和4）年4月現在，全国に1250カ所あります。職員の配置基準について，社会福祉法では所長のほか，査察指導員，現業員，事務職員を置くこと

とされています。なお，現業員は，市部については被保護者世帯80世帯に対して1人，郡部については被保護世帯65世帯に対して1人を標準としています。

　この法は，生活保護を受ける中で，人間として自立していけるように支援することを目的としています。このため，生活保護法の規定に基づき保護の実施機関がした処分に不服がある場合に，国民は正当な保護を求めることができます。生活保護制度には，この国民の保護請求権の救済制度として不服申し立ての制度が設けられています。

3．生活保護の制度

(1)　生活保護における扶助の種類と方法

　保護の種類は，以下のとおりです。

　①生活扶助：困窮のため最低限度の生活を維持することのできない者に対して，衣食その他日常生活の需要を満たすために必要なものの給付を行います。金銭給付を原則としていますが，適当な施設に入所させ，または私人の家庭に養護を委託して行うという現物給付の方法がとられることもあります。さらに，入院患者には入院患者日用品費が，介護施設入所者には介護施設入所者基本生活費が生活扶助として支給されます。

　②教育扶助：義務教育にともなって必要な教科書その他の学用品，通学用品，学校給食などについて行われます。被保護者，親権者，未成年後見人または被保護者の通学する学校長に対して，金銭により給付されます。また，2009（平成21）年度からは，学習支援費により，家庭内学習に用いる各種教材の購入費や，クラブ活動に要する費用も支給の対象となりました。

　③住宅扶助：住居費・住居の補修費その他住居の維持のために必要な費用について実施されます。また，被保護者が現に居住している家屋が風水などのために破損し，最低生活の維持に供しえなかった場合には，その補修のための費用として家屋補修費が支給され

ます。

④医療扶助：最低限度の生活を維持することができない者に対して，疾病や
　　　　　負傷の治療に必要な医療の給付を中心として行われます。医療
　　　　　保険では被保険者や被扶養者が保険医療機関の窓口に被保険者
　　　　　証を提示すれば直ちに受診できますが，医療扶助は原則として
　　　　　実施機関（福祉事務所）で医療扶助の開始手続きをとり，その
　　　　　決定を受けて被保護者は医療を受けることになります。

⑤介護扶助：困窮のため最低限度の生活を維持することのできない要介護者
　　　　　および要支援者に対して，居宅介護，福祉用具，住宅改修，施
　　　　　設介護，移送の範囲内において行われます。介護扶助は，介護
　　　　　保険制度の自己負担部分について現物給付が行われます。

⑥出産扶助：原則として居宅保護であり，生活困窮者の出産に際して，分べ
　　　　　んの介助，分べん前・後の処置，脱脂綿・ガーゼその他の衛生
　　　　　材料について金銭給付によって行われます。

⑦生業扶助：最低限度の生活を維持することのできない者，またはその恐れ
　　　　　のある者に対して，生業に必要な資金，器具または資料，生業
　　　　　に必要な技能の修得，就労のために必要なものにおいて行われ
　　　　　ます。

⑧葬祭扶助：被保護世帯の構成員が死亡した場合，その検案，死体の運搬，
　　　　　火葬または埋葬，納骨その他の葬祭のために必要なものについ
　　　　　て行われます。

第4節　生活困窮者自立支援制度

　生活困窮者自立支援制度とは，「現在は生活保護を受給していないが，生活
保護に至る恐れがある人で，自立が見込まれる人」を対象に，困りごとに関わ
る相談に応じ，安定した生活に向けて仕事や住まい，子どもの学習などさまざ
まな面で支援する制度です。この制度は生活保護に至っていない生活困窮者
（現に経済的に困窮し，最低限度の生活を維持することができなくなる恐れの

ある者）に対し，「第2のセーフティーネット」として，包括的な支援を行うことにより，自立の促進を目的としています。

　生活保護から脱却した人が，再び最低限の生活を維持することができなくなることは想像できます。この制度は，このような人々をも支援の対象としています。また複合的な課題を抱える生活困窮者が複数の制度のはざまに陥らないよう，できる限り幅広く対応することとし，「生活困窮者の自立と尊厳の確保」と「生活困窮者を通じた地域づくり」を目標としています。このように，働きたくても仕事がない，家族の介護のために仕事ができない，再就職に失敗して雇用保険が切れた，あるいは社会に出るのが怖くなったなど，さまざまな困難の中で生活に困窮している人を対象に「生活困窮者自立支援制度」の利用を促しています。この制度は就職，住まい，家計など暮らしに悩みを抱えた人に対して相談窓口を設けています。この窓口は居住地の都道府県や市町村に設けられています。

第5節　ホームレスの自立支援

　今日のホームレス問題は全国各地でみられる野宿者襲撃事件や，公園などの仮設一時避難所建設時におけるさまざまなトラブルなどに象徴されます。これらは，社会的排除や摩擦を含んだ問題として現れ，同時に社会的孤立と路上死，自殺，孤独死などの問題として広がりをみせています。

　「ホームレスとは，都市公園，河川，道路，駅舎その他をゆえなく起居の場とし，日常生活を営んでいるもの」と定義され（「ホームレスの自立の支援等に関する特別措置法」第2条），日本においては唯一目に見える貧困といえます。

　バブル経済崩壊期間である，1991（平成3）年3月から1993（平成5）年10月までの景気後退期に伴い，失業をし，事業に失敗し多重債務者となった末に，路上生活を始めるに至った人も多く存在しました。彼らは所得水準，生活困窮状態の面では生活保護受給の要件を満たします。しかし，その多くは生活保護を受給することなく生活を営んでいます。これは，生活保護行政において稼働

能力の活用，定住先の有無などの要件を用いて不適用とすることが慣習化していたということがいえます。こうした中，2000（平成12）年までは，地方自治体が自主的に，予算の範囲内で行う法外援護事業を実施しました。その事業には，食事や宿舎の提供，簡易な通院・医療，交通費，入浴券の支給，越冬事業などが挙げられます。

2002（平成14）年8月7日に「ホームレスの自立の支援等に関する特別措置法」が成立しました。この法律は特措法第14条に基づき，国は2003（平成15）年に初めて「ホームレスの実態に関する全国調査（概数調査）」を実施し，約2万5000人のホームレスが確認されました。そしてこの状況に対して国は，自立の意思がありながらホームレスになることを余儀なくされた者」に対して，国の責任において，安定した雇用の確保と，職業能力の開発による就業機会の確保，住居への入居支援，医療の提供など，生活全般を総合的に支援して社会復帰を目指すことを目標として掲げました。さらに，2018（平成30）年1月の同全国調査（概数調査）では，4977人と全国のホームレス数が減少しました。なお，「ホームレスの自立の支援等に関する特別措置法」は，その後の法改正により，2017（平成29）年8月まで引き続き運用されることになっていましたが，同年6月には，議員立法により，さらに10年間延長する改正法が国会に提出され，可決成立しました。

第6節　おわりに

　貧困は子どもに深刻な影響を与えています。親が貧困に陥ると，子どもにその影響が及ぶことは言うまでもありません。とくに食は，健康な身体をつくり出すのに欠かせない一方で，貧困のために十分な食事が与えられない子どもがいます。その中心は主に金銭的な理由や家庭の事情によります。また，子どもの貧困を考える際に見ておかなければならない視点として，子どもに対するネグレクト（育児放棄）や，1人でご飯を食べる子どもの孤食，あるいは給食以外ほとんど食事が取れない子どもの存在など，実にさまざまな食の貧困が散見されます。食の相対的貧困を解決する目的として，地域の大人やNPO法人が

運営する「子ども食堂」があります。

　貧困が根底にある小説として思い出されるのが，山本周五郎原作の『赤ひげ診療譚』です。この物語は，江戸時代末期の小石川療養所が舞台になっています。この療養所の所長の赤ひげが，貧しい人々の病気と社会の無知とを相手に奮闘するさまが描かれています。赤ひげと長崎帰りの若い医師・保本の生き方や考え方の対比を軸に，貧困や孤独の中で徹底的に傷ついた魂が，赤ひげによって救済されていくプロセスが醍醐味といえます。この作品には，貧困，孤独死，家族崩壊，虐待，自殺など，現在の私たちの前に大きく立ちはだかっている社会問題が凝縮されています。制度のほころびに落ち，活躍できない者は見えない存在にされてしまいます。地域は時に少数者を排除しかねない排他性も兼ね備えています。誰もが自分らしく暮らせる社会づくりには専門職の力が必要です。ソーシャルワーカー（社会生活に困難や支障のある人々の相談に乗り，社会的支援を行う専門職）はこの社会にある多様性の理解なくして，クライエント（サービスや援助を受ける利用者）の権利擁護の担い手とはなりえないといえます。

参考文献

一般財団法人厚生労働統計協会『国民の福祉と介護の動向』2022年

日本弁護士連合会生活保護問題緊急対策委員会編『生活保護法的支援ハンドブック』民事法研究会，2008年

湯浅　誠『あなたにもできる！本当に困った人のための生活保護申請マニュアル』同文舘出版，2005年

高田敏・桑原洋子・逢坂隆子編『ホームレス研究　釜ヶ崎からの発信』信山社，2007年

第7章 直情少年，「シンセ」の交差点に立つ

第1節 更生施設での活動

1. 極めてまれなお話

質問1 「お前なんか生まれてこなければよかったのに」と，幼いわが子に
暴言を浴びせる親がいるとします。一体なぜ，親はそのような発言
をしたのでしょうか。

①　親の忠告を聞かないから

②　親が子どもをかわいいと思ったことがないから

③　子どもが障がい児だから

④　子どもが反抗するから

⑤　子どもが他人に迷惑をかける行為ばかりを行うから

⑥　実子ではないから

質問2 「お前なんか生まれてこなければよかったのに」と，親に言われた
子どもがいるとします。その後，子どもはどうなるでしょうか。

①　ショックで言葉を発せなくなる

②　「好きで生まれたわけではない」と反論する

③　意味が分からなくて困る

④　親に嚙みつく

⑤　暴れて家の中をめちゃくちゃに破壊する

⑥　2階の窓から飛び降りる

　喜びと期待に満ちあふれた我が子の誕生は，親にとって一生忘れ得ぬ最高な
瞬間のはずです。それから数年，十数年ほど経過したとはいえ，愛おしさのあ
まり，ついうっかり心にもない言葉を発してしまうこともあるでしょう。しか

し「お前なんか生まれてこなければよかったのに」とは驚きです。行き過ぎた冗談は親の本心ではないと誰もが信じたいところでしょうが，これは実話です。私が2016（平成28）年から芸術支援活動を行っている，とある福祉施設で出会った子どもたちから聞いた話です。

２．更生施設に集まる子ども

　この施設では，若くして罪を犯してしまった障がい児の社会復帰を目指すプログラムが精力的に行われています。心が不安定で，いつも寂しい思いをしていた少年少女が更生施設から出所すると，すぐにここへ集まってきます。

　彼らとの初対面で私はあいさつをしません。彼らも私にあいさつはしません。無言で私はその場の掃除を始めます。彼らは私の姿をちらちら見ているようですが，しばらくじっとしています。15分ほど経過すると，そのうち彼らは私に，「△△が食べたい」とか，「○○へ行きたい」などといった欲求を発します。私はそれらの欲求を聞きながら，実行できるのか，できるのならば何分後に実行するかを彼らと一緒に相談し始めます。すると，欲求はたちまち消滅し，私のプライベートに関することを嵐のごとく聞いてきます。何歳なのか，どこから来たのか，兄弟はいるのか，そしてどんな悪いことをしたことがあるのかなどです。私は素直に答えます。すると彼らは，次第に自分のことを話します。家族のことや恋人のこと，悪いことをして補導された時から更生施設でのエピソードまでを雄弁に語ってくれます。私はそれらすべてを一切否定することなく，そしてにこやかに聞きます。気がつくと私たちは全員で床に寝転がって天井を見ながら昼食前まで話をしています。いつも初対面はこのパターンです。

　あっという間に初日の午前中が過ぎ，昼食となります。男女関わらず皆食欲は旺盛ですが，食べ方に特徴がある人が多く，それによりトラブルが発生します。隣の人のおかずを勝手に食べてしまったり，少々食べ方が乱暴で周囲へ迷惑をかけたりすることは頻繁に見受けられます。よって昼食時の１時間は，職員にとって最も過酷な時間帯となります。

午後は作業机いっぱいに画用紙を敷き詰め，いつでもラクガキができる環境を私が作ります。そこでおのおの自分の好きな活動を探します。おなかがいっぱいになると昼寝をする人もいますが，ほとんどが午前中の続きで雑談を楽しみます。平和な時間が流れているかと思うでしょうが，彼らはわずかでも気に入らないことがあれば高性能な瞬間湯沸かし器のごとく，あっという間に感情が沸騰してしまいます。突然殴り合いのけんかが発生すれば，制止する職員にも大きな危険が及びます。ですから芸術支援活動とはいうものの，彼らとの共同生活には常に緊張が走っています。しかし，その緊張感を彼らに知られてしまえば，たちまち彼らは私たちを信用しなくなるでしょう。だから，さりげなく見守ることが難しい任務なのです。

第2節　つよしが施設にやってきた

1．つよし来たる

　活動を重ねていくうちに，生活リズムや職員との信頼関係が少しずつ確立していくため，彼らを取り巻く環境は整っていきます。この施設で芸術支援活動が2年目に突入した年の春，つよし（仮名）という男子がプログラムに参加することになりました。午前10時過ぎに職員と共にやってきたつよしは，16歳になったばかり。いつもどおり初対面の人がなじめるよう私が部屋を掃除していると，彼は突然大声で歌い出し，陽気に踊り出しました。すると，おだやかに活動していた子どもたちがびっくりしてしまい，瞬く間に取っ組み合いのけんかとなってしまいました。すぐにつよしを別の部屋へ移動させ，そのまま夕方まで誰とも交流させることなく初日を終了しました。

　その後，私は施設へ月に一度訪れていたのですが，つよしはなかなかほかの子どもたちと交わるきっかけを見つけられません。みんなと仲良くしたくて話しかけても無視されるし，だったら楽しく歌って踊ろうとすれば殴られそうになるし，毎回同じことの繰り返しです。大ごとになる前に職員が何とかしてくれますが，つよしはその施設で次第に孤立していきます。どうすればいいのか分からないつよしは，「俺だけの味方になってくれよ」と私に迫ってきますが，

私はえこひいきをしません。なぜならば，言葉の理解が苦手で自分の意思を他者に伝えることが困難な人も，一緒に活動しているからです。言葉をうまく発せない彼らは，自分の意見を伝えようとアイコンタクトやスキンシップなどで私と交流を取ろうとします。なので，つよしが現状を改善する過程で，言葉以外の交流を望むのならば，その時私は喜んで受けるでしょう。

2．つよしが変身

　つよしの性格は底抜けに明るいのですが，幼少期に両親からひどく虐待を受けているためか，その明るさが私には妙に痛々しく感じることがあります。しかし周囲には彼の心の傷など関係なく，突然騒いでびっくりさせるやつは邪魔者でしかありません。「びっくりさせてごめん」と謝りつつ，「みんなで踊ろうぜ」と誘っても相変わらず関係改善には至りません。半年ほどこの状況が続くと，「自分は社会で不要な人間なんだ」と勝手に認識するようになってしまいました。そして歌わないどころか話もしなくなり，活力は激減，1日の大半を縁側に座って庭を眺めるだけの，到底若者の生活とは思えない変身ぶりに，私はさらに心を痛めてしまうのでした。

3．本来のつよしに戻るきっかけ

　その年の冬，施設に大雪が降りました。ここは都会なので通常あまり積雪はないのですが，久しぶりに10cmほど積もりました。つよしは雪化粧の庭を見ながら「なんてきれいなんだ。寒くても関係ねぇから外で遊びてぇな」とつぶやきました。すると，いつもは「うるせぇ」だの，「てめぇはだまってろ」などとののしる子どもも，同調したのか「おい，雪合戦しに行こうぜ」と玄関へ向かいました。履き慣れたスニーカーは朝，施設へ来る間にびしょ濡れになっていたのですが，そんなことはお構いなく，せっかく乾いた靴下を再び過酷な環境へ飛び込ませ，ぶしゃぶしゃと音を立てて元気よく飛び出していきました。

　雪合戦が始まってもすぐにプロレスごっこになり，気づけば彼らは上半身裸

になって雪の中で戯れています。私はその情景を庭に出て見守っています。つよしがこの施設にやってきて9カ月が経過していましたが，全員のこんなに楽しそうな表情は初めて見ました。そして雪や仲間との戯れは2時間以上も続きました。その後，雪で遊ぶことに少し疲れた彼らは，しばらく縁側に座って仲良く休憩することになりました。

施設の敷地の前には，交通量は少ないものの長い直線道路が交わる交差点があります。休憩して間もない頃，交差点に1台のトラックが勢いよく近づいてきました。全員が「やばいぞ！」と発すると同時に，一時停止の標識手前で停まり切れなかったトラックは，チュルチュルと音を立てて交差点中央まで滑ってしまいました。幸いトラックと接触する人や物はありませんでしたが，子どもたちはドライバーが動揺しているのではないかと心配して，一斉にトラックへ駆け寄りました。

無事にトラックが通過したのち，交差点付近にびっしりこびりついたアイスバーンを見て，つよしがみんなへ大声で呼びかけました。

「おい，氷ぶっ壊そうぜ」

4．つよしと仲間たち

つよしの呼びかけは，直前に起こったヒヤリ案件と，しばらく氷が解けそうにない現状を察して生まれた主体的な社会貢献活動案です。そして，その思いに賛同する仲間の協力を得ることができました。

この交差点は南側にある建物の陰になっているため，たとえ晴れてきたとはいえ，なかなかこのエリアの氷だけは頑丈で解けません。男子5名は，スコップで氷を割る部隊と，台所からお湯を運び凍結部分に散布する部隊とに分かれ，厚く踏み固められた凍結道路に立ち向かっていきます。アイスバーン上で力を込めればもちろん滑ります。一気に割りたいけれど，なかなか思い通りにはいきません。私は両手を広げ地面にゆっくり押し付けるようなジェスチャーをして「落ち着いてやってください」とメッセージを送り続けます。時間はかかりますが，確実に黒い地面が少しずつ露出してきました。昼食時間も忘れ2

時間以上かけて，ようやく車が安全に停止できる状態になった頃，たまたま自転車に乗った初老の女性がこの交差点に差し掛かりました。

5．つよし開眼

　初老の女性はアスファルトが見える黒い部分を選んでペダルを踏んできましたが，見にくい交差点で一度自転車を降りました。周りを見渡すと，若い男の子たちが懸命に地面にこびりついた氷を除去しています。それを見た女性は大きな声で「皆さん，本当にありがとうございます。皆さんのおかげで安心して停まることができました」と言って深々と頭を下げてくれたのです。それを見た彼らは「喜んでもらえてうれしいです」と答えながら，お互いに喜び合っています。つよしを見ると，号泣していました。女性が通過してその姿が遠い路地に消えるまで，彼らは自分たちの今日1日の行動をしっかり心へ刻んだことでしょう。

　この日をきっかけに，つよしはみんなと共に過ごすようになり，また，つよしのダンスや歌を仲間が受け入れて一緒に楽しむようになりました。

写真1　通りすがりの女性に感謝されたことを職員へ報告しに行くつよし

1．シンセとシンセ

　古くから心身，すなわち心とカラダの双方に関係する言葉で，心施と身施という2つがあります。これらは禅語といって短い言葉の中で禅の教えを説いたものですが，読み方が同じでも意味は少々違うようです。禅とは禅宗の略称で，古く中国から日本へ伝わった複数の宗派の総称とされています。人間本来の生き方を目指すために多くの教えがありますが，その中に7つの教えをまとめた「無財の七施」というものがあります。2つの「しんせ」は，ここに属しています。1つめの「心施」とは，相手に対して心配りや思いやりを持つことを指しています。一方，「身施」とは身体を使って相手に奉仕をすることを指し，どちらも見返りを求めずに人に良い行いを施すという教えがあります。このほかにも，温かな眼差しを目指す「眼施」，笑顔で接する「和顔施」，愛のこもった厳しい言葉で接する「言辞施」などがあり，およそ日本の幼児教育の基礎ともいえる内容が見て取れます。

2．わすれもの

　「無財の七施」は生まれながらにして，その種を誰もが持っていると私は思います。人と関わりさまざまな経験を積んでいけば，その種から芽が出てやがて大きな葉とともに花を咲かせ，実をつけながらその人の人生を豊かにしていくでしょう。施設に来る子どもは，その種をポケットの中に入れたまま，水をあげたり太陽の光を当てたりすることを，ついうっかり忘れていると思います。施設で私は彼らと関わる時，ポケットの中にある種を出しなさいとは言いません。時間をかけて一緒に生活をしていくうちに，ポケットの中に種が入っていることを思い出してくれればよいのです。

　雪が降った日，彼らは自ら身施の種をポケットから出しました。短時間の間に芽が出て，大きな花まで咲いたようです。その最中に通りがかった女性が彼らの身施の花を見て，自分の心施の実を分けてくれました。その日，アイス

バーンで危険なはずの交差点にはシンセの種や花や実があふれ返っていました。そして，彼らのポケットにしまい込んであったほかの種も，新鮮な空気に触れることで次々に発芽していったのです。

3．さいごに

　私たち大人が子どもを見守ろうとしても，つい最善策を最短ルートで無駄なく得てもらいたいと思うがあまり，分かりやすい言葉でアドバイスをしたくなるでしょう。話したい気持ちをぐっとこらえて我慢することは至難の業です。それでも一度，時間がかかってもいいので子どもが自らやりたいことを見つけるまで，じっと我慢してみませんか。だって，七施の種を常に握りしめて必死に生きようとしているのですから。

　時間に追われて教育を焦る大人へ，つよしが警鐘を鳴らしてくれましたよ。

参考文献

麻生恵光『仏教の智恵に聞く』朱鷺書房，1984年

第8章　新潟にゆかりのある絵本たち

峰本　義明

第1節　はじめに

　あなたは他県からの友人に新潟県を紹介する時，どんなことを挙げますか？コシヒカリ？　笹団子？　苗の緑色が広がる初夏の田園風景もいいですね。私は「夕日が沈む日本海とその向こうに浮かぶ佐渡島の景色」を挙げたいところです。ほかにも新潟県の良いものがまだまだあることでしょう。

　その中に「絵本」を入れてみてはいかがでしょうか。新潟にゆかりのある絵本は意外にも多くあるのです。それらの絵本を他県の友人に教えたら，新潟県の意外な面を知って喜んでくれるかもしれません。この章では，そんな新潟と関係のある絵本たちを紹介しましょう。

　ただし，新潟との「ゆかり＝縁」をかなり広く捉えます。ここでは以下の3つの「ゆかり」とします。

　　①　作者の出身が新潟県である，またはかつて新潟県に在住したことがある
　　②　作品に描かれた風景が新潟県の土地のものである
　　③　その他，「新潟」と関わりがある

　あるいは私が知らないだけで，他にもまだまだ多くの新潟県出身の絵本作家たちがいるのかもしれません。でも，出身地が新潟の作家という狭い条件で絵本を探すより，新潟とのゆかりを少し広く考えた方が意外な絵本と出会うきっかけになると思います。

　それでは，素敵な絵本たちやその作家たちを紹介しましょう。

第2節　新潟と関わりのある作家たち

1．黒井　健

　黒井健は1947（昭和22）年に新潟市に生まれました。新潟大学教育学部中等

美術科を卒業後，出版社の幼児絵本編集部を経てフリーになりました。色鉛筆を用いた独特の繊細な絵柄で知られ，新美南吉や宮沢賢治の童話を絵本にしたものや，「ころわんシリーズ」など，数多くの作品を世に送り出しています。また，2010（平成22）年に新潟市立中央図書館のこどもとしょかん名誉館長に就任しました。

　ここでは『手ぶくろを買いに』（偕成社）を紹介します。内容はよくご存じのことでしょう。子ぎつねに毛糸の手袋を買ってやろうと考えた母ぎつねは，子ぎつねの片手を人間の手に変えて銅貨を握らせ，必ず人間の手の方を差し出すようにと言い含めます。しかし，子ぎつねは人間の帽子屋さんに間違ってきつねの手の方を出してしまいました…。

　新美南吉が書いた子ぎつねと人間との少しスリリングな交流の物語を，黒井健はきつねのふかふかした毛がまるですぐそこにあるような柔らかなタッチの絵で表現しています。きつねたちの毛だけでなく，降り積もる雪も柔らかく感じる絵柄は，物語の内容とともに読む者の心を温かくしてくれます。

２．サトシン

　サトシンは1962（昭和37）年に新潟県に生まれました。広告制作プロダクション勤務などを経て，絵本作家活動に入っていきました。現在，大垣女子短期大学客員教授を務めています。サトシンは『うんこ！』（文溪堂）で数々の賞を受賞し，ほかにも数多くの絵本を書いています。

　また，親子のコミュニケーション遊びである「おてて絵本」を発案し，その普及活動をしています。これは何も持っていない両手のひらを，本を開くように開いて即席のお話を物語る，というものです。私はかつてテレビの地方ニュースでこの「おてて絵本」が紹介されたのを見たことがあります。子どもたちは手を開いてスラスラと物語を語っており，不思議さと共にその可能性を感じました。

　ここでは『ヤカンのおかんとフトンのおとん』（佼成出版社）を取り上げましょう。怒ってばかりのお母さんとお休みの日に寝てばかりいるお父さんを待

つ「ぼく」の悩む姿が関西弁のセリフで語られます。絵のキャラクターがとても もユーモラスで，ページをめくるのが楽しい絵本です。お父さんでもある私 も，休日は子どもと遊ばなくちゃなぁ，と思わせられました…。

3．川端　誠

　川端誠は1952（昭和27）年に新潟県高田市（現・上越市）で生まれ，新潟県 立高田高等学校，武蔵野美術短期大学を卒業しました。1982（昭和57）年に『鳥 の島』でデビューし，第5回絵本にっぽん賞を受賞しました。それ以降，フ リーの絵本作家として活躍し，「お化けシリーズ」「十二支シリーズ」「風来坊 シリーズ」「落語絵本シリーズ」で知られています。

　ここではデビュー作の『鳥の島』（BL出版）を取り上げます。海の向こう に憧れた鳥たちは1年に1羽飛び立っていきますが，羽を休める場所がなく， みんな力尽きて海に落ちていきました。ある年，また1羽の鳥が海の向こうを 目指して飛び立ちましたが，やはり力尽きて海に落ちそうになりました。その 時，鳥が見つけたものは何でしょうか？

　この鳥がどうなるのかも気になりますが，タイトルの「鳥の島」の意味が結 末で明らかになります。と同時に，最初のページから続く絵の背景の意図もわ かります。

　私は「お化けシリーズ」や「落語絵本シリーズ」などで作者のことを知って いたつもりでしたが，この『鳥の島』を読んで，改めて好きな作家となりまし た。

4．原　婦美子

　原婦美子は新潟市出身です。幼稚園教諭を経て，現在は図書館などで絵本の 読み聞かせを行っています。2010（平成22）年頃から絵本を描き始め，2015（平 成27）年におおしま国際手づくり絵本コンクール2015で『はたおりオーリー』 が入選しました。

　ここでは『はたおりオーリー』（考古堂書店）を紹介します。はたおりの大

好きなオーリーは毎日機織りを続けています。そこに猫のにゃんこちゃん，うさぎのピョンタがやってきて，オーリーの織った素敵な洋服をもらいました…。

　この絵本には実際に作者が織った織り物が使われています。織り物の素材感が十分に感じられ，温かな手触りも思わせられる絵本です。

５．松岡　達英

　松岡達英は1944（昭和19）年に新潟県長岡市に生まれました。子どもの頃から昆虫が大好きで，野山を駆け回っていたそうです。中南米，アフリカ，東南アジアなどでの豊富な取材経験を生かして，自然科学の絵本など数多くの絵本を作っています。『ジャングル』（岩崎書店）で日本科学読物賞と厚生省児童福祉文化賞を受賞し，新潟県中越地震での被災体験をもとにした『震度7　新潟中越地震を忘れない』（ポプラ社）で産経児童出版文化賞を受賞しました。

　ここでは『イモリくん　ヤモリくん』（岩崎書店）を紹介します。これは長岡市の「イモリ池」がモチーフです。生まれた池が大好きなイモリくんは気まぐれな子どもに捕まって家に連れていかれました。そこにヤモリくんが助けに来てくれて，２匹でさまざまな冒険をして元の池に戻ることができました。

　昆虫が好きな作者らしく，生き物たちの姿はリアルです。でも，どこか温かい目も含まれているように感じます。小さな生き物たちに注がれた作者の愛情を思わせられます。

６．かんべ　あやこ

　かんべあやこは1956（昭和31）年に新潟県に生まれました。グラフィックデザインを勉強した後，デザイン会社に入社しました。1986（昭和61）年からフリーのイラストレーターになり，広告イラストや書籍挿画を中心に活躍していました。2010（平成22）年に初めての絵本作品として『モリくんのおいもカー』を出版し，３冊の「モリくんシリーズ」などがあります。

　ここでは『モリくんのおいもカー』（くもん出版）を紹介します。主人公は

コウモリのモリくんです。モリくんはさつまいもを削って車を作り，森の中を走っていきますが，途中でお腹を空かせたねずみ，かえる，きつねに出会います。モリくんはおいもカーを少しずつ削って食べさせ，一緒に出発します。洞穴の道ではコウモリの特性を生かしてどんどん進んでいきますが，おいもの車輪がガタガタしてきました…。

　コウモリは一般的にはあまり良く扱われないものですが，作者には何か思い入れがあるのでしょうか。キャラクターたちの優しい表情が印象的な絵本です。

第3節　新潟の風景が出てくる絵本

　この節では，新潟の風景が出てくる絵本を2冊紹介しましょう。

1.『はしれ　ディーゼルきかんしゃデーデ』

　1冊目は『はしれ ディーゼルきかんしゃデーデ』（童心社）です。作者はすとうあさえ・文，鈴木まもる・絵です。お二人とも東京都出身です。この絵本はタイトルのとおりディーゼル機関車である「デーデ」の物語です。では，どこを「はしれ」というのかというと，2011（平成23）年3月11日に起きた東日本大震災の後の磐越西線なのです。

　この時，被災地や避難所では灯油・ガソリンなどの燃料が不足していました。しかし，道路や線路が壊れて燃料をスムーズに運ぶことができません。そこで，全国からディーゼル機関車を新潟に集め，その中から2台を連結して，新潟から郡山をつなぐ磐越西線を走らせて燃料を運びました。この出来事を取材した作者は人々の働きや思いをディーゼル機関車「デーデ」に重ねて表現しています。

　山口県でセメントを運ぶ仕事をしていたデーデは以前働いていた新潟に引っ張られていきます。そして貨物ターミナルで大阪から来たディーゼル機関車のゴクと連結し，燃料タンク10両をつなげて磐越西線を走り出します。デーデにとっては懐かしい線路でしたが，周りの様子は一変していました。大変なこと

が起きたと感じたデーデは一心に先を目指して走りますが，雪道の坂の途中で動けなくなってしまいます。しかし，他のディーゼル機関車の助けを借りて，無事，目的地の郡山まで燃料を届けることができたのです。

東日本大震災の大きな揺れは新潟市にいた私にも記憶に新しいところです。ましてや被災地ではどんなに大変だったでしょう。そして，その被災者を支えるために大勢の人々が努力しました。その多くの人々のひたむきな思いが作者の言うとおり「デーデ」に凝縮されているような絵本です。

2.『ある池のものがたり』

2冊目は『ある池のものがたり』（福音館書店）です。作者は三吉悌吉，東京都生まれです。この絵本に出てくる池とは新潟市の西大畑町にあった「異人池」のことです。作者は幼い時にこの池の近くに住んでいて，魚釣りによく通っていたそうです。

ここは初めから池だったわけではありません。もともと町と海の間は砂丘が広がり，町外れは荒地になっていました。そこに外国から神父たちが訪れ，この荒地に教会を建てました。そして，教会の裏に掘った井戸から噴き出した水が窪地に溜まり，大きな池になってしまいました。これが「異人池」といわれるようになった池です。神父たちは溝を掘って池の水を大川（信濃川でしょうか）に流すようにしたところ，川から魚がやってきて住み着くようになりました。

絵本では池のその後と周辺の変遷も描かれます。新潟を襲った洪水や大火を乗り越えて，その後に建てられた教会堂（今の新潟カトリック教会）の様子が示されます。ところが湧水が止まり，戦争を経て次第に池は小さくなり，やがて埋め立てられ，周りの畑もつぶされて，ビルや家が建ち並びました。そして，今日の西大畑町の姿につながります。

この「異人池」については少し個人的な思い入れがあります。私は西大畑町に近い所で生まれ育ちました。私が過ごした頃はもう異人池はありませんでしたが，大学時代に友人たちと作った音楽サークルで新潟カトリック教会を会場

にしてコンサートを10回程度開催したことがあります。その際，「異人池」という言葉を知って印象に残ったのを覚えています。その異人池と教会堂の姿が，そして私の知らなかった生まれ故郷の歴史が，この絵本を読むことで知ることができてとてもうれしく思いました。

　新潟市史などの歴史書を読めば分かることでしょうが，絵本という媒体を通し，温かみのある絵を介して，私の記憶を温めてくれた絵本です。

第4節　「新潟」と関わりのある作家

　この節では，絵本の内容とは直接関係ありませんが，新潟と関わりのある田島征三という作家を紹介しましょう。田島征三は1940（昭和15）年に大阪に生まれ，多摩美術大学在学中に全国観光ポスター展で特賞金賞を受賞しました。その母体となった手刷り絵本『しばてん』を1962（昭和37）年に自費出版（後に偕成社から再出版）し，以後は力強い独特の画風で絵本や単行本のイラストレーションを描き続けています。

　その後，「大地の芸術祭　越後妻有アートトリエンナーレ2009」が開催された時，新潟県十日町市の鉢集落にあった旧真田小学校の木造校舎を舞台に美術館ができました。それが「鉢＆田島征三　絵本と木の実の美術館」です。廃校となった小学校の木造校舎を生かし，田島がデザインした「学校オバケ」たちが校舎内の教室や廊下や体育館に所狭しと佇んでいます。

　私は以前，ゼミの学生たちと一緒にこの美術館を訪れました。かつては小学生たちの元気な声がこだましていたであろう校舎に，今は田島の作り出したオバケたちがこれまた元気に走り回っているような感覚を抱きました。これも，田島の躍動感のあるキャラクターたちのせいだろうと思います。

　実は，新潟県にはほかにも絵本に関係する美術館がいくつかあります。上に紹介したように個性的な美術館たちです。これらを訪れてみるのもいいですね。

第5節　終わりに

　いかがでしょうか？　こうしてみると新潟県と絵本の意外な，しかししっかりした関わりを確認できると思います。紹介した絵本以外にも，これらの作家たちには素敵な絵本がたくさんあります。

　この稿をきっかけにして，あなたも絵本の素敵な世界に踏み出すとともに，新潟県により深く関心を持ってくれるよう願っています。

参考文献

サトシン，絵本作家サトシンＨＰ，2022年（2022年8月12日取得，https://www.ne.jp/asahi/satoshin/s/）

川端誠，川端誠のお化け屋敷へようこそ，2023年（2023年1月10日取得，https://www.g-advance.co.jp/obakeyashiki）

川端　誠『鳥の島』ＢＬ出版，1997年

かんべあやこ『モリくんのおいもカー』くもん出版，2010年

黒井健，黒井健絵本ハウス－絵本画家・黒井健の私設ギャラリー，2022年（2022年8月12日取得，https://kenoffice.jp）

サトシン＝作・赤川　明＝絵『ヤカンのおかんとフトンのおとん』佼成出版社，2008年

すとうあさえ＝作・鈴木まもる＝絵『はしれ　ディーゼルきかんしゃデーデ』童心社，2013年

田島征三『しばてん』偕成社，1971年

新美南吉＝作・黒井　健＝絵『手ぶくろを買いに』偕成社，1988年

原婦美子『はたおりオーリー』考古堂書店，2016年

鉢＆田島征三，鉢＆田島征三・絵本と木の実の美術館，2022年（2022年8月11日取得，https://ehontokinomi-museum.jp）

松岡達英『イモリくん　ヤモリくん』岩崎書店，2016年

三吉悌吉『ある池のものがたり』福音館書店，1986年

第9章　地域オペラの魅力と歴史

― 初めての人でも楽しめるオペラ ―

野口　雅史

第1節　オペラとは

1．はじめに

　皆さんは，オペラを観たことがありますか。オペラは「歌劇」と訳され，文字どおり「歌」いながら「劇」を演じる，音楽と演劇の中間にあるものです。その点ではミュージカルと同じです。オペラはイタリアから発祥し，大宮殿の広間で行われ，王族や宮廷人たちの娯楽でした。そののち，一般市民からもそれを観たいという要望が高まり，街に歌劇場ができ，お金持ちの民衆が着飾って出かける華やかな社交場となりました。豪華な舞台セットにきらびやかな衣装，オーケストラの生演奏，華麗な歌手たちの歌声。ストーリーも日常を忘れさせる浮世離れした内容で，宮中でのお話や，時に愛と憎しみが交差し，「血」や「死」にまみれた，今でいえば韓国ドラマさながらの恋愛劇が主流です。つまりオペラの本質は「大人の娯楽」なのです。ルーツが上流階級の娯楽のためか，なんとなく敷居が高いという感もあるようです。また出演者が多いため（オーケストラ・合唱を含めると100名近くになることもある），舞台セットや衣装など，制作費が桁違いにかかることから，チケットはコンサートより高額なことが多いです。それからオペラ作品は，ほとんどがイタリア語やドイツ語で，言葉の響きを重視して「原語」で上演することが多いです。そのため言葉が分からないので敬遠する人も少なくないのですが，日本では舞台上に字幕が表示されることがほとんどなので，心配する必要はありません。「大人」の経験のひとつとして，異文化世界の扉を開いてみてはいかがでしょうか。

2．オペラの舞台

　先述のように，オペラにはストーリーがあり，お芝居をしながら歌います。衣装やメイクも，その役になりきり実にさまざまです。ゴージャスなロイヤルドレスに，派手なかつらもあれば，たとえば『蝶々夫人』などは日本人の15歳の乙女がアメリカの軍人と結婚する話なので着物です。また王子や姫，ピエロ，召し使いなど，個性が際立つ役が多いです。舞台セットは大がかりで，王宮だったり，大聖堂だったり，大きな窓に天蓋のついたベッドがある寝室だったりと，ヨーロッパ情緒があふれます。通常はオーケストラ伴奏です。したがって指揮者が必要になります。指揮者は音楽面でのトップとして，曲のテンポを設定したり，曲の解釈を決めて，演奏の指示をしたり，暗譜で歌う歌手に歌の入りを合図したりします。一方，舞台全体のイメージを決め，ストーリーの解釈を定めたり，演技の指示など，その公演のトータルなありようを決めるのが演出家です。テレビでいうプロデューサーといったところです。

3．オペラの魅力

　そもそもオペラとは「観るものなのか」「聴くものなのか」と聞かれることがあります。一般的には「オペラを観にいく」と言いますが，オペラを愛好している人や，演じる役者は，歌の面を最も重要視しています。「オペラは一に声，二にも声」といわれます。それは，オペラにおける歌がいかに重要であるかを物語っています。劇中の歌を「アリア」といいますが，あるオペラを1つの宝箱だとすると，アリアはその中にある1粒1粒の宝石のようなものです。しかも数は多く入っていません。特別な宝石はだいたい1つか2つです。宝箱には，ほかにもいろいろな美しい物が入っていますが，宝石はその中でも特別で，人々はそのお気に入りの宝石を観る（聴く）ためにオペラに行くといってもよいほどです。ちなみに，日本でも有名なアリアとして市民権を得ているものといえば，プッチーニの『誰も寝てはならぬ』やモーツァルトの『夜の女王のアリア』あたりでしょうか。アリアはオペラ歌手であっても一定のテクニックがないと歌えないものです。歌手は長年かけてトレーニングをして磨きあげ

た声と技で，流れるような旋律をつくりあげ，その役になりきって歌を客席に届けるために，全力を投じます。アリアには，終盤に決めどころがあり，そこがクライマックスとなって観客の心をぐっとつかむのです。オーケストラの伴奏に合わせて，身ひとつで歌う生の歌を聴いてゾクゾクしない人はいません。オペラを観る最も大きな楽しみは，そのゾクゾクとする空気感なのです。その空気感を味わうと，歌いきった歌手に対するねぎらいとして「ブラボー！」とつい声をかけたくなるのです。もしアリアを聴いて感動したときには，大きな声で「ブラボー」と客席から声を発することが，オペラの正式な作法のひとつです。

4．オペラとミュージカルの違い

　オペラはイタリアから他国に渡り，多様に変化しました。そしてドイツやオーストリアを中心に「オペレッタ」という新しいジャンルが出現しました。シリアスになりすぎない明るいストーリーと軽快な音楽で，随所に踊りを盛り込み，セリフも入ります。日本語では「喜歌劇」と訳します。さらに時が進むと，モダンなダンスやポピュラー音楽を取り入れた「ミュージカル」がアメリカで生まれます。ミュージカルでは歌い手はマイク装置を用いるため，歌い方も自由で，生の声を響かせる声楽的な発声にこだわりません。伴奏もオーケストラのほかに，バンドや録音音源でも行われます。また，ダンスの重要度が歌と同じくらいになり，セリフも多いです。それゆえ，役者のことをオペラでは「オペラ歌手」と呼ぶのに対して，ミュージカルでは「ミュージカル俳優」と呼びます。

　ミュージカルの柔軟性は，例えば歌手ではない芸能人がミュージカルに出て話題になるなど，多くの人が足を踏み入れやすい理由になっています。一方で，オペラに特有の，生の声の訴求力，倍音がもたらす声の響き，現実を脱したゴージャスな雰囲気は薄らぎます。実は，オペラ，オペレッタ，ミュージカルの定義や厳密な分け方はないのですが，その醸しだす雰囲気や音楽スタイルから，3つのうちのどれであるかは明らかに区別されています。

5．オペラを観る

　オペラを観るとき，お勧めするのは，ストーリーを調べてから観にいくことです。できればYouTubeなどで，まるまる１本観てから行くとよいでしょう。「ネタバレ」するからそうしない方がよいと思うかもしれません。しかしオペラの場合は，これはほとんどマストで行うべきです。なぜなら，オペラのストーリーは，ややこしいものが多く，またセリフがすべて歌になっており，言葉が聞き取りにくいからです。これは日本だけでなく，本場のネイティブたちも聞き取りにくいそうです。たとえ字幕があっても読むのに必死だと歌を味わえません。では，オペラで１番おもしろいのはどこでしょう。生の声の迫力と，歌のブレス（呼吸）が作り上げる，場の張り詰めた空気感です。ストーリーの展開がメインとなる演劇とは，楽しむポイントがかなり違うのです。

第2節　地域オペラ

1．日本オペラの歴史

　日本で初めてのオペラ上演は，1903（明治36）年に東京音楽学校（現東京藝術大学）奏楽堂で行われました。それ以来，日本のオペラは，一般の声楽家や音楽系大学の学生や教員が集まって立ち上げた，大小さまざまな団体（研究会や歌劇団など）によって上演が行われてきました[1]。これは日本独特の文化です。本場のヨーロッパでは，たとえばイタリア・ミラノのスカラ座，パリのオペラ座，ドイツのベルリン歌劇場，オーストリアのウィーン国立歌劇場などが有名ですが，そういった「劇場」が主体となって上演するのが基本だからです。わが国でも1997（平成９）年に新国立劇場が誕生し，国家予算で運営される劇場が主体となってオペラが行われるようになりました。しかし特筆すべきは，依然として地域の市民による公演が，現在も国内の上演の半数以上を占めていることです。日本のオペラ文化は，いわば地域の演奏家や愛好家によって支えられ，その地域の特性と和合しながら，草の根で発展をしてきたのです。地域オペラは「市民オペラ」とも呼ばれ，地元のプロと共に，地域の住民もスタッフや合唱団の一員として参加することが特徴です。そして地域交流をしなが

173

ら，オペラを上演します。オペラを知らなくても老若男女が参加でき，また知り合いが参加しているということで観にいく人も増えます。オペラ研究者の江藤光紀は「市民オペラとは上演を通じて参加者たちの自己実現・人間性の陶冶や地域コミュニティーの紐帯の強化などに主たる意義をもつ民間起源の活動」[2]と定義しています。

2．新潟における地域オペラの歩み

　新潟の地域オペラの歴史は，1973（昭和48）年の新潟大学教育学部音楽科（当時は高田分校に所在）の新大オペラ研究会に端を発します。同大学で教鞭を執っていた箕輪久夫が中心となり，教員と学生で上演するオペラ研究会を立ち上げました。1979（昭和54）年には新潟市の音楽都市宣言10周年を記念し，新潟市と新潟市音楽文化会館の主催で，創作オペラ『赤いろうそくと人魚』が制作・上演されました。上越（大潟）の人魚伝説をオペラにしたものでした。その後，新潟地域では，「シティオペラ新潟」，「新潟オペラ協会」，「新潟室内歌劇場」，「新潟オペラスタジオ」が創設され，県内でもいくつかのオペラ団体が立ち上がりました。

3．新潟オペラスタジオ

　現在，新潟県内で唯一，定期的なオペラ公演を行っているのが，2001（平成13）年に発足した「新潟オペラスタジオ」です。代表である桂木農は，新潟の地域オペラを牽引している人物です。桂木は，新大オペラ研究会出身で，新潟市民芸術文化会館（りゅーとぴあ）落成記念公演『ドン・ジョバンニ』の字幕スタッフや，ＮＨＫ大河ドラマで話題となった直江兼続を題材とした創作オペラ『直江の婿選び』の脚本など，これまでに24本のオペラ制作に携わってきました。特に演出と日本語訳は彼のライフワークとなっています。新潟オペラスタジオは，創設から一貫して日本語上演にこだわってきました。これは桂木が新大オペラ研究会から引き継いだもので，今となっては新潟地域オペラ全体の特徴ともいえます。通常，オペラは原語上演で行うのが一般的ですが，当時

の学生たちはこんなことを議論していました。「オペラは再現芸術[3]だが，真の再現とは何か」。彼らの導き出した結論はこうでした―「イタリア人がイタリア語でオペラを劇場で観る感じを再現することがリアルな再現である」。つまり歌った瞬間に意味が分かることが大事で，そこから本来のレスポンス，つまり観たことへの感触や反応が生じるのだ，ということです。したがって，日本人にイタリア語を聞かせても，観客の心の中ではリアルな再現にはならないという確信を持っていました。たしかに，ふつう専門家は原語上演こそがリアルな再現と考えがちです。しかし，新潟の地域オペラは観る人の立場に立って，オペラの楽しさをダイレクトに感じることを再現したいと考える「観る人に優しいオペラ」なのです。観客を思いやる心が，新潟の地域オペラの根底に流れているのです。

4．【対談】オペラ稽古場にて

写真1　オペラ『なりゆき泥棒』
（新潟市秋葉区文化会館）

新潟オペラスタジオの通算13回目の公演となるオペラ『なりゆき泥棒』（写真1）は，作曲家ロッシーニが頭角を現しはじめた20歳の頃の隠れた傑作です。世界でも上演が珍しいこの作品を，イタリア語から日本語に訳して上演することは，新潟で初演どころか，おそらく日本初のことでしょう。今回，公演に向けて稽古中の役者（歌手）とピアニストで対談を行いました。以下はその抜粋です。（敬称略）

槇田千恵子（ソプラノ・写真右）：　私は，あるオペラ歌手にすごく感動して，それ以来，いろいろとオペラをたくさん見るようになって。自分もオペラに出たいがためにオーディションもたくさん受けたんですけれど，全部落ちて。今

回，出演のお話をいただいて，念願がかなったんです。

野口雅史（バリトン・写真中央）：　実際やってみて感想はどうでしたか。

槇田：　いや，もう無理ですね。オペラって大変だなっていうか，難しいというか，自分では演技をしてるつもりでも，まったく相手には伝わってない。稽古中のビデオを見て「私って何やってんだ」と，すごくショックを受けました。

小菅 文（ソプラノ・写真中央左）：　私も槇田さんと同じ気持ちです。見たくないけれど，自分のビデオを見て，反省して。でもそれで，人から見て伝わるようにするにはどうしたらいいかな，ということを考えました。そうやっていくうちに「だからここは音楽がこういう風になっているんだ」「こういう風に動けばいいんだ」と，だんだんパズルがはまってきて，あるとき自分の中でカツンってはまると，なんかもう緊張しなくなるんです。「自分」が残ってると，「自分」が歌っているから緊張するけど，本当にカツンってはまると何も緊張しない。その役になりきれているからかもしれないですね。その感覚が好きでやってます。

長谷川 徹（バリトン・写真最左）：　オペラは表現する活動なんだけど，やっぱり「演技」じゃないですか。そこに，どううまく感情を乗せていくか。よく言われることは，あまり自分の感情に乗りすぎると，逆にお客さんには伝わらないよと。演技に自分が溺れちゃう。だから別人格の自分がそばにいて，自分の演技とか表現を客観的に冷静に見るようにしています。入り込みすぎちゃうと，スポンと記憶が飛んだりとか，落ちたり（出そびれたり）とかしますから。あと，勢いで稽古でやらなかったことをやったりするとね。だからそこを諌めるうえでも，冷静になって，次はこのフレーズだよとか，この動きだよってのを，歌いながら必ず意識するようにしています。

長川 慶（テノール・写真左から2番目）：　稽古を重ねていく中で，だんだんお互いのあうんの呼吸ってのが出てくるじゃない？　お互いが，「ここはこういう場面でこういう気持ちだ」っていうのが，だんだんと共有されていくでしょう。そうなってくると，相手がどう動くかも，自然に分かるようになる。さっき小菅さんがおっしゃっていたことも同じなんだけど，そういう風に通じ

た瞬間はすごく楽しいし，確かに幸せだし。そうなると自信を持って舞台にあがれるよね。

野口：　小菅さんは「個人の感覚」の中で，そこで動く理由とかが納得できたときにカツンとくるものがあって，長川さんが言うのは共有できているっていう「相手との感覚」，それもすごくあると思うんですよ。練習のときはお互い探り合ってるというか，お互いによく分からないんだけど，お互いがはまりだしてくると楽しいし，言葉に出さなくても，お互いが「この場面はもう大丈夫」という信頼と，「よしやるぞっ」みたいな気持ちがすごく通じ合う感覚ってありますよね。楽しいですよね，あれって。

長川：　だから，そうなってしまえば，相手がちょっと違った演技をしてきても，いくらでも対応できるし，これくらいならアドリブでやってもいいかなっていうのが，何となく肌感覚でわかっていくでしょう。やっぱりそれは，オペラじゃないとできない。それは音楽をやってる中で，幸せを感じる瞬間の1つかなと思う。でもさ，一番音楽をやっててよかったなと思う瞬間って，本番の最中に「ああ，もうすぐこれ終わるんだな。残念だな」って思うときが，自分にとって幸せかな。それを一番感じられるのってオペラじゃないかな。

品田真彦（ピアニスト）：　ピアニストにも，「私はずっとソロで」というストイックな人と，「他の楽器や歌手やいろんな人と関わりたい」っていう人と，2通りいて，僕はどっちかというとアンサンブル（後者）のほうが好きなんです。練習ピアニストも含めて，共演するってのは，みんなで一緒に作り上げるから，喜びとか，楽しいとか，感動があると思うんです。長川さんの「この公演が終わらないでほしい」というのは，その稽古でたくさんの人と関わってやってきたから，そういう気持ちが生まれるんだと思うんですよね。地域オペラっていうのは，やっぱりいろんな人が関われますね。プロの歌手の歌声をそばで聴けるとか，自分で作ったもの（大道具や衣装など）が舞台に乗ってるという喜びもあるでしょう。そういったポテンシャルが持てるのは，クラシックの中でもオペラなのかなって強く感じます。

引用文献

1) 江藤光紀「日本の地域／市民オペラ：オペラ彩の事例にみる現状と課題」『論叢　現代語・現代文化』21号，筑波大学人文社会科学研究科現代語・現代文化専攻，2020年，pp.1〜5

2) 同上，p.1

注

3) 再現芸術とは，主として楽譜に書かれた音を再現する音楽を指す。そのほか，能やバレエ，オペラなど，伝承された型を再現する芸術様式を指すこともある。

参考文献

神木勇介『オペラ鑑賞講座超入門　楽しむためのコツ』青弓社，2012年

岸　純信『オペラのひみつ　見かた・楽しみかたがわかる本　総合芸術の魅力超入門』メイツユニバーサルコンテンツ，2022年

許　光俊『オペラに連れてって！―お気楽極楽オペラ入門』青弓社，1997年

第10章　地域で活動するポイントを探る

― 学生が準備するべき事項を整理する ―

齋藤　智

第1節　地域活動のスタート　歴史を知る

1．開港までの紆余曲折

　私たちが活動する新潟市は新潟港の開港から150年以上を経過し，新潟市の発展を振り返るにあたり，開港は1つの分岐点となったのです。それまでの商業の町から県都としての役割は大きく飛躍したのです。

　新潟港の開港は神戸に遅れること1年の1869（慶応4）年です。本来は1860（安政6）年の開港を目指したのですが，新潟港の調査に来航したロシア，オランダが港として適性を認めませんでした。新潟港は信濃川の河口で浅瀬が多く，船体の大きい西洋型の船では入港が難しかったためです。さらに河口は湾でないため，冬の季節風を防ぐことができません。幕府は藩領の港や京都に近い港を開港することを拒否し，あくまでも新潟の開港にこだわりました。

　1867（慶応3）年に避難港として佐渡の夷港（現：両津）を補助の港とすることを条件として諸外国から新潟の開港は認められ，1868（慶応4）年4月1日（日本歴慶応4年3月9日）に開港することになりました。しかし，1868（慶応4）年1月に戊辰戦争が勃発し新潟町は7月まで奥羽越列藩同盟の統治下に置かれることになり，1868年の開港はできなくなりました。

　そして，1869（慶応4）年1月1日（日

図1　「新潟湊（みなと）之真景」最初に新潟に外国船が訪れた時の様子を描いた図（新潟市歴史博物館所蔵）

本歴慶応 4 年11月19日）開港となったのです。

2. 新潟県の誕生

　新政府は港を管理するために「新潟府」を設置しますが，越後府の知事や官員は中央の政府が構想した「新潟府」を無視しました。そこで政府は「越後府」に開港場の管理を任せますが，外国と交渉する官員は開港場を管理する県が必要だと主張し，最終的に1870（明治 3 ）年に「新潟県」が設置され，新潟町に県庁が置かれることとなりました。当初の新潟県は柏崎以東，佐渡も含まれない範囲だったのですが，1876（明治 9 ）年に柏崎，佐渡が合併され，1886（明治19）年に東蒲原郡が福島県から新潟県に編入され現在の新潟県になりました。しかし県庁所在地は開港場である新潟を動かなかったのです。

　ここでは省きますが，江戸初期までは信濃川，阿賀野川がほぼ同じところで日本海に注いでいたので，新潟の地は古代から交通の要衝であったこと，新潟の港が登場したのは戦国時代で，それまで栄えていた沼垂，蒲原の港に取って代わったこと，新潟の町が数回移転して現在の新潟になったこと，などもぜひ勉強してください。

　さて，今世紀の新潟に話を移します。

3. 新潟市の誕生

　新潟市にとって大きな変化は，2007（平成19）年 4 月の中核市から全国16番目の政令指定都市への移行です。これによって新潟市は，国の行政機関と直接の仕事ができることになりました。

　新潟市は新潟の特性である広大な農地や農業生産力を生かしながら，住む人・訪れる人すべてが，都市の魅力と自然の魅力をともに味わえる「田園型政令指定都市」を目指しています。

　私たちが学ぶ新潟市でどのような取り組みができるのかを知るキッカケは歴史にヒントがあると思います。地元の方々と話をするためにも歴史を知り，興味を持つことで話題が広がります。地域での活動を始めるためにも，どの分野

でもよいので歴史の扉を少し開けてみてください。

第2節. 新潟の現状

1. 新潟県の現状を知ろう

　高等学校への進学率は全国トップ水準でありながら，大学進学率は低迷が続いています。新潟県教育委員会が発表した「教育統計の年次推移【卒業後の状況】」によると，2022（令和4）年3月新潟県内の高校と中等教育学校を卒業した生徒の大学進学率（短大含む）は51.9%となり，記録が残る1989（平成元）年以降，初めて5割を超えました[1]。全国都道府県との進学率比較では2021（令和3）年31位と低迷している状況にあります。

　「学業」による県外移動は2021（令和3）年度20万1183人の転出超過となり，前年（20万1018人の転出超過）と比べると転出超過数は165人増加し，2年連続の増加となりました。大学進学時の県外への人口流出が続いている状況です。新潟県には高等教育機関が国公立4年生大学7校，私立大学14校，短期大学5校，大学院大学2校，高等専門学校1校の29校あり全国的にみても上位にランクされる県です。しかし，若い世代を引き付けるまでには至っていないのが現状です。

　新潟市内中心部にある商店街に目を向けると百貨店の大和新潟店が2010（平成22）年6月25日閉店，新潟三越が2020（令和2）年3月22日閉店した一方で，2020年（令和2）年4月に古町ルフルがオープンしています。かつて「まちに行く」といえば古町商店街へ出かけることであった時代とは大きく変化している古町エリアですが，新築マンションの分譲も増え新たな企業誘致が進むなどさまざまな連携拠点として発展する可能性を模索したいものです。

2. 動き出したプロジェクト

　危機感を強く持つ行政サイドはこれまでもさまざまな施策を実施してきましたが，民間企業を主体とするプロジェクトも動き出しています。

　18歳の春に県外での学びを選択した学生が多くいることは説明しましたが，

一方で県内での学びを選択した学生もいます。その双方を結びつけるため2022（令和4）年4月から本格的な活動を開始したプロジェクトが新潟日報社の主催する「鮭プロジェクト」です。

　プロジェクトの趣旨について，新潟日報社ホームページには次のような説明があります[2]。

　「鮭は外洋を回遊しながらたくましく成長し，生まれた川に戻ってきます。その姿に若者の姿を重ねプロジェクトを企画しました。本県は長年にわたり首都圏などへの転出超過が続いています。プロジェクトを通じて行政や企業と連携し，若者が戻りやすい環境を整えると同時に，若者が挑戦しやすい風土も育てていきます。」

　初年度は10大学42名が参加するプロジェクトであり，学生による取材記事を月12回情報発信することやイベント企画などを進めることで学生同士の交流を進め，鮭のように回帰する学生が増加することが期待されています。

　自治体だけではなく企業も動き出した時代だからこそ，学生による地域での活動の重要度はさらに大きなものとなっています。

第3節　地域の課題を把握するための活動に必要なこと

1．地元との一体感を持つには

　地域での活動の基本は地域にいかに歓迎され協力関係を構築できるかにあります。相手が望むことを相手の立場で考え行動することは難しいことですが，この行動を実践してこそ地域での信頼感につながり一体となった活動が可能となります。スポーツ中継を見ている時，真剣に取り組む選手に対して夢中で応援していることはありませんか。人には損得ではなく応援したい，支えたいという心があります。

　地域の活動は理想だけでは展開できません。人と人とのつながりを深めることを最優先してこそ成功に近づくことができます。

２．岡山大学の事例

　ここでは，岡山の事例を紹介します。岡山大学地域総合研究センター副センター長・准教授の岩淵泰先生が2012（平成24）年から実践している矢掛町での取り組みは，参加した学生が地域の歓迎ぶりに感動し地域での活動を実践する原動力になっています。

　地域で結成された支援部隊といえる「輝け！江良元気」がその中心であり，活動に参加した学生と地域課題について熱く語り合う姿と家族が帰って来たような歓迎ぶりは，これまでの活動で培った成果を感じることができます。

　矢掛町での活動開始当初は留学生を対象に，毎年11月に開催される大名行列を「サムライ・トリップ」というように紹介し，地域文化の体験プログラムからスタートしています。岡山大学が留学生を矢掛町へ連れて行くのは，岡山で生活をする間に日本の暮らしに触れ，岡山を第２の故郷にしてもらいたいからだといいます。さらに地元の田舎に出かけるチャンスが無い留学生にキャンパスに閉じこもらずにたくさんの友人をつくる機会の提供にもなっているようです。現在では留学生だけではなく，教室での講義に参加した学生が15倍といわれる高倍率にも関わらず矢掛町での活動を希望し参加しています。

　地域での活動を通し，さまざまな学びを得ようとする姿勢は私たちが地域活動に掲げる目的と合致する部分です。

第４節　地域の課題を解決する提案とプレゼンテーション

１．地域ミッションインターンシップの役割

　毎年前期集中講義として実施している「地域ミッションインターンシップ」は，新潟市中心部の商店街を舞台に活動を続けてきました。コロナ禍では地域での実践的な活動を見送り学内での活動を中心に行いましたが，基本的な考え方は次のとおりです。

　どのような業界・業種を選択しても必要な基礎力を「コミュニケーション能力」「課題発見・解決力」「提案力」の３つの力として捉え，これらの力がリーダーシップ力の成長に欠かせないと考えています。

さらに，このプログラムの実践で重要なポイントとなるのが，学生自身が地域内での活動（コミュニケーション）を通し課題を発見し解決案を考え提案することです。これまでのインターンシップの多くが，企業側担当者や大学教職員により事前に用意された内容のみ体験することを主体としているのに対し，本プログラムは課題解決型であり学生主体の経験型となっています。

　そのために企業ではなく商店街での活動を選択し，さまざまな年代との交流からの学びを大切にしています。

　プログラムを運営する際の事前準備は，活動エリアと活動拠点の決定です。エリアについては，

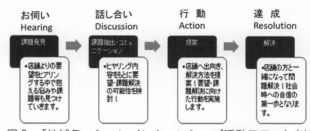

図2　「地域ミッションインターンシップ活動フロー」（出所：著者作成）

単純なエリア範囲の決定だけではなく，注意すべき訪問先や時間帯をあらかじめ提示しています。近年は商店街などを活用した同様の取り組みも増えていますが，本プログラムの実施においては学生の自主性をどのように確保するかという点に特に注意しています。

　学生との活動を進めていると大人の視点ですぐに指導をすることは多々ありますが，いかに見守りに徹するかは担当教職員にとって毎年の課題でもあります。

2．提案と信頼感

　日頃は商店街を利用することがほとんどない学生を迎え入れる商店街の店主にとって，学生への思いは複雑なものがあります。

　「自分たちはいつも店のことを考え生活しているのに，突然来た学生に何が分かるのか」「若い学生の発想で何かヒントが欲しい」「学生が活動することで，何か変わるはずだ」

否定的な気持ちと肯定的な気持ちが入り交じっていることは間違いありません。そこで重要となるのがお互いの信頼感であり，地域活動に参加する皆さんに忘れないでほしいポイントの１つです。

第5節　地域活動を実践する際の注意点

１．グループ活動

　地域での活動は少人数のメンバーで構成されるグループ活動が主体となり実践する共同作業です。そのためどのようなグループを作り実践するかは集団の持つ力量に大きく影響しますので，グループを構成するメンバーの決定は安易に進めることはできません。グループを決定する際のポイントは下記の４点になります。

(1)　仲良しメンバーを作らない[3)]

　いつも一緒に行動している「仲良し集団」は，一般に似たもの同士（好みやスキルが類似）で集まっているので，このような人たちを集めても問題解決の人的資源としてより豊かになりません。

(2)　メンバーの異質性・多様性を守る

　仲良し集団ではなく，潜在的な問題解決能力の高い集団を編成するにはどうすれば良いのでしょうか。一般論としていえば，メンバー異質性が重要です。

(3)　内発的興味を重視する（やる気・動機づけの問題）

　目標達成度は，個人や集団としての知識・スキルに依存するのは当然ですが，やる気の問題も大きいことは理解できるでしょう。いくら知的能力が高くても，やる気がなければ高い達成度を期待できないのは明らかです。

(4)　メンバー資格としての基本ルールを守る

　現実社会では資格のない人はメンバーになれません。なぜなら組織の存亡は集団の成果にかかっているからです。その集団の成果は，課題達成に必要な潜在能力をメンバー全体として十分保持しているか否かのほかに，期待される役割を各メンバーが十分に果たしているか，などにも依存します。こういった集団メンバーとして期待される役割の自覚とその役割行動を遂行できることがメ

ンバー資格，つまりメンバーシップです。

２．課題の洗い出し

　グループが決定したらいよいよ活動がスタートします。まずはメンバーとの活動に向けての意識共有がポイントになります。

活動１：最初の行動はメンバー全員で地域を散策し，気づいた情報を共有してみましょう。自分では気づかない視点で見た発見を聞くことができると思います。何気ない会話が繰り返されるように思うかもしれませんが，この会話にこそグループでの活動を実施するキーワードを見つけるヒントが隠されています。

活動２：グループリーダーとサブリーダーを決定します。決定に際しては「立候補」を受け付け，立候補者がいればそのメンバーをリーダーに決定します。立候補者がいない場合でもジャンケンやくじ引きで決めることがないように注意し，話し合いによる決定となるように進めてください。

活動３：リーダーを中心に課題を洗い出す「グループ活動企画書」を作成します。各グループでの活動をメンバーで共有し，活動計画と担当を確認します。特定のメンバーだけに負担をさせるのではなく，全員で取り組みを進めることが大切です。

グループ活動企画書

プロジェクトの名称			

リーダー氏名	学籍番号	連絡先	
		E-mail	
		TEL	

サブリーダー氏名	学籍番号	連絡先	
		E-mail	
		TEL	

プロジェクトの目的

期待される成果

構成員	学籍番号	氏　名	学籍番号	氏　名

プロジェクトの実施計画・方法等

1　計画から実施に至るまでの日程

2　プロジェクト内容（詳細に）

図3　「グループ活動企画書」イメージ（出所：著者作成）

3．まとめ

　地域での活動は1人では進められない共同作業です。地域の方々や仲間とのコミュニケーションも求められ，将来の社会生活で必要になる基礎的な能力を身に付ける貴重な機会となります。

　自分の可能性を信じ，チャレンジしてください。

引用文献

1）新潟県教育庁，『教育統計の年次推移【卒業後の状況】（昭和39年〜）』，新潟県ホームページ，2022年（2022年8月3日取得，https://www.pref.niigata.lg.jp/sec/kyoikusomu/1192637758631.html）

2）新潟日報社，『にいがた鮭プロジェクトとは』，にいがた鮭プロジェクト，2022年（2022年8月3日取得，https://sakepro.jp/about/）

3）稲葉竹俊編著『プロジェクト学習で始めるアクティブラーニング入門—テーマ決定からプレゼンテーションまで—』コロナ社，2017年，pp.16〜19

参考文献

諫山　正・高橋　姿・平山征夫監修『みなとまち新潟の社会史』新潟日報事業社，2018年

短歌のある生活

土永　典明

・・

　生活短歌は，私たちの日常にある詩を詠み合う文芸で，5・7・5・7・7の5句31音の韻律で詠むということ以外，とくに決まりはありません。短歌の最初の5音を「初句（または1句）」，2番目の7音を「2句」，3番目の5音を「3句（または中句）」，4番目の7音を「4句」，5番目の7音を「結句（または5句）」などと呼びます。

　　たとえば若山牧水のこの歌
　　　　幾山河越えさり行かば寂しさの終てなむ国ぞ今日も旅ゆく

　この歌の場合，「幾山河」が初句，「越えさり行かば」が2句，「寂しさの」が3句，「終てなむ国ぞ」が4句，「今日も旅ゆく」が結句となります。そして初句から3句目までを「上の句」，4句と結句を「下の句」と2つに分けて呼ぶこともあります。つまりこの歌の場合は「幾山河越えさり行かば寂しさの」が上の句，「終てなむ国ぞ今日も旅ゆく」が下の句となります。なお，短歌は一首，二首と数えます。短歌は意味だけでなく「調べ（リズム）」について意識して詠むことで，よりよい作品に仕上げていくことができます。

　短歌を詠むにあたっては，自己づくりが最も重要です。「自己づくり」とは，人に「何かを伝えたい」とき，まずはじめにその「何か」を明らかにさせておく営みをいいます。それをつかむためには，まず他者が何を伝えたいのかを「理解しよう」とすることから始まります。聴く努力を行うことで，自分の内面と対峙させることが可能になります。次に「伝えたい」という気持ちから，伝えるための言葉選びへと思考経路をたどっていきます。そこで大切なのは相手を敬い自らを慎む心です。さらに，詠んだ歌をしばらく経った頃に詠み直してみると，新たな発見も多く，表現力の向上が図れます。情景，心情が読み手にイメージしやすいかどうかを推敲時に確認するとよいです。自分の中では描けていると思いながら，伝え切れていないと感じることがあります。日々のつぶやきや思いを短歌という形式を通じて表現することで，心の浄化作用をもたらすことができ，ここに作歌が持つ一つの効用があります。

主体が分かると読み手にも理解しやすくなります。その時には動詞に気をつけます。直接的な表現をできるだけ使いません。直接的な思いを言葉にせずに伝える方法を考えると，表現の多様性とともに面白さの感じられる歌になります。きれいだ，楽しい，うれしい，悲しいという表現ではなく，どのようにうれしかったのか，悲しかったのかを具体的に詠みます。歌意が伝わるように整理します。うれしさや悲しさ，楽しさを感じていることがにじみ出ている情景や表情を切り取ります。このように短歌は内容を伝えるだけではなく，情感や余韻や音，リズムをも楽しむものなので，すべて内容を表現する必要はありません。できるだけシンプルにして，リズムや言葉の音感を大切にしていきます。

　短歌ができあがれば，まず字数を確認します。短歌を詠むとき，字余りや字足らずがあれば，体言などの表現を変えたり，強調したい部分に係り結びをとり入れたりします。それでも上手くいかない際は，同じテーマでも，別の体言からの表現を試行錯誤します。短歌では，内容が複雑であればあるほど，感動の起伏を丁寧に読むことが大切です。感情の起伏は，一首で詠めるものではありません。それを詠むためには連作とし，複数の短歌を詠むことが求められます。大切なことはそのプロセスを詠むことであり，結論を述べることではありません。たとえば，言葉にしてみたものの，それが読み手に伝わってこないとすれば，それは，歌が独りよがりに終わっているということです。短歌は読み手に分かりやすく詠むことを心がけることが必要になってきます。

　土永　典明「棲み家」より
　・点滴をいやがる吾子の涙顔頬よせあやす夜の更けゆきに
　・「似合うね」と娘が買ったジャケットを帰省のたびに吾は着ている
　・耳澄まし母帰り来る下駄音を喜びし児も六十路となりぬ
　・母の背に負われておりし遠き日が時々浮かぶこの歳にして
　・車椅子コトコト押して母と吸う夏から秋に変わる空気を
　・いずれかが一人になる日想いつつ妻の料理で酒を飲みおり
　・家を出る時に再び確かむるガスの元栓切りしや否や

食嗜好性の形成過程での共食の役割

岩森三千代

　他者と食事を共にすることを共食といいます。日々の生活の中には、家族団らんの食卓，学校給食，会食の場など，さまざまな共食の機会があります。

　保育の場での出来事です。あるご家族の3人兄弟のうち，知的障がいと自閉症があるA君は，言葉の理解やコミュニケーションをとることが苦手でした。A君はキュウリが嫌いでした。キュウリが食べられないこと自体，生きていくために支障が出るようなことではありませんが，おいしく食べられるに越したことはありません。A君のお母さんはいくつかの料理に入れてみて，「食べてみて」と促してみましたが，自閉症という特性から，嫌いと決めたものを口にすることは難しいことでした。ある暑い夏の日に，兄弟3人そろってどろんこ遊びをしました。ひとしきり遊んだ後の休憩に，お母さんが塩を振った丸ごと1本のキュウリを息子たちに渡しました。兄がぱくり，弟がぱくり，それを見たA君は，大嫌いだったはずのキュウリをぱくりと丸かじりしました。兄と弟がおいしそうに食べる様子を見て，「おいしいかもしれない」と思ったのでしょうか。瞬間的にキュウリを食べてみようという気持ちが湧いてきたようです。それ以降，A君はキュウリがとても好きになりました。「食べてみよう」という動機付けやおいしさの感じ方は，食材の味や調理方法以外の食環境にもさまざまな影響を受けることに気づかされる出来事でした。

　食嗜好性の形成には，他者と共に食べる共食の経験が大きく影響します。「食わず嫌い」という言葉がありますが，初めて食べるものに不安を抱き食べることにちゅうちょする様子は，比較的多くの子どもに見られます。人間が初めての食べ物に対して不安や警戒心を抱くことを，「食物新奇性恐怖」といいます。人間は雑食性の動物です。初めて食べる食べ物によって，お腹を壊したり，毒がある場合には命を落とす危険性もあるため，「初めて食べる食べ物には慎重になる」という本能的な特性が備わっています。しかし同時に，初めて見る食べ物を目の前にしたとき，「どんな味かな」「食べてみたいな」という好奇心ももっています（新規性嗜好）。新しい味や触感に期待を持ち「食べてみたい」という気持ちと，「おい

しくないかもしれない」,「お腹を壊さないかな」という本能的な警戒心の間でジレンマを生じます。しかし, 不安があっても食事を共にする家族がおいしそうに料理を食べている様子を観察することで,「食べてみよう」という動機付けになります。食物新奇性恐怖は, 子どもにとって好き嫌いをなくし嗜好性の幅を広げていく際に障壁となる特性ではありますが, その障壁を打破するのは, 自分以外の他者と食事を共にする幼い頃からの共食経験です。

このように「他者」の行動に影響を受け,「モノ」に対して興味を示し,「自己」の行動が変容する3つの関係を三項関係といいます。9カ月頃までの赤ちゃんは二項関係である「自己」と「モノ」の世界で成り立っていますが, 9カ月頃になると「他者」を含めた三項関係へと移行していきます。「他者」を通して「モノ」を知ろうとするようになります。共食の場において, 親しい他者が料理をおいしそうに食べている様子をみて, それはおいしく安全なものだろうと推測することができるようになります。

離乳期を過ぎ, 幼児期になると給食を通しての共食が始まります。給食では, 家族以外の友達や先生と共に同じ料理を食べる経験をします。家庭の食事は, 家族の嗜好に偏りがちな一面をもっています。家族が共通して好きな食材や料理が, 食卓に上がることがおのずと多くなります。給食では, 家庭では食べない料理も登場します。食べたことのない料理や味を友達や先生と共有し, 同じ経験をする中で共感性を育みます。

大人になると, 親しくなりたい相手に対して,「食事をしましょう」と誘います。「同じ釜の飯を食う仲」という言葉がありますが, 生活や苦楽を共にした仲間との親しい間柄を表す表現として使われます。会食は, お互いの心を通わせ, 信頼関係を築くための社交の場として活用されます。また, 他者と食べることによって, 食事の摂取量が増えることも知られています。

他者と共に食べる共食という文化は, 他の動物とは異なる高度な社会的能力をもつ人間独自の特徴です。共食は食嗜好性の幅を広げ, 食経験を豊かにし, 社会的能力を学習するための貴重な場であるといえます。共食の機会が減少傾向にある今, 共食の意義について今一度問い直してみてはいかがでしょうか。

第３部　文化の多様性

第１章　音楽はなぜ楽しいか

栄長　敬子

第１節　音楽は好きですか?

　「音楽は，毎日聴きます」「音楽がないと生きていけない！」「常に音楽を聴いています」「ライブに行くのが何よりの楽しみ！」

　皆さんは音楽が好きですか？「Jポップは好きだけど，クラシックはつまらない。でもどんな音楽も，嫌いというわけではない」，「クラシックは好きだけど，最近の曲には興味が無い。でも音楽は好き」「歌は音痴だし恥ずかしいし苦手，でも聴くのは嫌いじゃない」「音楽は最高！　音楽と言えば演歌でしょう！」などと，何かしらの好みもあるでしょうか。

　子どもは音楽が好きです。生まれてから，新しい音楽に出合い，それぞれの環境でいろいろな音楽を経験し，いつの日か「この音楽が面白い，この音楽はつまらない」という発見や未発見，好きや嫌いがでてきます。ですが，まだ発見していない面白さがあるとすれば，これから再び出合って「こんな音楽だったのか…気がつかなかった！」と気づけるとすてきですね。友達の，知らなかった魅力を，今はじめて気づいたように。

第２節　音楽とは

１．いろいろな定義

　「音楽ってなに？」と，子どもにキラキラした目で聞かれたら何と答えますか。「ほら，あの…みんなも歌うでしょ，あれ…」と回答には困るかもしれま

194

せん。その前に，子どもからそのような質問は，案外ないかもしれません。そのくらい，子どもにとって音楽は当たり前の「楽しいこと」であり，そうして育ってきた大人にとっても，「音楽とは何か」という問いには，好き嫌いに関わらず当たり前のように体験的に知っています。それでは，あえて考えてみましょう。

　広辞苑によると「音楽」とは，「音による芸術。拍子・節・音色・和声などに基づき種々の形式に曲を組み立て，奏すること。器楽と声楽とがある。楽。ミュージック」と定義されています。拍子，節，音色まではイメージもわくでしょうか。和声とは，ハーモニーとそのつながり，進行のことです。ギターなどでは，適切なコードを鳴らすとメロディーと調和してハモるのですが，その進行にはおおむね決まりがあり，時代とともに斬新なコード進行が発見されたりします。形式とは，作品の中の，いわば起承転結のようなもの，Aメロ，Bメロ，サビ…などの，構造上の形をいいます。その形が見えないようにする形や，ある形を崩しにかかったものなど，時代や地域で変化，進化，深化もします。

　音楽評論家，近藤譲の「"音楽"とは」に関する整理された記述はとても興味深いです[1]。近藤は，音楽とは「音響」であり，かつ「人間によって意図的に組織された音響」である，とまとめています。なるほど，音楽は必ずしも「ドレミ…」にすべてがはまっていることはなく，民族楽器はもちろん，地域それぞれのお祭りには欠かせないお囃子，笛で奏でられる節は，ドレミとは微妙にずれている音が使われているものです。そもそも，ドレミを含むいろいろな音階（曲やメロディーを作る時に使う音の並び）が発明される前にも，音楽は始まっていましたから，ドレミに限らない音や音響が音楽の前提というのは間違いありません。打楽器の太鼓類も，多くはドレミを感じませんね。楽器ではない「そのあたりの音」はどうでしょうか。ドアを閉める音，工事現場の音，車のクラクション，急ブレーキの音——。スティーブ・ライヒという作曲家は，これらの音を録音し『シティーライフ』という楽曲で，オーケストラの音に混ぜて使いました。「人間の意図」さえあればすべての音響が音楽として認めら

れる，ということです。そしてさらに20世紀以降は「あらゆる音響がそれ自体で音楽になりうる」ようになってきます。意図されていない，ただの音響そのものを音楽であると提示した，ジョン・ケージの象徴的な作品『4分33秒』は大変有名です。さまざまな版，楽譜も出版されていますが，「第1楽章　休み／第2楽章　休み／第3楽章　休み」という3楽章構成，全楽章で4分33秒となる，という作品です。いわゆる，会場の聴衆を含む人々のざわつきや何かしら生じる「音」「咳」「動く音」などの雑音と思える音響自体が作品なのです。こうなると音楽は，「音楽として存在する」のではなく，「人の関わり方次第」でその音響は音楽なのかどうかが決まる，ということになります。

　では，その音楽として成り立たせるための「人の関わり方」とはどのようなものでしょうか。近藤は，音楽とは「創造」と「享受」という二つの「美的態度による行為」である，とまとめています。

２．音響を創造する―作曲する，演奏する―

　「音響を創造する」つまり「音楽を作る」というと，イメージされる行為としては，まず作曲です。ゼロから音を組み立ててメロディーを生み出したり，それにハーモニーをつけたりします。一方，すでに音楽としてのプラン，構造は誰かによってつくられている既成のものを「演奏する」という行為も，実際の音・音響をその瞬間に「作り出す」という意味で，創造に含まれます。まったく同じ曲でも，演奏者が異なるとまったく別の曲に聴こえて，味も魅力も変わってくるものです。なぜなら，プランや楽譜は，作曲者の音響イメージすべてを言い表せるものではありませんから，何かしら奏者にゆだねられる要素が必ず出てくるというわけです。比較的，隅々まで記載されてきたクラシック音楽でさえ，演奏者によりテンポや間の取り方，歌いまわしも異なります。聴き手としては，その違いも含めて楽しいものです。アレンジ，編曲，カバー曲に至っては，メロディーをそのままでハーモニーやコードを変えてしまったり，あるいは，メロディー自体，リズムや拍子を変えてしまう，ということもあります。ベートーヴェンの『エリーゼのために』は3拍子ですが，4拍子のアレ

ンジもよく耳にしますね。

3．音楽を享受する—聴く，鑑賞する

　「スズムシが鳴いている…あ，音楽だ！」と思えば，もうそれは音楽です。「人が，美的享受の対象として聴取した音響は，音楽である」（近藤，2002）ということです。たとえそれが音楽として意図されていない音であっても，こちらがその気になれば音楽なのです。では，これらは音楽でしょうか。駅の構内放送，コンビニエンスストアの入店時，アラーム，それぞれのメロディーは音楽でしょうか。あるいは近年増えてきた「街中ピアノ」，演奏している傍らを大急ぎで駆け抜ける通行人にとって，そのピアノ演奏は音楽といえるでしょうか。

　まず，駅の放送などのメロディーは，主に合図として使われているでしょうが，音楽と思って聞くと音楽になるかもしれません。街中ピアノは，適度な距離でうっとりと耳を澄ませている人にとっては音楽そのものであり，急ぎ駆け抜ける人が耳にも入らない程度の状態であれば，ただの音に過ぎないことでしょう。私の住む新潟では，街角で繰り広げられる街角ライブ「ジャズストリート」が定期的に開催されています。偶然そのあたりに居合わせたものの，興味がなく「美的態度で聴取（享受）」されていない場合は，残念ながらその人にとっての音楽にはなり得ていないことになります。一方，居合わせて，お気に入りの曲が演奏された時には，その日1日ワクワクした気持ちで過ごせたりする！　まさに音楽として息づいた瞬間となります。

　演奏会で演奏されている音響（あえて音響としておきましょう）についても考えてみましょう。今やクラシック音楽の演奏会では，静まり返った中から音楽の一音一音，響きを楽しむことが一般的な常識として定着していますが，18世紀ヨーロッパではおしゃべりで歌の歌詞が聞き取れなかったこともあるほど，うるさかったようです[2]。「とりわけ音楽が好きでない人々は気晴らしにトランプをやっており，ご婦人方は徐々にそちらに加わっていった」との記録や，「犬を連れてくることは禁止」という規則があえて定められるなど，音楽

を鑑賞するというよりは，社交場としての要素も大きかったのでしょう。19世紀に演奏会が商業化され音楽自体が目的となり，今のような音楽に聴き入るスタイルが始まりました。音楽を「聴こう！（美的態度によって享受しよう！）」と思う人で会場が埋め尽くされた音楽会会場は，まさにすべての人にとって音楽となる瞬間！　生のライブはまさに奇跡の瞬間です。作曲家の江村哲二もこのように述べています[3]。「音楽では『聴く』ということがとても重要な行為です。聴衆という立場であっても，音楽と対峙するという意味では作曲家や演奏家と一緒であって，…聴くということ，音楽鑑賞ということは非常にクリエイティブな仕事です」。そう考えると「聴く」という行為は，ただBGMとして耳に入っている状態というのではないので，簡単な行為でもなさそうです。

第3節　音楽は楽しいはず

1．音楽は「美的態度」で！

　さて，皆さんは，音楽を楽しんでいますか？　音楽の「創造」を楽しんでいますか？　あるいは「享受」を楽しんでいるでしょうか？　そしてそれは，先に述べたような，音楽がある場の雰囲気や社交を楽しんでいたり，レポート課題をまとめたり，仕事の残りを軽快にやり遂げようという時のBGMとして活用している，というのではなく，「美的態度による享受」として楽しんでいるでしょうか？　BGMとして音楽と関わるのも時には有益で心地よいとは思いますが，先に述べた「美的態度による」創造と享受という観点からいうと，「音楽を楽しむ」という状態とは少し異なりそうです。

　ところで，この「美的態度」とはどのような態度をいうのでしょうか。「美的」という言葉からは，一般的に「きれい」や「美しい」とイメージされるでしょうか。少し哲学の話をすると，「美的」とは「aesthetics」という西洋哲学の用語の訳で，明治期に定着しました。いわゆる「美学」です。これは「これは俺の美学に反する！」という時に使う意味とは異なります。「感性的なこと」を意味し，「芸術哲学」に関わる観点です。「美」とは何か——芸術の価値や主義，形式など，変化に応じて，その美の意味も変化するけれど——それを探り

続けるのが「美学」です。話を戻すと，それが感性的であるか，感性に響くか，つまるところ「感覚的におもしろいかどうか」という観点で価値判断をする，ただし本気で価値判断をする！　というのが，美的態度といえるでしょう。

2．楽しそうな創造と享受

　美的態度で行った創造は，とても楽しそうです。作曲家，江村は，ものすごい集中の状態に入って作曲し続けた12時間，時間の感覚を失い気づいたら時計の短針が一周していた，という異常な感覚を語っています。歴史的に演奏し続けられている作曲家たちはもちろん，現代に至るまで，多くの作曲家と呼ばれる人たちは，その最も強烈な愉悦の瞬間を何度も味わっていることでしょう。プロの世界は少し極端ではありますが，一方，既成の作品を「演奏する」という創造活動は，かなり身近に感じますね。歌うこと，楽器を演奏すること，それを「美的態度」で取り組み愉快な気分になる，という体験は一度や二度はあるのではないでしょうか。中学校の合唱コンクール，カラオケで思いっきり歌った時，「ちょっと頑張ってみようかな」と思ったり「ここで，ぐっと心を込めて…」と工夫したりしたことはありますか。まさに美的態度で臨んでいる瞬間です。その時自分自身は，何を「美的なもの」「感性的なもの」とするのか，どうすれば美的になるのか，どうすれば気持ちよくなるのか，を考える。これは自分自身に向き合う行為ともいえます。

　美的態度で行った享受も楽しそうです。何かしらの音楽を耳にした時，どのようなことを考えて聴きますか？　まずはじめに「これは聞いたことがる音楽だろうか？　知っている曲だろうか？」と考えそうですね。その後，これがまったく聴いたことのない曲だと分かると，すっかり耳への集中を放棄してしまいたくなる気持ちも分かります。ですが，その時こそ「美的態度」で聴くと実に楽しくなります。「私の好きな『感じ』がある曲だろうか？」「私が思う，感性的，美的…面白いものだろうか？」と耳を澄ますのです。これは案外簡単ではないのかもしれません。そのため，サウンド・スケープ（音の風景）を提唱した作曲家マリー・シェーファーや，芸術家オノ・ヨーコの「地球が回る音

を聴きなさい」の問い[4] など，「聴く」ということが，表現，アートの分野で重要なテーマともなっているのですね。

第4節　知らない音楽を楽しめる人生を!

　2022（令和4）年，私も初めてウクライナ国歌を聴き，ピアノで弾き，歌いもしました。そのきっかけは悲しくもありますが，ウクライナ語の抑揚と，長調と短調が少し混ざったような曲調に，異国の匂いを感じました。何度も聴き，歌詞で歌われる想いとそのメロデイーライン，言葉のリズムとの調和…付随する政治的な情報は激しすぎますが，少し落ち着いて私なりの美的態度で向き合い，新たな一曲と出合った経験でした。

　美的態度でもって向き合おうと頑張っても，どうも面白くない，という経験はよくありますね。私は，高校時代の英語の先生が「ピアノを弾くんだったら，今度シューベルトの『冬の旅』の伴奏を弾いてくれ。俺が歌うから」と，大学進学前に言われ，大学1年生の18歳の時に，初めてCDで『冬の旅』を聴きました。全部で24曲，約1時間という歌曲集とはいえ，第5曲目の有名な『菩提樹』まで達する前に挫折！　借りていたCDを聴かずに返してしまった経験があります。恩師が面白そうに語った曲なので，当時の私なりに「美的態度」で頑張ってみたのですが，その時には面白さが全く感じられなかったのです。それが，2年後の大学3年生の時，ある演奏会で聴いたシューベルトのピアノ曲を「いい…！」と感じ，思い出したように『冬の旅』を再び聴きました。その時の衝撃は今でも忘れられません。なぜこの曲の面白さが，2年前には聴こえなかったのだろうか──何年かかけて耳を澄ませることで，ようやく聴こえてくる音，感覚もあるのです。

　近藤は，創造者と享受者の美的態度が一致すれば，音楽が音楽として受け取られる，とまとめています[5]。さらに「創造者と享受者のそうした美的態度の一致を保証しているのは，その両者に共有される文化である。…音楽は極めて文化的な現象である」と指摘しています。地域の祭囃子，日本の歌，アジアの音楽，欧米の音楽──近くから遠くへ，あるいは耳にする頻度が高い音楽から

低い音楽へ，私たちの美的態度による音楽とのかかわりは，必ずしも同等に「聴く」ことができるわけではないのです。時間がかかったり，ある種のトレーニングが必要だったり，聴くことが難しいこともある，つまり楽しめないことがあるのは当然といえます。

　渡辺裕は，イランの音楽と西洋の音楽のそれぞれの前提となっている感覚を比較し，「異文化を理解するためには，自分たちの発想をとりあえずカッコに入れ，根本の部分にまで立ち戻って考える姿勢が不可欠だ」と述べています[6]。イランの音楽では，楽譜で一音一音比較して認識されていないため，西洋音楽で認識されている「同じである」という感覚が異なるようです。そのため，同じように聴こえても「その人が演奏している限りにおいて，…その個人のものとなり，その人の演奏として認識される」，つまり「違うもの」とされるのです。こうなると，もはや「どのように聴くべきか」，聴き方そのものが問われています。

　哲学者マルクス・ガブリエルのいう「芸術の意味」はとても興味深いです[7]。私たちが「聴く」時には，「たんに音そのものを聴くだけでなく，音を聴きながら，聴くことそれ自体について何事かを経験する」のだといいます。そして，「芸術によって，わたしたちは，対象にたいして多様な態度をとるように促され」，その多様な態度，多様な見方を発見することが大切，と説いています。つまり，多様な見方をしないと理解し楽しむことができない——多様な見方ができると理解し楽しめる，それが芸術だというのです。芸術，絵画，音楽に触れることは，この多様な見方そのものの純粋な体験となるので，実は一般的に思われている以上に，芸術は私たちにとって不可欠なものなのかもしれません。特に今の時代に。

　新たな音楽との出合いには，多様性への問いが潜んでいます。聴いたことのない音楽も，時には楽しんでみませんか？

引用文献

1）近藤　譲（永井　均他編）「音楽」『事典　哲学の木』講談社，2002年，pp.141〜143

２）渡辺　裕『聴衆の誕生　ポスト・モダン時代の音楽文化』中央公論新社，2012年，p.23

３）茂木健一郎・江村哲二『音楽を「考える」』筑摩書房，2007年，p.43

４）オノ・ヨーコ・南風　椎訳『グレープフルーツ・ジュース』講談社，1998年，p.16

５）近藤　譲，前掲，p.143

６）渡辺　裕『考える耳［再論］　音楽は社会を映す』春秋社，2010年，p.31

７）マルクス・ガブリエル・清水一浩訳『なぜ世界は存在しないのか』講談社，2018年，
　　pp.244〜274

第2章　どんな色に染まる？

― 植物染めの世界 ―

山川　菜生

第1節　身の回りにあふれる色

1. 私たちの身の回りには，たくさんの色があふれていますね。

あなたが好きな色は何色ですか？

あなたは色の名前をどれくらい知っていますか？

あなたがいま身に着けている服はどんな色でしょうか？

赤，青，黄，オレンジ，エメラルドグリーン…，また同じ赤でも鮮やかな赤，くすんだ赤など，人それぞれにあることでしょう。

では，あなたは日本の伝統的な色をどれくらい知っていますか？

萌黄色，韓紅，瑠璃色…。

「茜色の夕日」というような表現はよく耳にしますが，「真っ赤な夕日」というのと，どう違うのでしょうか？

本稿では，植物染めの話題を通して，色彩の豊かな世界の一端をご紹介できればと考えます。

2. いま皆さんが身に着けている衣服は，ほとんどが合成染料（化学染料）を使って化学的・工業的に染められています。合成染料の原料は石炭や石油で，化学的に人工合成された染料です。さまざまな研究を経て，1856（安政3）年に世界最初の合成染料（紫色素 モーブ）が開発されました。1880（明治13）年に合成されたインジゴの開発者には，1905（明治38）年にノーベル賞が与えられるほどの偉業でした。

しかし，このような合成染料が開発・実用化されるまでは，人々は植物など

身の回りの自然のものを使って，色を染めていたのです。合成染料は，一定の染色方法で安定した色に染められるのに対して，植物染めは染色方法が複雑である，色の再現が難しいなどの点が挙げられますが，見方を変えれば，自然の奥深い色に出合えるともいえます。

第2節　植物で色を染める　―桜染め―

1．冬が終わり春になると咲く花といえば，桜を思い浮かべる人が多いかと思います。桜も，植物染めとして色が染まります。では，桜は，花びら，枝，根っこ…どの部分で色を染めるでしょうか？

　「桜の花びらをたくさん集めたら，桜のような優しい色が染まるのでは？」と予想したかもしれません。実は，かれんな花びらではなく，ごつごつとした枝の部分を集めて，色を染めるのです。いったいどのように染めていくのでしょうか？

2．ある年の春，新潟県下のとある小学校の校庭で，管理員さんが桜の枝を剪定していました。ちょうど桜が花開く直前のことでした。剪定された枝を譲っていただき，絹布を染めたときの様子を紹介していきましょう。

写真1　桜の枝（著者撮影）

　トラックの荷台いっぱいに集まった桜の枝（写真1）を，大きなずんどう鍋に入る大きさに切ります。植物染めというと，自然なやさしい色合いを染め出すゆったりとした作業を想像するかもしれません。ところが実際には野山の植物を採取したり，大きな鍋で染料となる植物をぐつぐつと煮たりと，全身を使った手

写真2　枝を鍋で炊き出す（著者撮影）

仕事の連続です。大きなずんどう鍋に切った枝を入れ，水を張り，火にかけ，炊き出していきます（写真2）。植物の種類やそのときの状況によって，炊き出す時間や温度は異なります。この桜を炊き出したときは，時間が経つにつれて，甘く春を感じるような香りが部屋いっぱいに広がりました。鍋をのぞいてみると，最初は透明だった水の色が少しずつ赤みを帯びていきました。

　ずんどう鍋から桜の枝を取り出して，赤みを帯びた桜の染め液（写真3）だけをボウルに移し，絹の布や糸をその染め液の中に浸して染めていきます（写真4）。ちなみに植物染めでは，綿や麻よりも，蚕からつくられた絹の繊維や，羊毛の繊維が染まりやすい性質をもっています（ただし，のちほど紹介する藍染めは，綿や麻にも染まりやすい植物染めです。身近なファッションでは藍染めのジーンズなどが想像しやすいかもしれません）。

　染めるときは，真っ白な布や糸を一度水に浸してよくしぼり，それらを染め液の中に浸して熱をかけていきます。染め液の中に浸された布や糸は，染めムラ（よく染まる部分とあまり染まらない部分ができてしまうこと）を防ぐためにも，染め液の中でよく動かします。まるで，染め液の中で布や糸がゆったりと泳いでいるかのように見えます。染め液から布や糸を取り出し，しぼり，空気に触れさせます。そしてまたそれらを染め液の中に浸していく作業を数回繰

写真3　桜の染め液（著者撮影）

写真4　絹布を染める（著者撮影）

り返します。すると回を重ねるごとに，真っ白だった布や糸が，桜の枝につまっていた色素に染まっていくのです。最終的には，ぐつぐつと熱くなった染め液の中に浸された布や糸は素手では持てないほど熱くなり，布や糸をしぼるたびに染め液の蒸気が部屋いっぱいに広がりました。

　さて，植物染めでは，樹木の灰を溶かした水や，ミョウバンを溶かした水などに，布や糸を浸す媒染という作業を行い，染め液で染めあげた布や糸などの繊維に植物の色素を定着させます。この作業の中で，多様な色調が引き出されてくるのです。

　このとき桜の枝で染めた色は，やさしい赤みのある桜色でした。まるで，雪国の桜が厳しい冬を越え，春を迎えた喜びを表したかのような色でした。染めた絹のストールを小学校の校長先生にお礼とともにお贈りしたところ，とても感激され，桜の色を通した素敵な春の思い出となりました。

第3節　いろいろな植物で色を染める

1．7月7日といえば，七夕です。日本における七夕の習わしは，中国の乞巧奠（きっこうでん）や，織姫と彦星伝説，棚機（たなばた）などいくつかの行事や信仰が重なって現在のかたちとなったとされています。短大の授業の中で，植物で短冊を染めて七夕飾り（写真5）を作りました。

　このとき飾った七夕の短冊は，五行思想（ごぎょう）を参考に，「青，赤，黄，白，紫」としました（本来の五行思想では紫ではなく黒ですが，授業では，濃く染めるのが難しい黒の代わりに紫としています）。真っ白な和紙の短冊を，赤や黄などの染め液に浸していきます。和紙に植物の色が染まり，カラフルな植物染め短冊が完成しました。

　学生の感想には「真っ白だった和紙がみるみる染まり驚いた」，「植物の色

写真5　植物染めの短冊（著者撮影）

から染まるのが意外で楽しく，わくわくした」といった声がありました。実際に目の前で色が染まっていくのは，少し神秘的で，心おどる体験かと思います。

2．これらの多様な色は，植物染めでどのように染めていくのでしょうか？

たとえば同じ赤でもいくつかの植物や染め方があります。赤とひとくくりにはできないほど，それぞれの植物で染まる赤は多種多様な色となります。

(1)　赤を染めるには

蘇芳，紅花，茜という植物から，赤が染まります。

蘇芳はマメ科の植物で，樹木の芯に赤の色素を含みます。この芯材を炊き出して染めてミョウバン媒染をすると，とても深く濃い赤に染まります。

紅花はキク科の植物で，6〜7月頃に咲く先端の赤い黄色の花びらを集め，染料として使います。とても濃い深紅から，淡い桃色まで多様な赤に染まります。かつては口紅もこの紅花から作られていましたが，非常にたくさんの花びらや色素を取り出す労力を必要とするため，口紅としても染料としてもとても貴重なものでした。

茜には一般にインド茜，日本茜とよばれるいくつかの種類があります。赤みのある根っこを炊き出して染めます。茜の種類や染め液の濃度，媒染によって，黄みが強い赤，落ち着いた赤，といった色調の異なる赤が得られます。まるで夕日のような，橙色に近い鮮やかな黄みの赤や，紅葉のような濃い赤など幅広い色を染めることができます。

(2)　青を染めるには

青といえば，藍染めがイメージしやすいかと思います。藍による染色はいくつかの方法がありますが，日本では，タデ科のタデアイを発酵させたすくも（藍染めの色素のもととなるもの）を使い，灰汁などとともに発酵させる藍建てが一般的です。藍色はその濃度によって，さまざまな色名があります。濃い色から，鉄紺色，納戸色，縹色，淡い色なら浅葱色，瓶覗など…。とくに瓶覗は，とても淡い藍色で，ごくうすい緑みの青です。

臭木という，秋になる青い実からも青を染めることができます。実だけをた

くさん集めて，水の中に入れたそれらの実をつぶすと濃い染め液が得られます。澄んだ空のような青に染まります。

(3)　紫を染めるには

　紫を植物で染めるには，紫草の根っこである紫根〔しこん〕が必要です。この紫草は6月頃に白い花が咲きますが，かれんな花とは対照的に，掘り起こされた根は濃く深い紫色をしています。この根を一定温度のお湯に浸してもみこみ，染め液を得ます。とても貴重で高価な染料であり，美しく深い紫色を染めるにはたくさんの時間と労力，高い技術を必要とするため，古来より紫色の衣服は大変貴重なものとされ，高貴な位の人だけの特権ともなっていました。

　紫根ではなく，藍染めと紅花，つまり青色と赤色で染め重ねる方法もあります。二藍〔ふたあい〕という染め方で，藍染めの青色と紅花の赤色それぞれの染料の濃さを調整することでさまざまな色相が現れ，赤紫から青紫まで表現することができます。ただし，紅花も貴重な染料であるため，やはり紫色を染めるということはとてもぜいたくなことであったといえるかもしれません。

(4)　黄を染めるには

　梔子〔くちなし〕，刈安〔かりやす〕，黄蘗〔きはだ〕という植物で黄を染めることができます。また，意外ですが料理で使われる玉ネギの皮でも染めることができます。

　梔子の実（写真6）は初冬になる実で，おせち料理の栗きんとんなどの着色にも使われます。梔子の実を炊き出した染め液で染めると，媒染をせずに鮮やかな赤みの黄に染まります。

写真6　梔子〔くちなし〕の実（著者撮影）

　刈安は，イネ科の植物で，ススキに少し似ています。刈安を炊き出すと少し甘い香りがします。椿灰汁で媒染をすると，澄んだ色で，鮮やかな緑みの黄に染まります。

　黄蘗は，ミカン科の樹木です。樹皮の内側に苦味のある黄色の層があり，漢

方薬や染料として重宝されてきました。虫よけの効能もあり，古来より仏教経典には黄蘗で染めた和紙を使用したという歴史もあるそうです。はっきりとした鮮やかな緑みの黄に染まります。

　玉ネギの皮を炊き出すと，オニオンスープのようなおいしそうな香りとともに，こっくりとした赤みのある深い茶色の染め液が得られます。染めたあとにミョウバン媒染をすることで，鮮やかな赤みの黄が染まります。まるでカレー粉のような色です。玉ネギの皮による染めでは，媒染の種類を変えることによって，黄以外にも深いオリーブ色や，濃い茶色など多様な色が得られます。

(5)　緑を染めるには

　ヨモギ，カラスノエンドウなどの春草を炊き出し，その染め液で糸を染め，銅媒染をすることによって，やわらかな淡い緑に染まります。

　黄染めと藍染めを重ねることで，濃い緑を染めることができます。たとえば，梔子や刈安で糸や布を黄色に染めたあと，さらにその糸や布を藍染めすることによって，黄色と青色が掛け合わされて緑に染まるのです。

3．ここまで紹介した植物染料で染めた絹糸です（写真7）。どのような色が想像されるでしょうか。

　左から，染める前の真っ白な糸，蘇芳染めの鮮やかで濃い赤，茜染めで媒染が異なる，夕日のようなあたたかみのある橙色と淡い黄みの赤，梔子染めの温かな黄，梔子染めと藍染めを重ねた緑，臭木染めの澄んだ青，藍染めの濃い青，紫根染めの上品な紫と並んでいます。モノクロ写真ではありますが，糸の微妙な濃淡によって，

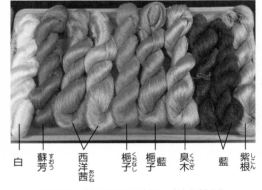

白　蘇芳　西洋茜　梔子　梔子　藍　臭木　藍　紫根

写真7　植物染めの絹糸（著者撮影）

多様な色彩が表れていることが伝わるでしょうか。

また，今回紹介した色の他にもさまざまな植物（梅の木やドングリの実，クルミなど）から，茶色やネズミ色などとても幅広い色に染めることができます。

第4節　日本の色彩文化の歴史

１．このような染色，色彩文化は，日本ではどのように受け継がれてきたのでしょうか。各時代の代表的な色彩文化について簡単にみてみましょう。

⑴　冠位十二階　推古天皇の時代

　冠の色や濃淡によって朝廷内での位を表す制度である冠位十二階は，聖徳太子によって603年に制定されました。中国で古来より信仰されていた五行思想（木，火，土，金，水を五元素とし，色や方角などと結びつくとする思想）の「青，赤，黄，白，黒」に紫が加えられ，濃い紫が最も位の高い色とされました。

⑵　かさねの色目　平安時代

　おひなさまの衣裳をイメージしてみましょう。平安時代の高貴な人々は，十二単（じゅうにひとえ）といわれる装束のように何枚もの色を重ねた衣裳や，和歌をしたためる和紙などで，色の重なりを通して，四季で移り変わる自然を表現していました。たとえば，秋の色として「紅葉の襲（かさね）」は，蘇芳で染めた赤と刈安で染めた黄で構成されています。

⑶　四十八茶百鼠（しじゅうはっちゃひゃくねずみ）　江戸時代

　江戸時代のある時期に庶民に許された色は，藍や茶，グレー（ネズミ色）系統の色でした。さまざまな茶色やネズミ色に，身近な植物名や鳥の名，地名，人名（当時人気だった歌舞伎役者の名前）などが色名として与えられ愛好されていました。江戸の町民たちは限られた一見地味な色の中にも，微妙な色の差異や多様性を見出し，精一杯おしゃれを楽しんでいたのです。

第5節　まとめ

　このような植物染めと色彩について，どのようなイメージを持ちましたか？
　植物染めでは，素材となる植物の見た目からは想像できないような，思わぬ美しい色が現れることがあります。また同じ植物でも，染め方や時期，地域な

どによって得られる色調は多様でかなり幅があり，一定ではありません。まさに，ゆらぎの側面をもっています。手仕事の中に立ち現れるこのような美の世界を垣間見ることが，植物染めの魅力といえるのではないでしょうか。

参考文献

一般社団法人日本衣料管理協会出版部『染色加工学』一般社団法人日本衣料管理協会，2020年

上村六郎『日本の草木染』京都書院，1989年

大田　登『色彩工学　第2版』東京電機大学出版局，2001年

城　一夫『大江戸の色彩』青幻舎，2017年

城　一夫『色彩の博物事典　世界の歴史，文化，宗教，アートを色で読み解く』誠文堂新光社，2019年

長崎盛輝『色・彩飾の日本史　日本人はいかに色に生きてきたか』淡交社，1990年

長崎盛輝『新版　日本の伝統色　その色名と色調』青幻舎，2006年

吉岡幸雄『日本の色辞典』紫紅社，2000年

吉岡幸雄『日本の色を歩く』平凡社，2007年

吉岡幸雄『「源氏物語」の色辞典』紫紅社，2008年

吉岡幸雄『日本人の愛した色』新潮社，2008年

吉岡幸雄『王朝のかさね色辞典』紫紅社，2012年

吉岡幸雄『日本の色の十二カ月　古代色の歴史とよしおか工房の仕事』紫紅社，2014年

吉岡幸雄『失われた色を求めて』岩波書店，2021年

第3章　市民社会と税制

─ 納税者の立場から考える ─

西森　亮太

第1節　私たちの身近な税のはなし

1．税とはなにか

　税（税金）とは，国または地方公共団体による福祉や教育といった公共サービスの財源を確保するために，法律の定めに基づいて課される企業や個人の負担額のことをいいます。そこで皆さんに質問です。税にはどのような種類があるか分かりますか？　まず学生の皆さんにとっても，最も身近であると感じるのは消費税ではないでしょうか。スーパーマーケットやコンビニエンスストアなどでお弁当やお菓子を買ったときに必ずかかるのが消費税です。また，マイカーを所有している人は自動車税や軽自動車税を支払わなければなりません。大学卒業後，企業に就職して働くようになれば，毎月の給料から所得税や住民税が差し引かれます（このことを源泉徴収制度といいます）。さらに，趣味や付き合いでゴルフをすればゴルフ場利用税，お酒やたばこにはそれぞれ酒税，たばこ税がかかってきます。これ以外にもたくさんの種類の税があります。

　このように，私たちの身近にはさまざまな税があります。先に述べましたように，企業や個人が負担する税を財源として，福祉や教育，警察，消防，道路や橋の建設といった公共事業などの公共サービスが行政によって提供されているのです。すなわち，私たちが暮らす市民社会は，私たちが負担する税によって成り立っているといえます。このような税についての仕組みに関する制度を税制といいます。次に，税に関して理解するうえで重要な，税制の基本的な仕組みについて，一緒に確認してみましょう。

2．税制の基本的な仕組み

(1) 国税と地方税

　国または地方公共団体によって税が課されると述べましたが，わが国の税制は「国税」と「地方税」に大きく分けることができます。国税とは国（政府）によって課される税のことですが，所得税や消費税，酒税，たばこ税のほかに，企業に対してかかる法人税，親族が死亡して遺産相続が発生したときにかかる相続税などがあります。

　一方，地方税はさらに「都道府県税」と「市区町村税」に分けられます。都道府県税として自動車税，ゴルフ場利用税のほかに道府県民税，事業税，軽油引取税などが，市区町村税として軽自動車税のほかに市町村民税，土地，建物等の所有に伴う固定資産税，温泉施設利用時に支払う入湯税などが挙げられます。

　以上の都道府県税と市区町村税は，地方税法という法律で定められた「法定税」にあたります。これに対して地方公共団体が国の同意を得て，独自に課すことができる税である「法定外税」があります。原子力事業者に対する核燃料税や環境保全を目的とした産業廃棄物税，静岡県熱海市の別荘等所有税などが法定外税の具体例となります。

(2) 直接税と間接税

　直接税とは，国や地方公共団体に税を納める人（納税義務者）と実際に税を負担する人（担税者）が同じである税をいいます。先に確認しました国税のうち，個人にかかる所得税や相続税，企業にかかる法人税は，納税義務者と担税者が同じですから直接税です。地方税では，住民税である道府県民税と市町村民税，事業税，自動車税，軽自動車税，固定資産税などが直接税となります。

　間接税とは，直接税とは対照的に，納税義務者と担税者とが別である税を指します。国税では消費税，酒税，たばこ税などが該当します。消費税についてみてみますと，店舗のレジで支払いをするお客さんは消費税を負担する人（担税者）です。一方で，お客さんが支払った消費税を受け取り，お客さんに代わって税務署（国）に消費税を納めるのは，売主であるお店（納税義務者）と

なります。つまり，納税義務者と担税者は同一ではありません。地方税ではゴルフ場利用税，軽油引取税，入湯税などが間接税として挙げられます。

　なお，直接税と間接税という視点から税制について考える場合，税収における直接税と間接税の割合である「直間比率」が問題となります。わが国の場合，国税では直接税が6割，間接税が4割の直間比率となっています。地方税においては，直接税が8割，間接税が2割という構成です。この直接税中心の税制は，戦後GHQによる占領下での，シャウプ勧告におけるアメリカ税制を手本とした税制改革の影響が大きいといえます。しかしその後，直間比率の是正を図るという名目で，歴代の政府によって消費税の引き上げが行われるようになってきました。この点については，後ほど触れたいと思います。

第2節　基幹税の特徴

1．わが国の基幹三税

　基幹税とは，税収に占める割合が高い税のことをいいます。わが国においては，国税では所得税，法人税，消費税であり，基幹三税とも呼びます。

　基幹三税の推移について，図1を見てください。財務省の「税収に関する資料」の一部ですが，1987（昭和62）年から2022（令和4）年予算までの一般会計税収の推移です。棒グラフが税収合計，3つの折れ線グラフがそれぞれ基幹三税の税収に占める割合を示しています。消費税は1989（平成元）年から税率3％でスタートしましたが，10％となった現在，もっとも税収割合の高い基幹税となっています。

　そこで基幹税である所得税，法人税，消費税とはなにか，それぞれの特徴について，もう少し詳しくみてみましょう。

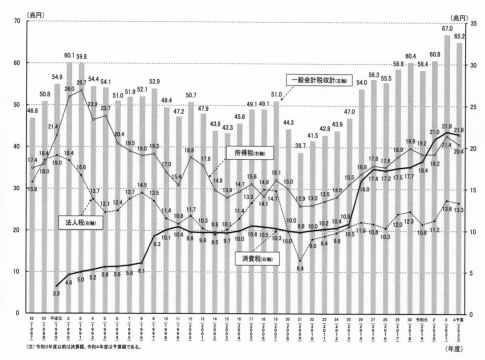

(注) 令和3年度以前は決算額、令和4年度は予算額である。

(出所：財務省「税収に関する資料」2022年7月30日取得，https://www.mof.go.jp/tax_policy/summary/condition/a03.htm)

図1　一般会計税収の推移

2．所得税について

　所得税は，納税の方法により「申告所得税」と「源泉所得税」に区分できます。皆さんの中には「確定申告」という言葉を耳にしたことがある人が少なからずいるのではないでしょうか。確定申告とは，たとえば小売業やサービス業などの自営業者が，原則毎年2月16日から3月15日の1カ月間のうちに，納める税金がいくらになるかを自分で計算し，税金を期限内に納めなければならないという制度です。この確定申告こそが申告所得税の「申告」を意味します。

　源泉所得税については先に述べた通り，主に勤務先の企業などから支払われる給料が対象となります。企業が毎月の給料から税金を引いて，代わりに納税

してくれます。これを源泉徴収制度というので，源泉徴収の対象は源泉所得税と呼ぶのです。よって，収入が特定の勤務先からの給料のみである会社員は，原則自分で確定申告する必要はありません。源泉徴収制度で納税のために必要な手続きは完結しているのです。

3．法人税について

　法人とは株式会社や協同組合などのことをいいます。個人以外の，法人に対して課される税が法人税です。法人の利益（もうけ）に対して法人税が課されます。つまり，売上から経費を差し引いて黒字となり，利益が出れば法人税がかかり，売上から経費を差し引いてマイナスの赤字となってしまい，利益が出なければ法人税はかかりません。

　日本の赤字法人の割合は，近年は多少の改善がみられますが，それでも7割弱程度となっています。コロナ禍では黒字法人の大幅な増加は非常に厳しいでしょう。赤字法人は利益が出ていませんので，原則法人税の納税はありません。このように法人税は，法人を取り巻く経済情勢，景気動向等に左右されるといえます。

4．消費税について

　消費税は，原則国内におけるあらゆる物品，サービスの販売および提供を課税対象とします。法人税と異なり，利益に対する課税ではなく売上に対する課税となります。ただし，単純に売上に対して税率をかけて税額を計算するのではなく，納付税額は，売上にかかる消費税額から材料や商品などの仕入れにかかる消費税額を差し引いた（仕入税額控除といいます）差額となります。

　2019（令和元）年10月1日から，消費税の改正により税率が10％に引き上げられました。同時に低所得者層への影響を考慮して，飲食料品等を対象に8％の「軽減税率」が適用されることになりました（もっとも，10％への引き上げ前の税率8％に据え置いているだけですので「軽減税率」というのはおかしな話だと思いますが）。

5．法人税減税と消費税増税はコインの表裏の関係

　ふたたび図1をみてみましょう。まず所得税ですが，1991（平成3）年の
26.7％をピークに割合が下がっていましたが，2013（平成25）年頃から徐々に
税収割合が高まり，消費税に次いで税収の20％を占めています。これは東日本
大震災に関する復興特別所得税分の増税が，要因の1つであるといえます。

　続いて，法人税と消費税に注目してみましょう。もともと法人税は消費税よ
りも税収割合が高かったのですが，2009（平成21）年，リーマンショックの影
響により法人税収が大幅に落ち込んで以降，消費税収の割合の方が高くなって
います。2022（令和4）年予算では，消費税収割合が21.6％，法人税収割合が
13.3％となっています。

　要因として，税率アップに伴う消費税増税はもちろん挙げられますが，それ
だけではありません。政府によって，大企業を対象とした法人税減税が，政策
的に実施され続けられたことも見過ごしてはいけません。たしかに，中小零細
企業を中心に赤字に苦しんでいる法人は数多く存在します。しかし一方で，本
来多額の法人税を納めるべき一部の大企業はほとんど税金を課されることな
く，毎年の利益の蓄積である内部留保をどんどん増やしているのが現状です。
政府は，法人税減税の埋め合わせを消費税増税で行っているといっても過言で
はありません。

　消費税は収入や所有財産の大小に関係なく，一律に課税されるため，庶民の
くらしを直撃します。法人税減税の一方で消費税増税が有無を言わさず実施さ
れるような税制のあり方が，果たして望ましいといえるでしょうか。最後に，
市民社会に根差した税制のあるべき姿について，考えてみましょう。

第3節　結びにかえて−民主的税制の確立に向けて−

　日本国憲法30条は「国民は，法律の定めるところにより，納税の義務を負
ふ。」と規定しています。また84条では「あらたに租税を課し，又は現行の租
税を変更するには，法律又は法律の定める条件によることを必要とする。」と
定められています。この2つの憲法の条文から，「法律の定めるところ」，つま

り租税法律主義の下，国民は納税の義務を負うと解釈することができます。

　では，税に関するいかなる内容の法律においても，国民は一方的に納税の義務に服さなければならないのでしょうか。答えはノーです。租税法律主義は，国民の代表機関である議会のみが課税権を持つことを意味しますが，それにくわえて，議会による課税権の濫用から納税者である国民の人権・生活を保障するという意味も含んでいます。これを租税公平主義といいます。租税公平主義は租税負担公平の原則，応能負担原則ともいわれます。すなわち，税は各人の負担能力に応じて平等に求められなければならないという原則です。日本国憲法14条１項「法の下の平等」からも要請されているといえます。

　租税法律主義，租税公平主義から税制のあり方について考えてみますと，大企業の立場に立った法人税減税や，貧富の差に関係なく一律に負担を負わねばならない消費税増税，そして消費税という税制そのものは，憲法の精神に反しており，まったく妥当ではないと思われます。

　これまで，福祉目的，社会保障財源として消費税増税が行われてきました。しかし実際は，高齢者の医療費の自己負担割合が引き上げられるなど，消費税が増税されているにも関わらず，福祉制度の改悪が行われています。一方で防衛費（軍事費）に多額の国民の血税が費やされるという，ゆゆしき状況が続いています。また，現在のコロナ禍における大問題ですが，ノンフィクション作家の山岡淳一郎氏が著書の中で，全国の「保健所の数は，1994年の848カ所から，2020年には469カ所へ，ほぼ半減している」[1]と指摘しています。本章冒頭で「税（税金）とは，国または地方公共団体による福祉や教育といった公共サービスの財源を確保するため」と述べましたが，残念ながらわが国では，福祉の切り下げ，解体が進行していると言わざるを得ません。

　納税者である私たちには，義務だけでなく権利も認められています。納税者の権利行使の一環として「税民投票」が提唱されています。「税民投票」という視点で選挙権を行使することにより，法律を制定する議会のあり方を変える，つまり税制のあり方を変えるという考えです。私たち一人一人が，税についての問題意識を持つことによって，ほんの一握りの大企業や大金持ちのため

ではない，世の中の圧倒的多数の人々を幸せにするための，市民社会にふさわ
しい民主的税制の確立を実現することが可能となるのではないでしょうか。

引用文献

1）山岡淳一郎『コロナ戦記　医療現場と政治の700日』岩波書店，2021年，p.28

参考文献

石村耕治編『税金のすべてがわかる　現代税法入門塾（第10版）』清文社，2020年
伊藤周平『消費税増税と社会保障改革』筑摩書房，2020年
浦野広明『税民投票で日本が変わる』新日本出版社，2007年
北野弘久『納税者の権利』岩波書店，1981年
北野弘久（黒川功補訂）『税法学原論（第 8 版）』勁草書房，2020年
富岡幸雄『税金を払わない巨大企業』文藝春秋，2014年
富岡幸雄『消費税が国を滅ぼす』文藝春秋，2019年

第4章　子どもの遊び文化，伝承遊び・お手玉

青野　光子

第1節　はじめに

　子どもの遊びは，身近な自然の中にあるものを使って，投げたり，蹴ったり，転がしたりする中で遊びの形態が出来上がり，単純な動作の組み合わせや工夫によって楽しい遊びをつくりだしてきました。「子どもの遊び文化」は「伝承（人から人へと伝えられること）」と「創造（新しい要素を取り入れること）」が繰り返されて，人から人へと伝わってきたものです。

　日本の昔より伝えられている伝承遊びは，明治・大正・昭和の時代には盛んに行われ，各家庭においては，母から娘へ，また，祖母から孫へと伝えられたものです。しかし，現在では生活様式や核家族化の進行と共に，伝承される機会が少なくなってきています。とくに，子どもの遊びは，デジタルゲーム機の登場により，ここ20〜30年の間で大きく様変わり，子どもの遊び場が屋外から室内へと移り，戸外での身体を使った外遊びが減少したことによる子どもの体力・運動能力の低下の問題や，一人遊びが多くなったことによるコミュニケーション力の低下が指摘されています。

　2008（平成20）年中央教育審議会答申「幼稚園，小学校，中学校，高等学校及び特別支援学校の学習指導要領の改善」では，教育内容に関する主な改善事項において，「伝統や文化に関する教育の充実」が挙げられています。また，「2017（平成29）年3月改定の保育所保育指針「5領域：環境における内容の取扱い」では，「文化や伝統に親しむ際には，正月や節句など我が国の伝統的な行事，国歌，唱歌，わらべうたや我が国の伝統的な遊びに親しんだり，異なる文化に触れる活動に親しんだりすること…。」[1]と述べられています。

　子どもを取り巻く環境の変化に対して伝承遊びは，子どもの発達過程において，指先を使った運動機能の発達や仲間とのコミュニケーション（技くらべ）

などの実践は，社会性，人間関係を育む力の育成など，現代の子どもたちに育ててほしい要素を多く含む優れた遊びです。

　今回取り上げる伝承遊び・お手玉は，伝承遊びの中でも手指の操作が難しいですが，手掌・指先を巧みに使うことにより，脳・神経系の発達の著しい幼児期には，大変適した運動遊びといえます。また，手掌・指先を多く使うということは脳への血流量が上がり，頭の良い子ども，器用な子どもへ成長することが期待されます。そこで，本章では，お手玉遊びを保育の中で活用できるように，幼児期の運動発達に配慮した運動方法の工夫を，また実際に保育の現場に生かせる運動内容・方法を提示しています。

第2節　伝承遊びの歴史と教育的効果

1. 伝承遊びとは

　伝承遊びとは，子どもの遊びにおいて個人・集団の中から自然発生的に生まれ，子どもの社会のつながりの中で昔から受け継がれてきた遊びです。

　小川博久は，伝承遊びについて次のように定義しています。「子どもの遊び集団の中で自然発生的に生まれ，代々共有されてきた遊びであり，子ども社会の縦・横のつながりにより，また，大人から子どもへ継路を通して伝えられ，受け継がれてきた遊びの総称である。」[2] また，伝承遊びの数々は，その基本となるものがあるが，地域により少しずつ遊び方が異なり，これは，遊びながら子ども同士あるいは年長者，大人が関わり伝えられる中でその地域にふさわしいもの，より楽しめるものとして変化してきたものです。

2. 伝承遊びの歴史

　平安時代に描かれた「年中行事絵巻」1661（寛文元）年には，5月5日に近衛馬上での流鏑馬見物に集まった子どもたちが，石でお手玉をして遊んでいる様子が描かれている」[3] といわれ，このように子どもたちは身近にある自然物を使った単純な動作から遊びを創造していったことがうかがえます。

　また，江戸時代には，子どもの遊びについて多くの書物が表されており，大

田才次郎「日本児童遊戯集」1968（昭和43）年や, 貝原益軒「和俗童子訓」
1710（宝永7）年がその代表で, これらの書物において子どもの遊びは,「遊戯」
「すたらざる遊び」（代々に引き継がれている遊び）としていわれ,「こま回し」
や「竹馬のり」や「まりつき」などが紹介されています[3]。

　明治時代に入ると, 大田才次郎・瀬田貞二解説「日本全国児童遊戯法」1901
（明治34）年ではビー玉を用いた「穴一」の遊び方が多く記されています。

　倉橋惣三は,「日本幼稚園史」1934（昭和9）年において, 幼児の才能を遊
戯の中から引き出す方法として,「日本の伝統的遊び」道具に着目しています。
また, 東京高等女子師範学校付属幼稚園編「系統的保育案の実際」1935（昭和
10）年では, 自由遊戯の項目に「おにごっこ」「玉ころがし」（ビー玉を投げた
り転がす遊び）が紹介されています。また, 柳田国男の「民族学辞典」1951（昭
和26）年の遊びの項目には, 伝統的遊びの「かごめかごめ」や「ままごと」が
記載されています[3]。

3. お手玉の歴史

　お手玉は, 伝承遊びの中でも古い歴史があり,「世界のお手玉は有史以前よ
り動物の骨片で作ったお手玉遊びがあったといわれ, さらに古代ギリシャ神話
に出てくるオリンポスの神々がお手玉を楽しんだという話もあるそうです。

　また, アジアではインドが発祥の地であり, 中国を経て日本には奈良時代に
伝わり, 平安時代には宮中の遊びになり「梁塵秘抄」の中に「石取り」が記述さ
れ, 平安時代に描かれた「年中行事絵巻」では, 流鏑馬見学に来た子どもたちが
石でお手玉をして遊ぶ様子, また, 西行の歌にも「石子」と出ています[3, 4, 5]。

　お手玉の前身は「いしなご」「いしなとり」と呼ばれ,「江戸時代に入り小石に
変わりに木の実, 貝殻を入れるようになり, 日本のお手玉が本格的に作られる
ようになったのは, 江戸時代末期より明治時代にかけてといわれています。明
治以降になると小豆, 木の実, 小石などを入れ「おじゃみ」とも呼ばれ, 全国
に広がり女の子の代表的な遊びの一種目となりました。

4．お手玉の種類

お手玉には，次に挙げる 4 つの種類があります。

① 　たわら型………その名のとおり，俵の形をしたお手玉

② 　かます型………巾着袋のようなお手玉

③ 　まくら型………四角ばったお手玉，昔の枕に似ている

④ 　ざぶとん型……座布団の形のお手玉（ 2 種類の布を組み合わせる）

5．お手玉と運動発達〜お手玉（投げる・捕る）からのリズム運動遊びへ

(1)　「動き・リズム感」を育てるお手玉遊び

　人間は，誕生してから約 1 年で直立二足歩行を身に付け，さまざまな環境の中で体験を積み重ね，生活に必要な動きを身に付け，特に 1 〜 6 歳までに幼児期は，脳・神経系の発育・発達が著しく，この時期に適切な運動刺激を体験しないで成長すると，動きが「ぎこちなく」さまざまな運動やスポーツを上手く行えず，運動が苦手，嫌いになる恐れがあります。よって，この時期は適切な運動刺激が最も必要な時期であるといえます。

　また，運動神経の良し悪しは，動きを身につけるのに最適な時期に適切な体験をすることが必要であり，幼児期から学童期前半にかけては多様な運動体験ができる環境の中で過ごすことが大切です。とくにお手玉遊びは，操作系の動作，運動感覚が育成される運動遊びであり，お手玉に多く触れることにより，手先の器用な子どもに成長することが期待できます。また，繰り返し練習することで集中力や忍耐力が培われ，リズムに乗ってお手玉を操作することができるようになることにより，全身で運動リズムをとることができるようになります。さらに，幼児期に獲得されたリズム感は，その後のスポーツの運動リズム獲得に良い影響を及ぼすことが期待できます。したがって，幼児期にはお手玉は友達と一緒に楽しむ中で大いに経験させたい運動遊びであり，その教育的効果は大きいといえます。

6．伝承遊びの効果

　現代社会における子どもを取り巻く社会環境の変化は，子どもの遊び場の減少，直接体験の減少，家族の基本的機能の低下，地域コミュニティーや人間関係の希薄化といった多くの課題をもたらしています。よって，幼児期に伝承遊びを経験することは，このような現代社会の課題を克服することにもつながり大きな効果が期待できます。伝承遊びは，身体を使った遊びが多くあり，遊びの中で知らず知らずのうちに身体操作能力が鍛えられたり，バランス感覚が鍛えられたり，集中力や根気が培われます。

　たとえば，けん玉は一見手先だけで操作しているように見えますが，実は膝のはずみを使った全身運動であることが分かります。また，お手玉も立って行うと手の操作だけで行うよりは，膝のはずみを使うことにより，全身でリズムを捉えやすくリズミカルな全身運動へと発展するリズム運動であることが実感できます。また，空間認知能力と時間認知能力（リズム）の調整能力が育まれるという，身体操作性の発達が大いに期待できる優れた運動遊びです。

(1)　集団で行うお手玉の教育的効果

　幼稚園や保育園，子ども園で伝承遊びを実践する際には，お手玉の特性を生かし，友達と一緒に行うことにより，遊び教材としての効果が一層高まることが期待されます。一般にお手玉は，個人技能の遊びという認識がありますが，まず1個のお手玉が手掌に納まる感覚・感触，体に乗せる感覚・集中の心地よさを体験し，お手玉に慣れ親しむことが大切です。次に簡単なお手玉あそび（おにぎり転がしなど）より導入し，皆と一緒にお手玉あそびを楽しむ中で，少しずつ「できる」喜びと達成感を体験し，グループ（集団）においてのグループリズム，連帯感や皆で行う楽しさを体験できるよう様に工夫したいものです。また，教師は，子どもの良きお手本（憧れの的）となれるよう，自己の技能を高めておくことが大切です。

　次に，お手玉遊びの教育的効果を示します。

　　①　身体運動感覚を高める：幼児期は特に神経系の発育・発達が著しい時期であり，この時期に手（指先）腕を使い目と手の協応動作を行うことによ

り，全身を総合的にコントロールする能力：調整力（平衡性，敏捷性{びんしょう}，巧{こう}緻性{ち}，協応性）を高めることができます。

② リズム感の養成：お手玉をリズムに合わせて操作すること，皆で行うことによりリズム感の良い子に育つことが期待できます。

③ コミュニケーション能力（連帯感）の育成：子ども同士で教えあうことや相手を思いやる心（非認知能力）・連帯感が育ちます。

④ 観察眼の育成：上手な子の技をよく観察することにより，コツを見抜く目（観察眼）が養われます。

⑤ 意欲的な子どもの育成：簡単な技から難しい技へ，友達と一緒に行い・見せ合い，できたことにより，もっと上手になりたい（工夫し・考える）など，意欲的な子になります。

⑥ 集中力・忍耐力の育成：技能を高めるために繰り返し練習をすることにより，集中力と忍耐力が培われます。

第3節　保育に生かすお手玉遊び（段階的指導法）

お手玉には，大きく分けて2つの遊び方があります。1つは，ゆり玉「振り技」といい，片手または両手にお手玉を1個，または2個持ち，交互に投げて遊ぶ方法です。もう1つは，寄せ玉「拾い技」といい，お手玉5個を使い（親玉1個，小玉4個）親玉を動かす手を決めておき，お手玉歌に合わせてさまざまな技を使い遊ぶ方法があります。

ここでは，保育に生かすお手玉遊びで，前者のゆり玉について，1個のお手玉で，お手玉に慣れ親しむことから始めます。次に2個のお手玉の基本からバリエーションを広げて，運動発達を考慮し幼児でも実践できる内容として段階的に難易度が増し，達成感が味わえるような動きを構成しました。

〈実践1〉　1つのお手玉

(1) お手玉に慣れ・親しむ

① お手玉を握り，お手玉の感触（布・中身）音を楽しみ，お手玉に慣れる。また，手の中にすっぽり収まる感触を楽しむ。

② お手玉をいろいろな身体部位に乗せ，さらに歩く（頭，肩，手の平，手の甲，肘，膝，足の甲など）。

③ 右手にお手玉を1個持ち，左手へお手玉を「おにぎり渡し」のように受け渡す。

④ 右手で軽く上へ10〜20cm真上に投げ，右手で捕る（左手も同様に繰り返す）。

⑤ 次に右手から左手へ近距離（20cm位）でアーチを描くように投げ，左手から右手へも同様に行い繰り返す。

⑥ 右手のお手玉を下向きに持ち，手を開くと同時に落下するお手玉を落さないように瞬時にキャッチする（下向きキャッチ）。

⑦ 左手でも（下向きキャッチ）を同様に行い繰り返す。

⑧ 8呼間で，上向きキャッチ。8呼間で，下向きキャッチを交互に行いリズム感を体得する（同様に4呼間でも行う組み合わせに挑戦）。

(2) わらべ歌のリズムに合わせて行う（1人で）

　「あんたがたどこさ」「げんこつ山のたぬきさん」の歌に合わせて右手1個のお手玉を真上に投げ（上向き），右手で捕る。次に左手で1個のお手玉を真上に投げ，左手で捕る。

　同様に，右手・下向きキャッチ，左手・下向きキャッチも行う。

(3) 1人で：左・右の投げ上げに慣れてきたら，次の段階として「あんたがたどこさ」の「さ」の時に右から左へ投げ上げ捕る。さらに次の「さ」で，左手から右手へ投げ上げ捕る。以上を繰り返す。

(4) 8〜10人のグループで行う：1重の円になり，隣と肩を並べて座る。

〈片手・右回り（左回り）〉

　○「あんたがたどこさ」の歌に合わせて，初めに左手で持ち，右手・左手・右手へ「おにぎり渡し」を行い，「さ」で右隣へお手玉を渡す（1曲）。

① 「あんたがたどこさ」…左手からスタートし，右手・左手・右手（おにり渡し）。

② 「さ」で，右手でお手玉を持ち，右隣の人の左手へ渡す。

③　「肥後さ」左隣から来たお手玉を右隣の人の左手へ渡す。

④　「さ」…右手で隣の人に左手へ渡す。

⑤　「肥後どこさ」右手・左手「さ」で左隣の人の右手へお手玉を渡す。

〈実践2〉　2個のお手玉（ゆり玉）

　　まず，2個のお手玉（ゆり玉）の練習をする（繰り返し行う）。

①　右手で投げ上げて，左手のお手玉は右手へ送り，落ちてきたお手玉を左
　　手で受け取る練習をする（繰り返し行う）。

②　「げんこつ山のたぬきさん」「あんたがたどこさ」に合わせて行う。

(1)　座位や立位で行う

〈2人組で向き合ってお手玉交換を行う〉

①　「あんたがたどこさ」の歌に合わせて，2つのお手玉（ゆり玉）を3回
　　行い，

②　「さ」で相手とお手玉を右手（1容易：手渡し）（2難し：投げ）で交換
　　し右手で捕る。

③　はじめは，歌のテンポを「どこ（準備動作）」さ（主動作：投げ）」の部
　　分でゆっくり行う（相手が受け取りやすく投げる：非認知能力）。

④　慣れてきたら一定のテンポでできるように行う。

引用文献

1 ）内閣府・文部科学省・厚生労働省『幼保連携型認定こども園教育・保育要領解説』
　　2018年，p.273

2 ）小川清実『子どもに伝えたい伝承遊び　起源・魅力とその遊び方』萌文書林，2001年，p.8

3 ）西村誠ほか監修　青木好子ほか著『伝承遊びアラカルト　幼児教育・地域活動・福祉
　　に活かす』昭和堂，2009年，pp.3〜6

4 ）日本のお手玉の会監修・大西伝一郎著『お手玉』文溪堂，1997年，p.30

5 ）田中邦子『お手玉・まりつき・ゴムとび　歌とリズムで伝承あそび』一声社，2008年，p.10

参考文献

東京おもちゃ美術館編『日本伝承遊び事典』黎明書房，2018年

第5章　食物摂取の多様性と和食文化

― 多様な食文化が融合した和食 ―

第1節　和食とは何か

1．多様な食文化を取り入れた和食

　和食といって思い浮かべるものは，どんな料理でしょうか。白いご飯に豆腐のみそ汁，焼き魚にほうれん草のごま和えといったところでしょうか。しかし，カレーライスやハンバーグなど，一見日本人の食文化とかけ離れて見える料理も，家庭料理として私たち日本人の食卓に並んできました。献立を立てるときには，ハンバーグにみそ汁を組み合わせることもありますし，コロッケ定食にはひじきの煮物がついてくることもあります。日本人の食卓は，実に多国籍です。

　また，他国の料理を現地の調理方法のまま，食卓に並べるだけではありません。海外から持ち込まれた料理であっても，食材の調達に悩むことなく身近な食材を使って調理できるように，日本古来の食材や調味料と組み合わせて，応用し発達させてきました。肉じゃがは，明治になってからビーフシチューに似せて作られた艦上食が始まりです。日本人が大好きなカレーライスは，イギリスからカレー粉が伝わったのを契機に，あっという間に日本の食卓に浸透し，家庭料理の定番といえる地位まで上り詰めました。今や味も調理法も，インドのカリーとはかけ離れています。

　本来，食文化とは保守的で，他国の料理を家庭の食卓にまで定着させることは珍しい例です。和食とは，多様な食文化を取り入れ融合させ，自国の食文化の一部としてしまう，そんな柔軟性と寛容さをもっています。

２．和食の定義

　和食が，日本古来の食材や調味料を使った限られた調理形態ではないとするならば，和食は日本料理とも異なるものと考えられるでしょう。ではいったい和食の定義とはどのようなものを指すのでしょうか。

　2013（平成25）年12月，和食はユネスコ無形文化遺産に登録されました。ユネスコに提出した提案書をみると，「『和食』は，食の生産から消費に至るまでの技能や知識，実践や伝統に係る包括的な社会的慣習であり，資源の持続的な利用と関係している『自然の尊重』という基本的な精神に因んでいる」と述べられています。包括的な社会的慣習とは，別の言葉で表すと「文化」を指します。また，日本における各地域の食文化は実に多様でありながらも，「自然の尊重」，「健康の増進」，「絆の強化」という共通の特徴が挙げられています。これをみると，和食とはこんな食材を使った，こんな料理であるといった限られた料理の形態を指すものではなく，自然の恵みを尊重しつつこれまで日本人が積み上げてきた食文化そのものを指すと解釈することができます。

第2節　食材の多様性と和食

１．白米食とのマリアージュを楽しむ口中調味

　日本は温暖な気候でありながらも，四季の変化に富んでいます。また海に囲まれた環境であり，良質で豊富な水資源を持つことも特徴です。日本人はこの環境に感謝しながら，四季に応じた農産物，海産物を利用して四季折々の多彩な料理を創造してきました。また，水の恵みを利用して主食である米を栽培し，米に合うおかず文化を育んできました。

　米を炊いたものを飯といいます。飯は本来味が淡泊で癖がなく，毎日食べ続けても飽きることはありませんが，そのまま食べてもインパクトのある味とはいえません。しかし，副食であるおかずと組み合わせることで，口の中でよいあんばいに塩分濃度のバランスがとれ，さまざまな味との交わりによってうま味が増強されよりおいしくなります。白い飯に合うおかず文化の定着は，口中調味という独特の食文化をつくりました。さまざまな料理を口の中で混ぜ合わ

せることによって，口の中でのマリアージュ（組み合わせ）を楽しむ，すなわち口中で調味が完成するといったものです。三角食べは，口中調味に基づいた和食をおいしくいただくためのマナーであるといえます。

2. 米に合う漬物文化

　口中調味を語るうえで欠かせないおかずが，漬物です。新鮮な野菜を塩漬けにし，乳酸発酵させ保存性を高めたものです。本来は，野菜が収穫できなくなる冬に備えた，備蓄のための知恵として伝えられてきました。漬物は別名「香の物」や「お新香」ともいい，生臭みのある食べ物の後に口の中をさっぱりさせる効果もあります。漬物の中でも米ぬかを使ったぬか漬けは，ぬかの独特の香りに乳酸発酵によるうま味や酸味が加わり，白いご飯との組み合わせは日本人が愛好する代表的なものといえます。たくあんや梅干しなどもこれまで絶えることなく伝承されてきました。今日の会席料理や宴席料理でも，最後はご飯と香の物の組み合わせで締めくくります。

　多様な味を口の中で混ぜ合わせる口中調味の文化は，より多くのマリアージュを楽しみたい好奇心から，おかずのバリエーションを増やしていきました。多彩な味を経験することで，嗜好性はより豊かになっていきます。

3. 多彩で華やかな食卓をつくる一汁三菜

　米を主食とする米食文化は，その結果として，一汁三菜という食事形態を定着させました。一汁三菜とは，米などの主食と，汁物，おかずである副食を組み合わせた形態です。副食には，肉や魚などたんぱく質を含む食材を中心とした主菜と，野菜を中心とした副菜を組み合わせます。主食の他に，汁物を含む4種類の料理が食卓に並ぶわけですから，おのずと使用する食材も多彩なものになります。

　和食の基本構成である「飯，汁，菜（おかず），漬物（香の物）」は，平安時代の末期頃から成立していたとされています。この形式がこれだけ長い時を経て継承されてきた背景には，日本人の食事が1人用のお膳を使った食卓であっ

たことがあります。現代ではメインとなる主菜を大皿に盛りつけ，取り分けて食べる大皿盛りが増えてきましたが，お膳の食事では，家族同士であっても食事中に料理を分け合う習慣はありません。お膳の上に，小さな皿や椀を使って，自分用に盛り付けられた料理を残すことなく感謝しながら頂いてきました。

　また，日本人は特別な日をハレの日とし，一汁三菜の日常食に変化を加えてきました。ハレの日には，年中行事や観光葬祭，生活行事などがあります。正月は，ユネスコの無形文化遺産に登録された際も，「正月を例として」が加えられているほど，年中行事の中でも特別な日とされています。正月にいただくおせち料理は，地域によってさまざまな特徴があります。

第3節　多様な食材を摂取する栄養学的意義

1．食材を組み合わせて食べることの意義

　多様な食材を同時に摂取することには，どのような意義があるのでしょうか。私たちは毎日食べている食物を身体に取り込み，活動の源となる燃料にしたり，身体を構築する材料の一部にしたりしています。食物中に含まれる，人間が生きていくうえで必要な成分のことを栄養素といいます。数ある栄養素を大きく分類するとたんぱく質，脂質，炭水化物（糖質），無機質，ビタミンの5種類に分類されます。これらの5種類の栄養素を偏りなく摂取することで，私たちは日々の健康を維持することができます。食品単体にはさまざまな成分が含まれていますから，私たちの身体は，その成分の中から生きていくうえで必要な成分のみを身体の中に取り込み，不要な成分は排せつするという分別作業を繰り返しています。残念ながら，五大栄養素がバランスよく含まれた完全なるバランス栄養食は，この世の中に存在しません。自然界にあるさまざまな食物を，何種類かバランスよく組み合わせて食べていく必要があります。

　人間が機械のような単純な仕組みであるならば，ガソリンを補給するようにエネルギー源である米だけを摂取していればいいことになります。しかし，栄養素間にはいくつもの実に複雑な相互作用が存在します。米の主成分である糖

質がエネルギーとして使われる際には，必ずビタミンB1の存在が必要となります。また他の栄養素が代謝される際には，別の種類の栄養素の存在が必要であったり，逆に体内での栄養素の利用を阻害するような成分が存在したりもします。私たちの身体は，自然界の食べ物を偏りなく食べることで，絶妙なバランスを保ちながら生命活動を営んでいます。多くの食材を組み合わせ，多様な栄養素を同時に取り入れることには，それなりの意義と合理性があります。

2．健康的な食事と日本型食生活

　五大栄養素のうち，エネルギーをもつ三大栄養素のバランスを表したものをPFC比（たんぱく質protein，脂質fat，炭水化物carbohydrateの比率）といい，近年ではエネルギー産生栄養素バランスといいます。日本人の1975（昭和50）年から1980（昭和55）年頃の平均的な食生活は，このPFCバランスが13.0％・25.5％・61.5％と極めて理想的な割合です。日本人が目指すべきバランスに優れた食事であることから，この頃の食事パターンを日本型食生活と名づけられました。日本型食生活は米を中心とした主食と，魚介類・肉・卵・豆を使った主菜，野菜・芋・きのこ・海藻を使った副菜，野菜や豆腐などを使ったみそ汁などの汁物から構成される一汁三菜が基本となります。この日本型食生活は，世界一の長寿国である日本の平均寿命の長さに貢献するものであるとされ，世界からも高い評価を得ています。マウスを使った比較試験では，現代の食事に比べて1975（昭和50）年頃の日本食が，老化を防止し長寿や健康維持に有効であることが報告されました[1]。

　魚介類を中心とし多様な野菜や海藻を用いた日本型食生活は，肉類の摂取を中心とした欧米型の食生活に比べてエネルギーと脂質の割合が低く，栄養供給の面でバランスがとれています。この日本型食生活は和食の基本形とされ，日々の健康と長寿のために有効な食事パターンであると推奨されています。

第4節　白米食の歴史からの学び

1．江戸わずらいのまん延

　江戸時代，日本人の食事は大きく変化しました。精米技術が発達し，現在の精白米に近い米を食べるようになりました。日本人は，炊き立ての白いご飯があまりに美味であることから，白米ばかりを摂取するようになり，おかずをあまり取らなくなりました。少々の具材の入った汁に，塩の効いた漬物を組み合わせて，白米の味を楽しむ，白米中心の食事へと変化していきました。その結果，江戸時代には「江戸わずらい」といわれる原因不明の病が大流行しました。江戸わずらいは，江戸の人を中心に，多くの死亡者を出しました。当時の「人口動態統計」や「死因統計」からみると，乳児まで含めると毎年1〜3万人の人が亡くなったと推測されています。文明開化の明治に入っても収束することなく，大正時代には，結核と並ぶわが国の国民病といわれ，原因が解明されないまま長期にわたって日本人を苦しめました。

2．白米のおいしさがもたらした健康被害

　江戸わずらいとは，現代でいう「脚気（かっけ）」という病気を指します。白米の主成分である糖質の代謝の際に，ビタミンB1が欠乏することによって起こる病気です。足腰が弱くなるという症状から，脚気と名づけられました。当時の日本人は精米した白米を好み，白米ばかりを食べていました。米の主成分はでんぷんです。でんぷんは糖質で，消化吸収され，エネルギーとなる過程で必ずビタミンB1を必要とします。このときにビタミンB1が体内に存在しないと，糖質代謝は先に進まなくなり，中間産物が体の中に蓄積していきます。その結果，多発性神経炎を引き起こし重度の場合は死に至ります。精米技術の発達によりビタミンB1を含む胚芽部分がきれいに除かれてしまうようになったことと，おかずの量も数も少なかったことが脚気の原因です。

　なぜこれほどまでに長期に渡って脚気の原因は分からなかったのでしょうか。当時の病気というのは，病原菌によって起こる感染症だと考えられていま

した。古来より，食事の取り方が健康や疾病に関係するという考え方は経験的に知られていましたが，食事の内容によってこれほど重篤な病を引き起こすという発想は，当時の日本にはありませんでした。

3．脚気から始まる日本の栄養学研究

　明治政府は，東洋医と蘭方医を競わせ，病気の原因の解明に尽力しました。

　最初に，糸口を見つけたのは，オランダの医師エイクマンです。エイクマンは，ニワトリのひなに玄米と白米を食べさせ，比較実験を行いました。その結果，白米のみを食べたひなは，江戸わずらい同様の症状を引き起こし死に至ることを発見しました。のちに，日本の鈴木梅太郎が1910（明治43）年に，脚気治療に有効な成分を分離することに成功し，白米を食べるときに組み合わせてとるべき栄養素の存在を証明しました。

　脚気の原因が解明された後には，日本は国を挙げて食生活改善に取り組むようになりました。1921（大正10）年に内務省は栄養研究所を設立して，栄養学研究を開始しました。初代所長になった佐伯　矩は栄養学校を創設し，栄養士の養成を開始しました。これが日本の栄養学の始まりです。

第5節　異国の食文化を取り入れた和食の再構築

1．欧米食を取り入れた日本の栄養改善

　明治維新までの日本人の食事というのは，米を中心とした食事に偏っており，たんぱく質や脂質が少なく，総エネルギー量は現在よりもずっと低い値でした。そのため日本人の体格は，頑強な体格をもつ欧米人と比較すると細く低身長で，平均寿命も50歳に満たない状況でした。脚気の研究から，栄養改善の重要性を確信した日本は，国を挙げて国民の体格の向上，平均寿命の延伸のための栄養改善に尽力しました。白米食中心の食事から脱却し，身体を構成するための食肉を中心とするたんぱく質の摂取や，骨格を形成するカルシウム源となる乳製品を積極的に摂取する欧米型の食事を推奨しました。1883（明治16）年には，日本で初めて食品成分を分析した「食品成分分析表」が発表され，食

品に含まれる栄養素を意識した食べ方の定着を目指しました。しかし，一般庶民の生活は貧しく，食肉や乳製品を多用した欧米の料理を食卓に並べることは難しかったため，すぐには国民全体の栄養改善の実現にはつながりませんでした。

２．日本の栄養改善作戦の効果

　国民の栄養改善の効果が現れ始めたのは，第２次世界大戦の後になってからです。日本人の平均身長は戦前に比較して10cmも伸び，平均寿命は30歳延びて世界一の長寿国となりました。日本古来の食事形式である一汁三菜の中に，欧米の料理を日本流にアレンジした「洋食」を取り入れ，動物性たんぱく質や脂質を適度に摂取する，おかず充実型の食事形態を作り上げました。PFCバランスに優れた，日本型食生活の原型をなすものです。伝統的な日本食に異国の食文化や知識を偏見なく取り入れ，自国の食文化と融合させた結果，栄養学的に優れた日本独自の食文化をつくり上げました。

３．食の欧米化がもたらした弊害

　欧米の食文化を取り入れることは，日本人の体格を大きくし，平均寿命を延伸することに成功しました。しかし同時に，戦後生まれの世代の日本人の食嗜好に大きな影響を与えました。そもそも食嗜好というのは，身体にとって必要な成分や危険な成分を判断するための信号のような役割をしています。脂質は身体にとって重要なエネルギー源であり，たんぱく質は身体をつくる構成要素として働きます。これらの栄養素を多用した欧米食は，身体にとって魅力的であり，積極的に欲するのは当然の現象です。しかしその結果，肥満が増加し，その影響から生活習慣病が増加しました。そもそも人間の身体は飢餓に対する備えは幾重にももっています。しかし，栄養素の過剰摂取に対する備えはあまり多くもっていません。

第6節　日本人の食生活上の問題点と明日の和食文化

　生活習慣病の増加の原因は，もちろん食の欧米化だけが原因ではありません。飽食の時代といわれる時代を経て，日本はさまざまな食の問題に直面しています。飽食と欠食の共存，若年層の極端な痩せ願望，「こ食」の増加の問題もあります。しかし，現在の問題点を嘆き，過去を憂いても始まりません。

　日本人が築き上げてきた和食文化は，栄養学的な利点だけではありません。「和食はヘルシーである」そんな一言では片づけられない，自然環境との共存や，人との絆を重視した誇らしい文化です。白米食を中心として発達してきた日本の和食は，外来の食文化を受け入れ民族固有の食文化と融合させ，常に形を変えてきました。和食の継承とは，単に過去を模倣することではありません。現代の食の背景にあるものを加味しながら，伝統的なものを守りつつ新たな形を創造していくことです。今もなお，和食は発達の途上にあります。これからの和食をどう創っていくのか，忙しい現代の食卓のあり方について考えるべき時がきています。

引用文献

1）都築　毅・武鹿直樹・中村祐美子・仲川清隆・五十嵐美樹・宮澤陽夫「現代日本食と現代米国食を給与したラットの肝臓における網羅的遺伝子発現解析」『日本栄養・食糧学会誌』61巻6号，2008年，pp.255-264.

参考文献

阿古真理『「和食」って何？』筑摩書房，2015年
板倉聖宣『脚気の歴史　日本人の創造性をめぐる闘い』やまねこブックレット，2013年
江原絢子・石川尚子編著『日本の食文化「和食」文化の継承と食育』アイ・ケイコーポレーション，2016年
江原絢子編著・熊倉功夫監修『和食と食育　和食のこころを受け継ぎそして次世代へ』アイ・ケイコーポレーション，2014年
橋本直樹『食卓の日本史　和食文化の伝承と革新』勉誠出版，2015年

第6章　端午節から見る中国伝統文化

孫　犁冰

第1節　端午節とは何か

1．日本の"端午の節句"

　日本では，鯉のぼりは"こどもの日"の風物詩です。奈良時代から続く古い行事である"端午の節句"は，現在の西暦５月５日にあたり，"菖蒲の節句"ともいわれます。また，"菖蒲"を"尚武"にかけて，勇ましい飾りをして男の子の誕生と成長を祝う"尚武の節句"でもあります。端午の節句の日には，屋外に鯉のぼりを立て，座敷に武者人形を飾り，粽子や柏餅を食べ，菖蒲湯に入ることがあります。人々は強い香気で厄をはらう菖蒲やヨモギを軒につるし，また菖蒲湯に入ることで無病息災を願います。このような端午の節句の諸行事は，"中国に古くからある五月の邪気はらいの行事と，日本の田植えに先立つ物忌みの行事が結びついたものである"といわれます[1]。

　一方，中国で，2300年前に始まったとされる"端午節"は，今でも，毎年旧暦５月５日に全国各地でさまざまな行事が行われます。

2．端午節の由来について

　端午節は春節，清明節，中秋節と並んで，中国の４つの代表的な年中行事の１つです。中国の端午節は旧暦５月５日です。西晋の周処（236年 – 297年）が著した『風土記』には"仲夏端午謂五月五日也，俗重此日也，与夏至同"という記載があります。これは，"仲夏端午とは五月五日のことであり，この日には夏至と同様に習わしを重んじるべきだ"ということを意味します。中国語では，"端"は"始まり，初始"という意味があり，"端午"と"端五"は５日を意味します。

　また，旧暦５月は"午月"ともいい，そして午時は"陽辰"といわれ，ゆえ

に端午は"端陽"とも呼ばれます。ほかに，端午節の別名として，天中節，詩人節，浴蘭節，重午節，重五節，女児節などが挙げられます。

旧暦5月5日は，すでに仲夏であり，中国の黄河流域と長江流域では気温が次第に上昇します。これにより，蚊やハエなどの毒虫が繁殖し，いろんな病気がまん延してしまいます。そのため，人々は5月を毒月だとみなし，さらに5月5日は毒月中の毒日だと考えていました。また，いわゆる"五毒"とは，一般的にヘビ，サソリ，ムカデ，ヤモリ，ヒキガエルを指します。人々は，これらの"五毒"の被害から身を守るために，さまざまな方法を考えました。上古（中国の歴史では殷・周・秦・漢の時代）において，人々は旧暦5月になると，意識的にさまざまな対策を講じて，毒をよけて邪気をはらい，健康と豊穣を祈っていました。

端午節の風習は漢魏六朝時代の"先賢供養"（中国語で"先賢記念"）に始まったとされていますが，供養する人物は地方によって異なっていました。後に，端午節は主に戦国時代（紀元前476年－紀元前221年）の屈原という詩人を供養し，無病息災を祈る行事として定着しました。

漢の時代には，端午節を祝うことが一般的になりました。唐や宋の時代には，さまざまな行事や儀式の型がほぼ完成され，やがて端午節は朝廷と民間が共に祝う年中行事になりました。

明の歴史学者，沈榜（1540年－1597年）は，明の時代における中国の社会，政治，経済，歴史，地理，民俗などの資料をまとめて，20巻の『宛署雑記』を編さんしました。その中に"五月女児節，系端午索，戴艾葉，五毒霊符"と記されています。これは"5月の女児節（端午節の別名）に，端午索という五彩糸を手首につけて，ヨモギの葉や五毒のお守りを身につける"という意味です。このように，今日まで大事にされてきた端午節の風習には長い歴史があるのです。

端午節は"拝神祭祖"（神さまを礼拝し祖先を供養すること），"祈福避邪"（幸福を祈り魔よけをすること），慶祝娯楽と飲食文化を網羅しています。端午節の主な風習として，粽子を食すこと，竜舟競渡，薬草狩りやたこ揚げ，ヨモギ

やショウブの葉などを玄関の戸にかけること，五彩糸や香袋を身に着けること，などがあります。端午節には先人たちの豊富多彩な社会生活が記録されていると同時に，広くて奥深い歴史文化が蓄積されています。

第2節　端午節の食文化について

1．主食の粽子

　端午節と言えば，粽子が欠かせません。中国の粽子は日本のものとは異なり，もち米の炊き込みご飯に具を入れ，ヨシ・タケ・ササ・ハスの葉などで包んでひもでしばり，ゆでたり蒸したりして作られます。粽子の具材はさまざまです。一般的に，塩肉，板栗，赤い棗，小豆などを入れます。甘口もあれば，塩味もあります。

　そして，粽子は，詩人の屈原を供養するために作られたとされます。

　屈原（紀元前340年頃−紀元前278年頃）は，戦国時代の楚の王族出身で，三閭大夫（王族をつかさどる長官）として，内政・外交の面で活躍しました。博識で官僚としての才能があり，楚の王からの信頼も厚かったのです。しかし，政敵による誹謗中傷に陥れられ，王に疎まれるようになりました。屈原は政治闘争に敗れ，うっ憤のうちに放浪を続けた末，汨羅江（今の湖南省北東部）に身を投げ，自ら命を絶ちました[2]。この日が，5月5日だったのです。

　梁朝の『続斉諧記』によれば，5月5日に，楚の人々は竹の筒にお米を入れて，川に投げ入れ，屈原を供養しました。後に，蛟竜に食べられないように，竹の筒にセンダンの葉を入れて，五彩糸を巻き付けるようになりました。これが粽子の由来であるといわれています。

2．粽子以外の美食（グルメ）

　粽子のほかに，端午節ではさまざまな定番料理が作られます。うち，手軽に食べられるものとして，ゆで卵とゆでニンニク，"五黄"，"六白"などがあります。

　まず，端午節の早朝に，主婦たちは早起きをし，ニンニクを卵と一緒にゆで

て，朝食のおかずにします。ゆでる際に，鍋にヨモギの葉を数枚入れる地域も
あります。朝，ニンニクやゆで卵を食べると，"五毒"よけになり，健康にい
いといわれています。

"五黄"とは，キュウリ（黄瓜），タウナギ（黄鱔），フウセイ（黄魚），アヒ
ルの卵の塩漬けの黄身（咸鴨蛋黄），雄黄酒の5点セットです。うち，雄黄酒
は，雄黄の粉末と蒲の根の小さく刻んだものを焼酎に入れたものですが，蒲の
根は省くこともあります。主として魔よけや防毒に用います。子どもの耳た
ぶ，鼻の先，額などに塗って魔よけ・虫よけにすることもあります。今は雄黄
酒の代わりに，黄酒を用いる人が多いです。ちなみに，黄酒はもち米・米・ア
ワなどで醸造した黄色を呈する酒の総称です。これに対して，白酒はコウリャ
ン・トウモロコシ・サツマイモなどを原料とし，蒸留して造った無色透明の酒
です。

"六白"とは，白い豆腐，マコモダケ（菱白），白菜，白身魚，白斬鶏と白切
肉のことを指します。白斬も白切も，調理法は同じです。白斬鶏は，ニワトリ
を丸ごとゆで，角切りにしたものですが，白切肉は，豚肉をかたまりのままゆ
でてから薄切りにしたものです。いずれもしょうゆ・みそなどをつけて食べま
す。

"六白"のうち，とりわけ朱砂豆腐は，蘇北地方（江蘇省北部）の名物料理で，
アヒルの卵の塩漬けの黄身を，豆腐と鶏のひき肉と一緒に炒めたものです。作
家の汪曾祺（1920年－1997年）が書いた故郷の端午節の風習を紹介するエッ
セー『端午的鴨蛋』には，朱砂豆腐が登場しました。それに使われたアヒルの
卵の塩漬けは作家の地元（江蘇省揚州市高郵）の名物で，"油が多く，黄身は
真っ赤だ"といいます。そのエッセーは中国の小学校の国語教科書に収録され
ています。そのため，蘇北地方以外の多くの中国人にとって，本番の朱砂豆腐
は小学生時代から憧れてきた端午節の味なのです。また，浙江省寧波では，古
くから"五黄六白"が端午節の料理になっています。全国的に見ると，粽子の
ほかに，豆腐やアヒルの卵の塩漬けなども欠かせない端午節の食材なのです。

最もこだわっている端午節の料理は，おそらく"十二紅"でしょう。"紅"

は赤色を指します。赤色はめでたくて縁起がいいと思われ、長らく中国人に好まれています。そして、"十二"は品の数ですが、毎年十二の月を意味すると同時に、毎年の四時八節（四つの季節と八つの節気）の意味もあり、日々の暮らしがより豊かになるようにという願いが込められています。

"十二紅"は四碗（スーワン）と八碟（バーディエ）からなる宴会料理です。

四碗とは、紅焼黄魚、紅焼牛肉、紅焼豚足、紅焼鶏肉の4品です。紅焼とは、しょうゆ煮込みのことですが、砂糖を油で炒めて黄色にし、しょうゆなどの調味料を加えて、魚や肉などを煮込みます。出来上がりの料理は艶のある濃い赤味を帯び、食欲をそそります。

八碟とは、四冷と四熱からなりますが、アヒルの卵の塩漬け、ソーセージ、ラディッシュ、燻製（くんせい）魚という4品の冷菜と、ヒユナの炒め物、豚レバーの炒め物、川エビの炒め物、タウナギの炒め物という4品の料理です。

また、北京や東北地域では、端午節に"五毒餅"というお菓子を食べる習慣があります。お菓子の中身はカボチャ餡（あん）やナツメ餡などがありますが、表面はサソリなどの"五毒"を型取りしたものです。端午節に食べると、初夏に病気を払い、強い体をつくる健康祈願とされてきました。

第3節　端午節の諸行事について

1. 竜舟競渡（ドラゴンボート・レース）

端午節の英語表記が"Dragon-boat festival"であるように、端午節のメインイベントは竜舟競渡です。竜舟は、船首に竜の彫刻や飾り物を施した舟です。竜舟を競漕（きょうそう）する行事は、主に南方の水郷地帯で行われます。伝説によれば、屈原が川に身を投げた後、楚の人々は小舟を漕いで、太鼓を叩いて魚を脅し、屈原を助けようとしたそうです。それが後に、祭礼となり、竜舟レースという競技となりました。競漕という娯楽であると同時に、屈原の霊を慰め、蛟（こう）竜や水獣を鎮めて水害を防ぎ、雨を乞い、五穀の豊穣を祈願するものです。現在では国際大会も開かれています。

2．その他の風習

　中国では，人々は薬草狩りをしたり，竜や鳥の形のたこを揚げたりをして，端午節を楽しむことがあります。

　そして，厄よけのため，香袋を身に着けるほか，五彩糸を子どもの首や手首，足首につける風習があります。五彩糸は，"端午索"または"長寿線"ともいい，青，白，赤，黒，黄の5種の色糸を編み上げたミサンガのようなものです。陰陽五行説によれば，これらの五色はそれぞれ木，金，火，水，土を表すと同時に，それぞれ東，西，南，北，中の方角を表します。五彩糸は五方の神力を借りて厄よけの御利益があるとされ，健康長寿のお守りとして重宝されます。

　"五毒除け"のため，端午節に，ヨモギやショウブの葉などを厄よけとして玄関の戸にかけることがあります。また，サソリなどの"五毒"の形をとった切り紙を作り，扉や窓，壁に貼り付けたり，ヒョウタンという形に切り取った切り紙に"五毒"の形を入れたりして，ヒョウタンを"五毒"よけとして使うこともあります。

　また，"打午時水"というユニークな風習があります。これは端午節当日の正午頃に井戸水をくみ上げるという風習です。古代の人々は，この時の井戸水は邪気をはらう効果が最も高いと考え，"午時水"を使って体を洗うと，子どもは汗疹の予防になり，大人は幸運に巡り合うといわれています。

第4節　端午節の文学について

1．詩人屈原の位置付け

　中国古典文学の名著といえば，北方（黄河流域）の『詩経』と南方（長江流域）の『楚辞』があります。両者は共に後代の漢詩（中国伝統詩歌）の源流であるとされます。

　周知のように，『楚辞』以前に，『詩経』という中国最古の詩集が成立しました。前11世紀から前6世紀に至る約500年間の黄河流域で詠まれた詩歌305首を収め，いわば叙情詩と恋愛詩の作品群です。一方，戦国時代の楚に詠まれた韻文を集めたものが『楚辞』です。『楚辞』は17巻で構成され，その代表作として，

屈原の『離騒』、『九歌』、『天間』、『九章』、『遠遊』などがあります。屈原が創り上げた新しい詩体（詩の形式）によって、『楚辞』は『詩経』にあったような従来の表現形式を突き破り、詩歌の表現力をより豊かなものにしました。そして、詩人屈原の登場によって、中国詩歌が集団の歌唱から個人創作の時代へ突入し、中国古代の詩歌創作の新天地が切り開かれたとされ、後世の文人に巨大な影響を与えました。

唐の詩人、李白が詠んだ"屈平辞賦懸日月、楚王台榭空山丘"のように、屈原の辞賦は天空に日月をかかげたかのように今も光り輝いていますが、楚王の豪奢な楼閣は、今は空しく山や丘を残すばかりで、跡形もありません。李白の多くの作品は『離騒』と同様に、神話や伝説、日月風雲、歴史人物などの素材を上手く生かしながら、雄大かつ壮観な絵巻物を繰り広げています。

官僚として2度も王に追放されるほど、屈原は失脚しました。それにもかかわらず、詩人としての屈原は、中国古代文学史上の最も輝かしいスターであるといえます。逆にいえば、官僚としての道が絶たれたからこそ、屈原は全身全霊を詩の創作に傾注することができたのかもしれません。

2．端午節を詠む詩

文人墨客が端午を詠む詩句はたくさんあります。以下の3句を紹介します。

赤朱色の花をつけるザクロの枝や、雨の中で垂れ下がる緑色のヤナギの枝という端午節の情景を描く"五月榴花妖艶烘、緑楊帯雨垂垂重"。

白い腕に軽く五彩糸をつけ、黒髪に小さな護符を斜めに挿すという端午節の風習を語る"彩線軽纏紅玉臂、小符斜掛緑云鬟"。

そして、彩りの太鼓が雷鳴のように鳴り響き、赤い旗が稲妻のように疾走し、目印の錦旗が全部奪われると、レースが終了するという躍動感あふれる竜舟競渡の場面を伝える"画鼓喧雷、紅旗閃電、奪罷錦標方徹"。

これらの詩句を読みながら、端午節ムードをひしひしと感じることができます。

第5節　端午節の奥義について

　端午節と屈原のつながりについて，中国の作家，余秋雨（1946年－）は「世界的な奇跡だ」と評価し，これについて具体的に，4つの理由を挙げています。

　第1に，屈原の死は，今から2300年前のことでしたが，これほど長い歳月において，毎年，数多くの中国人によって供養されてきた人物は屈原ただ1人だけからです。これは世界史において唯一無二のことです。

　第2に，端午節の供養の対象である屈原が，さほど高い身分ではない詩人だからです。強い権力をもつ皇帝や将軍でもなければ，西洋で重宝されるような哲学者でもありません。

　第3に，屈原を祭る行事が中国全土の津々浦々で行われるからです。端午節になるたびに，どんな場所であろうと，そこは粽子を包んだり，竜舟レースをしたりと，屈原を供養する場になり得るのです。一方，孔子を祭る行事は，主に孔子の故郷である山東省曲阜市や各地の文廟など，限られた場所でしか行われません。

　第4に，人々は屈原の作品を理解できないにも関わらず，彼を盛大に祭っているからです。現代人にとってあまりにも難解な詩を書くような人物が国を挙げて祭られるということは，逆に奇跡だといえるでしょう。

　この4大不思議を合わせると，中国文化の一種の非理性的，かつ驚くべき動員力をなします。この情景は祭祀の対象を遥かに超えて，大衆の精神的な欲求を反映していると余秋雨は指摘しています[3]。

　実際に，2009（平成21）年9月，国際連合教育科学文化機関（ユネスコ）の政府間委員会において，中国の"端午節"を無形文化遺産に登録することが決定されました。そして，屈原の詩『天問』にちなんで，中国が2020（令和2）年7月23日に打ち上げに成功した火星探査機は，"天問一号"と名付けられています。2300年前の詩人屈原が真理を追い求め続けた宇宙観と浪漫主義は，代々受け継がれ，今日の人々が神秘的な宇宙を探求し続ける知的好奇心の源となっています。

引用文献

1）神崎宣武・白幡洋三郎・井上章一編『日本文化事典』丸善出版，2016年，pp. 420〜421

2）湯浅邦弘編著『テーマで読み解く　中国の文化』ミネルヴァ書房，2016年，pp. 273〜274

3）余　秋雨『中華文化四十七堂課　従北大到台大』岳麓書社，2011年，pp. 137〜144

参考文献

余　秋雨『中国文脈』長江文芸出版社，2013年

第7章　酒からみえる多様性

村山　和恵

第1節　新潟の酒

1. 概要

　新潟県には豊かな地域資源が存在しますが，中でも「日本酒」を連想する人は多くいることでしょう。新潟県は酒蔵数が90蔵（2022（令和4）年7月時点での新潟県酒造組合に加盟している酒蔵数）と全国一の数を誇り，図1のように，全県にわたってまんべんなく「地酒」が存在しているということも，他県と比較した場合の特色といえます。

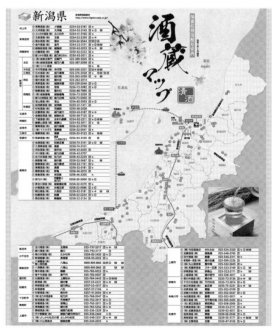

図1　（出所：国税庁「関東信越国税局管内『酒蔵マップ』新潟版（2021年6月末現在）」
2022年10月20日取得，https://www.nta.go.jp/about/organization/
kantoshinetsu/sake/sake_breweries_map/）

生産量については下表（表1）に記載の通り，大手酒造メーカーの存在している兵庫県と京都府に続く第3位となります。なぜ新潟県にはここまで多くの酒蔵が存在しているのでしょうか。理由についてはいくつか挙げられますが，夏は日照時間が長く米作りに，冬は雪が降り一定期間低温が続くことから酒造りに適した「環境」があり，冬に降る雪がもたらす豊かな「水」や，大河が運んだ肥沃（ひよく）な土壌で育った良質な「米」，日本3大杜氏（とうじ）の1つである越後杜氏の技にはじまり，絶え間ない研究に裏付けされた確かな「技術力」がそろっているところが大きいでしょう。

表1　令和2酒造年度都道府県別清酒製造数量上位10都道府県（国税庁ホームページより著者編集）

数量 (kl) 都道府県	清酒全体	内・特定名称酒	内・吟醸系	内・純米系
兵庫県	91,621	19,107	5,572	12,323
京都府	55,262	9,118	3,844	7,026
新潟県	24,964	18,257	10,676	8,796
埼玉県	17,378	2,440	788	1,595
秋田県	11,744	6,521	3,684	4,097
福島県	7,572	5,056	2,895	4,185
愛知県	7,567	1,562	1,053	1,134
山梨県	6,444	2,979	841	2,830
山口県	6,121	5,839	5,542	5,675
栃木県	5,829	1,932	1,073	1,729

　（注）　1．「吟醸系」とは，吟醸酒及び純米吟醸酒の合計を示しています。
　　　　　2．「純米系」とは，純米酒及び純米吟醸酒の合計を示しています。

　新潟県の酒造りのルーツは神話の時代にまでさかのぼるほど歴史は古く，新潟県で最古といわれる酒造は約470年の歴史を持ちます。新潟県内の多くの酒蔵は明治時代に創業していますが，現代にいたるまでの動きとして特筆するべきは，「淡麗辛口」という言葉を世に広め，新潟県を「酒どころ」としてのブランド力を持った地域として知らしめたことではないでしょうか。明治期より

1975（昭和50）年以前まで，日本酒の味わいは濃醇甘口が求められていていましたが，1975（昭和50）年以降になると肉体労働者が減少し，デスクワーカーが増える時期であったこと，食生活の多様化などが人々の求める味わいの変化などにより甘い酒はあまり好まれなくなったといわれています。この頃新潟の日本酒は酒質が淡麗になった時期で，時代背景と合致したことで販売量が増加し，その後全国的にも日本酒のみならずアルコール飲料全体における味わいのトレンドが淡麗辛口傾向にシフトしていきました。

2．味わい

前述のとおり，新潟の日本酒は「淡麗辛口」でブランド力を高めました。とはいうものの，単一の味わいということではありません。私の印象としては，総じてキレの良い傾向ながらも，味のバリエーションは幅広いということです。キレの良さは，仕込みで使われている水のほとんどが軟水であるということや原料米の特性，仕込み方法など，複数の要素が関連していますが，表1のデータにもあるように新潟県は特定名称酒比率や吟醸酒比率が高いことなども，関連している1つの要素であるとも受け取れます。

図2は国税庁による全国市販酒類調査の結果によるもので，全国的に見ても日本酒の甘辛や濃淡に違いがあることが分かりますが，地域性に影響を与えている要因として2つ思い浮かびます。1つ目はその土地の土壌や気象，2つ目は地域の食文化により形成された各地域の嗜好です。1つ目はワインの考え方によればテロワール（ブドウ畑を取り巻く自然環境要因のこと。フランスのワイン法（原産地統制名称法）のベースとなり，特定地域，特定の地区，固有のブドウ畑から造られるワインは特有の個性を表すという考え方）ですが，日本酒においても原料である米は品種が同じであっても栽培される地域が違えばその出来は異なりますので，テロワールの考えのもと，酒造りに取り組む酒造が存在しているのは理解ができます。しかし，日本酒の原料である米は貯蔵や輸送が容易であり，良質な米に恵まれない地域でも日本酒は造ることが可能なので，この考え方はすべての酒蔵に当てはまらないでしょう。2つ目の食文化と

いう点は日本酒の地域性に大きく影響していると考えています。たとえば，その地域によってしょうゆやみその味わいが違うように，伝統的に地域で求められている味というのが存在しており，日本酒の味わいも地域の味付けとバランスが取れるようになっているのではないでしょうか。南北に長く，海も山もある新潟県には多様な食文化が存在しており，その地域で古くから愛されている味は，その地域の人たちに昔から晩酌で飲まれている普通酒（吟醸酒や純米酒，本醸造酒などの「特定名称酒」として分類されない日本酒のこと。特定名称酒は精米歩合（原料米を削り残った割合）や原料に関する条件がありますが，普通酒にはそれらが存在していません）クラスの日本酒にこそ表れていると感じています。

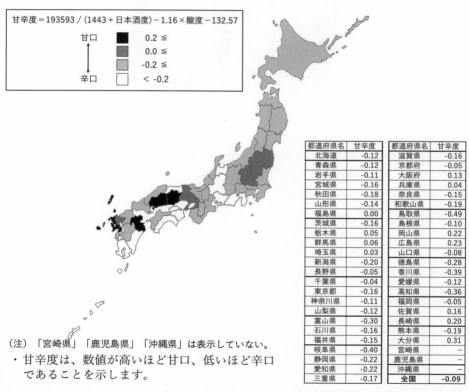

甘辛度 ＝ 193593 / (1443 ＋ 日本酒度) − 1.16 × 酸度 − 132.57

甘口
0.2 ≦
0.0 ≦
-0.2 ≦
辛口
< -0.2

都道府県名	甘辛度	都道府県名	甘辛度
北海道	-0.12	滋賀県	-0.16
青森県	-0.12	京都府	-0.05
岩手県	-0.11	大阪府	0.13
宮城県	-0.16	兵庫県	0.04
秋田県	-0.18	奈良県	-0.15
山形県	-0.14	和歌山県	-0.19
福島県	0.00	鳥取県	-0.49
茨城県	-0.16	島根県	-0.10
栃木県	0.05	岡山県	0.22
群馬県	0.06	広島県	0.23
埼玉県	0.03	山口県	-0.08
新潟県	-0.20	徳島県	-0.28
長野県	-0.05	香川県	-0.39
千葉県	-0.04	愛媛県	-0.12
東京都	-0.16	高知県	-0.36
神奈川県	-0.11	福岡県	-0.05
山梨県	-0.12	佐賀県	0.16
富山県	-0.30	長崎県	0.20
石川県	-0.16	熊本県	-0.19
福井県	-0.15	大分県	0.31
岐阜県	-0.40	宮崎県	−
静岡県	-0.22	鹿児島県	−
愛知県	-0.22	沖縄県	−
三重県	-0.17	全国	-0.09

（注）「宮崎県」「鹿児島県」「沖縄県」は表示していない。
・甘辛度は、数値が高いほど甘口、低いほど辛口であることを示します。

図2　（出所：国税庁「全国市販酒類調査結果　令和2年度調査分」2022年10月20日取得，https://www.nta.go.jp/taxes/sake/shiori-gaikyo/seibun/2021/pdf/001.pdf）

第2節　酒を飲む現場から地域性を考える

　新潟県は酒蔵の数が全国一であるともに，成人1人当たりが年間に消費する清酒の量についても全国一です。新潟県のほかに酒どころとして挙げられるのは高知県ですが，独特の飲酒文化があることでも知られています。宴会遊びとして，「箸拳」などを楽しむ文化があるほか，「可杯」（写真1）などの酒器も高知のものです。また，「ひろめ市場」で昼からお酒を楽しむ人たちの姿は，お酒をよく飲む県民であることを感じる場面でしょう。

写真1　高知の可杯（著者撮影）

　高知県の酒器と似たようなものが，焼酎の蒸留所が全国一多い鹿児島県でも見られます。すり鉢状の形状で，底には小さい穴が開いている「そらきゅう」というお猪口は，「そら！」と注がれた焼酎を「きゅっと」飲むことからつけられています。穴が開いているため，指でふさいで焼酎を飲みますが，途中で飲むのをやめると焼酎がこぼれてしまうので，飲み干さなければいけないというものです。ほかには，鹿児島伝統の「黒千代香」という酒器は，芋焼酎をお燗で温める道具ですが，前割りした芋焼酎を直火で温めて使う地域ならではのものでしょう。

　また，飲酒文化としてユニークであると感じたのは宮古島に伝わる「オトーリ」です。参加メンバーが車座になり，「親」になった人は宴の始まりを告げる口上を述べてから杯にお酒を注ぎ，隣の人に手渡します。杯を受けた人はそれを飲み干し，再び杯を親に返すと，親は新たな酒を注ぎ，また次の人へ。こ

うして全員が一周したら，最後に親はお礼の口上をしてもう一杯飲み，次の親を指名するというのが一連の流れで，参加人数分繰り返されます。このように全国には独自の飲酒文化が存在する地域がありますが，新潟においてはどうでしょうか。これまで私はお酒の席を体験する中で，一定の形に地域性を見いだそうとしており，現在も探求中ですが，中でも印象的だったのは中越地域，特に小千谷市や十日町市の宴席で行われている「天神囃子」でした。当該地域の宴席では「天神囃子」の唱和が終わるまでは席を立ってはいけないといわれています。宴席が始まってから30分程度経過すると，会場から「一番どりお願いします」という声が聞こえ，指名された人が天神囃子の音頭をとり唄い始めます。それに続いてその場の全員が唄いますが，音頭取りと全員でのかけ合いを何度か繰り返し，最後に全員で手拍子をして終わるという流れです。

　歌詞は地区ごとに異なるもので，小千谷市の限られた地域であっても，節回しやテンポもそれぞれ違いがあります。片貝地域では天神囃子ではなく「きやり」が行われるため，ほとんどの人が天神囃子を知らないとのことです。

２．その他宴席から感じた特徴

　ここでは，私が新潟県の宴席などで見聞したことを紹介します。由来や理由は解明できておりませんが，いずれも地域性と結びつく要素は備えているのではないかと考えています。

・新潟の人は飲み始めると長い＝「長っ尻」といわれることがあります。
・中締めのあいさつにおける表現，「残酒なきように」「残酒，残飯なきように」「残酒残献なきように」「下餐なきように」との表現が地域によって存在しています。
・倒し徳利は空になった徳利をテーブルの上に寝かせることで，本来的なマナーからいえば良くないとされていますが，新潟の宴会ではよく目にします。
・十分杯：並々注ぐと底の穴からお酒が全て流れ出てしまう仕掛けが付いた酒器で，長岡藩３代目藩主牧野忠辰が「物事は八分余裕をもって行えば万事う

まくいく」と自らを戒め，家来に説いたところから長岡で開発されました。

・芸妓の披露する芸事やお座敷遊びの中には地域性が詰まっていますが，中でも新潟で行われる樽拳（写真2）は，樽砧をお互いに叩きながらじゃんけんをするものです。樽砧は新潟の盆踊りなどでも使われており，由来は，船が出航するときに遭難しないよう海の神様に祈りをささげ，船べりを木づちで叩いていたことだそうで，みなと町である新潟らしさが表れているといえるのではないでしょうか。

写真2　新潟のお座敷遊び「樽拳」（著者撮影）

第3節　多様な酒類と新潟

　新潟県といえば日本酒のイメージが強く，ここでも主に日本酒を取り扱いましたが，多様性という意味では，新潟には日本酒以外の酒類も存在しています。ワイン醸造では新潟県内で最も歴史がある岩の原葡萄園をはじめ，新潟市西蒲区にあるカーブ・ドッチを中心とした新潟ワインコーストが，ビールの醸造ではエチゴビールやスワンレイクビールのほか，各地にクラフトビールの醸造所が存在し，特に近年では小規模な醸造所が増加している傾向にあるようです。蒸留酒のジャンルでも日本酒の酒蔵で造られる粕取り焼酎や，越後薬草が手掛ける「YASO」シリーズのスピリッツやジン，2019（令和元）年に新潟市江南区に誕生した亀田蒸溜所は，メイド・イン・ニイガタのウィスキーを造ること

を目的としています。このように新潟県には日本酒以外にも多様な「地酒」が存在しており，アルコール飲料の愛好家にとっては楽しい地域であることでしょう。

　多用な酒類が造られている地域はほかにも多く存在しているので，それだけでは新潟だけが酒どころとしての多様性を備えていると言い難いのですが，くわえてそれらの発展に貢献した人物が存在していたというのは新潟ならではといえるのではないでしょうか。たとえば，サッポロビールの生みの親であるのは，ドイツ留学から戻った与板出身の中川清兵衛であり，大阪麦酒会社（現アサヒビール）の支配人となったのは，日本初のブラウマイスター（ドイツの専門養成機関でビールに関するあらゆる知識・技術を身につけた数少ない人たちに与えられる称号）の称号を得た佐渡出身の生田　秀でした。上越市出身であり応用微生物学の世界的権威である坂口謹一郎博士は，今日の発酵工業発展の扉を開いた存在です。同じく上越出身といえば，日本のワインぶどうの父と呼ばれる川上善兵衛は，岩の原葡萄園創業者であるとともに，気候風土に適したぶどうを求め品種改良に挑み続けた結果，「マスカット・ベーリーA」をはじめとする優良22品種を世に送り出しました。

　このような側面からも新潟は酒どころとしての多様性を有していると考えています。

参考文献

アサヒビール，アサヒビールホームページ，2022年（2022年10月20日取得，https://www.asahibeer.co.jp）

伊藤幹治『宴と日本文化　比較民俗学的アプローチ』中央公論社，1984年

岩の原葡萄園，岩の原葡萄園ホームページ，2022年（2022年10月20日取得，https://www.iwanohara.sgn.ne.jp）

越後薬草，越後薬草ホームページ，2022年（2022年10月20日取得，https://echigoyakuso.co.jp）

新潟亀田蒸溜所，新潟亀田蒸留所ホームページ，2022年（2022年10月20日取得，https://kameda-distillery.com）

神崎宣武『酒の日本文化　知っておきたいお酒の話』角川ソフィア文庫，2006年

サッポロビール，サッポロビールホームページ，2022年（2022年10月20日取得，https://www.sapporobeer.jp）

上越市，上越市ホームページ，2022年（2022年10月20日取得，https://www.city.joetsu.niigata.jp）

後藤奈美，『日本酒とワインで違うテロワール』，ダイヤモンドオンライン，2021年（2022年10月20日取得，https://diamond.jp/articles/-/289437）

新潟県，新潟コメジルシプロジェクト，2022年（2022年10月20日取得，https://howtoniigata.jp/komepro）

新潟大学日本酒学センター編『日本酒学講義』ミネルヴァ書房，2022年

ニコラ・ボーメール　寺尾仁監訳『酒　日本に独特なもの』晃洋書房，2022年

第8章　新潟の食産業あれこれ

― 農林水産業と食品産業 ―

谷口　正之

第1節　新潟県の食産業

1．全国ベスト5の食産業は何か

　国の統計から新潟県の盛んな食産業（農林水産業と食品産業）が分かります。経済産業省工業統計表品目別統計表によれば，2019（令和元）年の米菓，切餅・包装餅，水産練製品の各出荷額は全国1位，ビスケット類・干菓子類の出荷額は全国2位，および清酒の出荷額は全国3位です。また，農林水産省大臣官房統計部によれば，2020（令和2）年の米の産出額と枝豆の作付面積は全国1位，栽培キノコ類産出額と西洋ナシ出荷量は全国2位，里芋の作付面積は全国4位，およびスイカの収穫量は全国5位です。

2．食を支える農業

　花角英世・新潟県知事は，本県の農業を「米頼みの一本足打法」と表現しています。農業産出額は，1994（平成6）年の4169億円をピークに減少の一途をたどり，2020（令和2）年には2526億円と40％も減らしています。この農業産出額の減少傾向は米の産出額の漸減と重なり，新潟県の農業は米の生産の影響を大きく受けており，まさしく運命を共にしています。新潟県はこのような米依存体質から脱却するために，2019（平成31）年に園芸振興基本戦略を打ち出して，販売額1億円以上の産地数倍増や栽培面積1000ha増などの数値目標を設定しています。具体的な園芸作物としては，枝豆，スイカ，いちご（越後姫）などの野菜，柿，西洋ナシなどの果物が挙げられます。このように新潟県には魅力ある野菜や果物が豊富にありますので，米頼みから脱却し，本格的にもう

かる園芸へシフトすることが期待されています。

第2節　新潟県の特色ある農産物

1. 米（コシヒカリ）

(1)　コシヒカリの誕生

　新潟県で栽培されている2020（令和2）年の米の品種別作付比率は，コシヒカリが63.7％，こしいぶきが16.6％，ゆきん子舞が4.3％，新之助が2.6％であり，消費者から高い評価を得ているコシヒカリ（コシヒカリBL）が圧倒的に多くなっています。コシヒカリは，1944（昭和19）年に新潟県農事試験場（現在の新潟県農業総合研究所作物研究センター）で収量が多く，食味が優れているがいもち病に弱い「農林1号」といもち病に強い「農林22号」を交配して誕生しました。その後，1956（昭和31）年に，新潟県と千葉県は福井県立農事試験場が育成した系統の1つである「越南17号」を奨励品種として採用し，「農林100号」として登録しました。登録にあたって，「農林100号」は「越の国に光り輝く品種」として，「コシヒカリ」と命名されました。

(2)　コシヒカリの普及

　新潟県では，「日本一うまいコメづくり運動」を推進し，自主流通米制度下では「良質米生産」を推奨しました。また，「コシヒカリ栽培暦（こよみ）」などの栽培技術も開発され，コシヒカリの安定生産に大きく貢献しました。さらに，コシヒカリが誕生した頃からの欠点であるいもち病に弱い性質を克服するために「コシヒカリBL」を開発し，2005（平成17）年から新潟県内に導入しています。新潟県の米の産出額は，2020（令和2）年に1503億円（農業産出額の59.5％）であり，全国の9.1％を占めており，42年間連続全国1位を誇ります。

(3)　コシヒカリの特徴

　日本では米の消費が減少して，1967（昭和42）年頃から米余りとなり，政府は1969（昭和44）年に自主流通米制度や生産調整を開始しました。食味がよく品質に優れたコシヒカリは，政府米よりも高値で取引されるようになり，消費者は「魚沼産」，「佐渡産」，「岩船産」などの産地を選んでコシヒカリを購入す

るようになりました。

　米の食味は，外観，香り，味，粘り，硬さなどで評価されます。たとえば，一般社団法人日本穀物検定協会では毎年「米の食味ランキング」を発表しています。基準米よりも特に良好な最高のランクは，「特A」と表されます。2021（令和3）年産米では，上越，岩船，魚沼の各地区のコシヒカリが「特A」を獲得しています。新潟コシヒカリの特徴は，炊き上がったお米は，みずみずしい艶があり，1粒1粒が光り輝いています。また，アミロースとアミロペクチンのバランスがよく適度な粘りがあり，豊かな香りとうまみを味わうことができます。コシヒカリはしっかりとした甘みがあるので，和食，特に魚料理などに合います。さらに，冷めてもおいしく食べることができるので，弁当やおにぎりにおすすめです。

2．いちご（越後姫）

　日本のいちご消費量は生食では世界一だといわれています。各地域の風土に合った個性的な新品種が次々に誕生しており，約300の品種が存在しています。日本のいちごの主な産地（主な品種名）は，栃木県（とちおとめ），福岡県（あまおう），熊本県（ゆうべに），静岡県（紅ほっぺ），長崎県（うめのか）などです。これらのいちごの産地は温暖な地域が多く，積雪がある寒冷な新潟の風土に適するいちごは，新潟県農業総合研究所園芸研究センターで「越後姫」が誕生するまでは存在しませんでした。越後姫は露地用品種「ベルルージュ」と「女峰」の交配種の選抜系に，「とよのか」を交配した品種で，最初の交配から6年後の1996（平成8）年に品種登録されました。越後姫の名前は，「可憐でみずみずしい新潟のお姫様のようないちご」を表すように付けられました。越後姫の特徴は，冬は低温で日照時間が短いため，花が咲いてから収穫するまでの期間が長くなり，じっくりと育てられることから大粒で酸味が少なく，甘くておいしいことです。また，果実は円すい形で鮮やかな紅色になり，果肉は薄い橙赤から淡赤色をしています。越後姫は，新潟市，新発田市，五泉市，佐渡市などで生産されており，主に新潟県内で消費されています。

3．枝豆

　新潟県の2020（令和2）年の枝豆作付面積は全国1位ですが，出荷量は全国7位です。不思議ですが，生産する地元（家族，親戚，知人などの間）でかなりの量を消費するために，作付面積に比べて出荷量が少ないといわれています。新潟県の枝豆の特徴は，栽培している品種が約40種類と多く，それぞれ旬が異なるため，5月から10月頃までの長い期間にわたって楽しめることです。代表的な枝豆には，5月中旬から6月下旬が旬の「やひこ娘」，6月下旬から7月下旬が旬の「新潟枝豆（早生）」，7月中旬から8月中旬が旬の「新潟茶豆（くろさき茶豆など）」，9月中旬から10月中旬が旬の「新潟あま茶豆」などがあります。とくに，くろさき茶豆は，その名称を国が保護する制度「地理的表示（GI：Geographical indication）保護制度」に，枝豆として初めて2017（平成29）年に登録されました。茶豆は，枝豆の一種ですが，豆のさやの中の薄皮が茶色なので，茶豆と呼ばれます。くろさき茶豆は，昭和初期に山形県鶴岡市から種子が持ち込まれ，気候と土壌に合うように改良が重ねられました。昭和40年代に黒埼地区（現在の新潟市西区）において普及し，当時の黒埼村長が「くろさき茶豆」と命名しました。くろさき茶豆は，多くの品種の中でも，サクッと砕ける歯ごたえとともに甘みと香りに優れており，希少価値が高い特産品として知られています。くろさき茶豆をはじめとする新潟の枝豆は，5月から10月の長い日照時間によって甘みが増します。また，食味を優先して豆が八分程度のやや小さいうちに収穫すること，食味の低下を防ぐために早朝や夕方の涼しいうちに収穫し，品温を下げて流通させることによって，枝豆のおいしさを保っています。

4．村上茶

(1)　日本のお茶

　日本のお茶は，静岡県，鹿児島県，三重県，宮崎県，京都府の順に生産量が多くなっています。また，色，香り，味などがよいことから静岡茶，宇治茶（京都府），狭山茶（埼玉県）などが銘茶といわれています。お茶の栽培には，年

平均気温が12.5～13℃以上が適しているといわれており，商業用の茶の栽培は，採算性から茨城県と新潟県より南側の地域で行われています。青森県石黒市（石黒茶）や秋田県能代市（檜山茶）でも少量の茶は栽培されていますが，村上茶はよく「北限の茶」，また村上市は「北限の茶処」と呼ばれます。村上茶の起源には2つの説があります。1つは村上藩の大年寄・徳光屋覚左衛門が取り寄せて，藩の主要産業にしようとしたという説です。もう1つは村上藩主・堀丹後守直寄（ほりたんごのかみなおより）が江戸から持ち帰ったという説です。いずれにしても江戸時代初期の1620年代から栽培が始まり，約400年の歴史があります。

(2) 村上茶の特徴

　積雪があり，寒風が吹きつける村上市は，茶の栽培に適した土地柄ではありません。しかし，先達は在来種の品質向上や新品種の作付けなど，長い年月をかけて栽培技術を磨きながら村上茶を守ってきました。村上市は昼夜の寒暖差が大きく日照時間も短いため，渋味のもとであるタンニンの含有量が少なく，まろやかで甘みのあるお茶を生産できます。村上茶は，有名な緑茶のブランドですが，茶園（九重園，常磐園，冨士美園など）が少なく生産量が多くないうえにほとんどが地元で消費されるため，新潟県外の地域に出回ることはありません。お茶の葉は，年に数回収穫することができますが，1番品質がよくて味がおいしいのは，その年の1番最初（5月下旬頃）に収穫された新茶です。

第3節　新潟県の食品産業

1．水産練製品産業

　経済産業省工業統計表品目別統計表によれば，2019（令和元）年度の新潟県のかまぼこなどの水産練製品の出荷額は，352億円で全国1位になっています。かまぼこの主な原料はスケソウダラのすり身ですが，このすり身を低温で一度固めてから加熱を行う低温坐（すわ）り技術，金属製の型枠（リテーナ）の中で包装，成型，加熱することによって衛生的で長期間保存できる技術などが開発され，新潟県のかまぼこなどは全国展開できるようになりました。メーカーとしては，一正蒲鉾（新潟市），堀川（北蒲原郡聖籠町），伏見蒲鉾（新潟市）などが

有名です。とくに，一正蒲鉾は2020（令和2）年度の売上高が全国2位です。一正蒲鉾は1979（昭和54）年にヒット商品カニ風味かまぼこ「オホーツク」を，その後2016（平成28）年にうなぎの蒲焼風かまぼこ「うなる美味しさ うな次郎」を発売しています。

２．キノコ産業

　林野庁特用林産物生産統計調査によれば，2019（令和元）年度の新潟県のキノコ生産量は，長野県についで全国2位です。新潟県は全国のキノコの約22％を生産しており，南魚沼市，新発田市，阿賀野市，十日町市などの中山間地の重要な産業になっています。ナメコ，ヒラタケ，マイタケの各生産量は全国1位，エノキタケ，ブナシメジ，エリンギの各生産量は全国2位になっています。多くのエノキタケは（ナメコ，マイタケ，エノキタケ，エリンギなど）は，おがくず，ふすま，米ぬか，おからなどを原料とした菌床を用いた人工栽培技術が開発され，生産量が飛躍的に多くなっています。とくに，新潟県のマイタケの生産量は，全国の生産量の60％以上を占めていますが，その多くは雪国まいたけ（南魚沼市）などの企業で生産されています。

３．米関連産業
(1)　米菓

　せんべいは精白したうるち米を用いて，一方，おかきやあられ（小さいおかき）は精白したもち米を用いてつくられます。新潟県の米菓の出荷額は，2019（令和元）年に2173億円であり，前述の米の産出額（2020（令和2）年：1503億円）より多く，実に全国の出荷額の56.5％を占めており，全国1位を誇ります。

　新潟県に米菓メーカーが多いのは，新潟県は米の産地だからでしょうか？米菓の原材料名を確認すると，最近では国産に加えて，アメリカ産，タイ産などの複数の国の米をブレンドして製造していることが分かります。それでは新潟県に米菓産業がどのようにして形成されたのでしょうか？　一番大きな理由は，1958（昭和33）年に新潟県食品研究所（現在の新潟県農業総合研究所食品

研究センター）が加茂市に設立され，新潟県米菓工業協同組合と連携して産学共同研究を始めたことにあります。1960（昭和35）年には新潟県食品研究所内に全国初の米菓研究施設（製粉から焼成まで一貫した米菓製造設備一式）が導入されました。科学的な分析法や測定法によって原料である米の性質を把握し，各工程の製造条件と品質との関係を解明し，米菓の製造技術の理論と加工法を確立していきました。また，既存の機械を導入することなく，自ら機械および製造ラインをつくりあげました。このようにして，いろいろなタイプの米菓を安定的に生産する知識を獲得し，それらを量産化する技術や製品開発に結びつけていきました。約60年前からこのように進められてきた新潟県の米菓産業育成策と米菓メーカーのたゆまぬ努力によって，米菓を職人の手づくり商品から工業製品へと発展させてきています。

(2) 切餅・包装餅と包装米飯

　新潟県の切餅・包装餅の出荷額は，2019（令和元）年に311億円であり，全国の出荷額の66.0％を占めており，米菓と同じように全国１位です。1970年代になると，つきたての餅を樹脂袋に密封した後に加熱殺菌する製品に代わり，無菌環境下で餅を生産する体制が全国に先駆けて整備され，未殺菌の餅が生産できるようになりました。1980年代になると，女性の社会進出，世帯形態の変化などが進み，炊飯の手間の軽減が求められるようになりました。そこで，餅の無菌化技術を利用した米飯の開発が進められ，1988（昭和63）年に佐藤食品工業（現在のサトウ食品：新潟市）によって無菌包装米飯（パックご飯）が初めて商品化されました。サトウ食品の無菌包装米飯の生産規模は，最近20年間で約３倍になっており，日産100万食以上を生産できる体制になっています。

(3) 清酒（日本酒）

　国税庁統計年報によれば，2021（令和３）年３月末の新潟県の清酒製造免許場数は98場であり，全国１位です。また，2020（令和２）年度の新潟県の成人１人当たりの清酒消費数量は8.6ℓであり，これも全国１位です。さらに，経済産業省工業統計表品目別統計表によれば，2019（令和元）年度の新潟県の清酒の出荷額は459億円であり，兵庫県，京都府に次いで全国３位です。国税庁

の清酒の製造品質表示基準では，清酒は精米歩合と醸造用アルコール添加の有無などによって分類されます。新潟県では大吟醸酒，吟醸酒，純米酒などの生産割合が高く，高品質で高価格の清酒を主に生産しています。

　新潟県の清酒の特徴は，「新潟淡麗」といわれています。新潟県酒造組合によれば，新潟県産米，軟水，環境，杜氏の技，酒蔵の熱意の５つの要素が「新潟淡麗」のブランドをつくっているそうです。酒造用のお米は酒米や酒造好適米と呼ばれる特別なお米を使っています。新潟の代表的な酒米は「五百万石」と呼ばれる品種です。使用する水はミネラル分の少ない軟水の湧き水が多く，清酒はまろやかで，やわらかく，すっきりした味わいになります。また，こうじ菌や酵母の生育にとってきれいな空気は重要です。雪は空気をきれいにしてくれますので，新潟の清酒にはきめ細かさがあります。また，新潟県内各地にある酒蔵では親方の越後杜氏が蔵人，酒男（若い衆）などを率いており，これらの技術集団が清酒づくりの伝統と新しい技術を磨き続けています。さらに，新潟県には，全国で唯一の単独の清酒製造研究機関である新潟県醸造試験場があり，清酒の品質向上，酒造従業員の育成，酒米の改良などに取り組んでいます。新潟県酒造組合も清酒づくりの中堅技術者を養成するために，1984（昭和59）年に新潟清酒学校を設立し，既に550名以上の卒業生を送り出しています。

第4節　新潟県の自然と食産業

　新潟県は，地形的に山地，丘陵地，低地が多く，平野は信濃川，阿賀野川，関川などの流域や河口部に発達しています。また，春は雪解けと芽吹き，夏は濃緑，秋は紅葉，冬は積雪と新潟県の四季ははっきりしています。新潟県には野菜づくりや畜産業に特化した地域もありますが，冬の積雪や短い日照時間などから，伝統的に水稲単作・一毛作地帯が多くあります。新潟県は，上述したように米を原料とする米菓，切餅・包装餅，清酒などの産業が盛んであり，2020（令和2）年度の新潟県の産業別製造業出荷額の1位は食料品であり，全体の8％を占めています。上記以外にも，新潟県には魚介類，食肉類，野菜，果物，菓子類，発酵食品などの多様な食がありますので，大いに楽しんでくだ

さい。

参考文献

昭文社編集部『新潟のトリセツ　地図で読み解く初耳秘話』昭文社，2021年

戸所　隆『地図で見る新潟県　市街地に刻まれた歴史と地理』海青社，2022年

都道府県研究会『地図で楽しむすごい新潟』洋泉社，2019年

新潟県，新潟県ホームページ，2022年（2022年7月19日取得，https://www.pref.niigata.lg.jp）

本間伸夫『増補改訂版　食は新潟にあり―新潟の風土・食・食文化―』新潟日報事業社，2010年

第9章　日本と欧米の読み聞かせの違い

峰本　義明

第1節　はじめに

　　「おや，はっぱの　うえに　ちっちゃな　たまご。」おつきさまが，そらからみて　いいました[1]。

　　　　　（エリック・カール作／もり　ひさし訳『はらぺこあおむし』より）

　あなたは絵本の読み聞かせが好きですか？　幼い頃，父母や祖父母の膝に乗って絵本の読み聞かせを聞いていた思い出のある人は多いと思います。あるいは，幼稚園や保育園の一室で保育者が絵本を広げて読み聞かせをしていたのを覚えているかもしれません。その人たちの優しい声とともに，あなたは絵本の内容に一喜一憂していたことでしょう。そして，絵本の読み聞かせが好きになったのだと思います。

　その読み聞かせですが，日本と欧米とではその様態にずいぶん違いがある，と聞いたら意外に思うでしょうか。そもそも日本と欧米とではさまざまな面でいろいろな違いがありますが，「読み聞かせ」もその1つです。その違いはどのようなものでしょうか。

第2節　日本の読み聞かせの特徴

1．日本は「静聴型」

　あなたが聞いてきた絵本などの読み聞かせは読み手は演じたりせずに淡々と読み，あまり大げさな声色や抑揚は使わずに読むものだったでしょう。そして，読み終わった後は特に説明や質疑応答などはせずにそのまま終わるか，あるいは次の活動に移っていくものです。こうした読み聞かせ方について，足立幸子は「静聴型読み聞かせ」と呼んでいます。

わが国の読み聞かせは，その最中に声を発するのは読み手である教師のみであり，聞き手である児童・生徒は静かに聞くようにする「静聴型読み聞かせ」を前提にしていることが多い。わが国の国語科教育や読書指導の論者も，読み聞かせという活動については「静聴型読み聞かせ」を勧めている[2]。

　このように，日本で広く行われている読み聞かせの方法は声を発するのは読み手である教師（保育者）だけであり，聞き手である子どもたちは静かに聞く，ということが前提とされていることが分かります。

2. 禁止事項…？

　この「静聴型読み聞かせ」では，読み聞かせ中の大げさな抑揚や声色，読み聞かせ後の質疑応答をしないだけでなく，それらを行うことを禁止しているような印象を受けます（下記の引用箇所の下線は引用者）。

　　　会話の部分で声色を変えるなど，演じて読むことは<u>ありません</u>。絵本全体の流れを捉えて読んでいくと，緩急が自然につき，それが子どもたちがお話の世界に入る助けになります。（中略）

　　　読み終わったら，（中略）お話の余韻に浸っている子どもたちに，感想を聞くことは<u>控えましょう</u>。子どもが思わず何か言ったり，つぶやいたりしたら，その言葉を大切に持ち帰ってください[3]。

　ここでは「演じて読むことはありません」とか「感想を聞くことは控えましょう」などと，やや控え目な表現ですが，演じるように読むことや読後の活動を禁止している姿勢が見られます。

　このような姿勢の背後には，子どもは一人でお話の世界に入ることができ，誰の助けも借りずに自分の力でその奥深いところまで味わうことができる，という前提があると考えられます。

　この前提は正しいのでしょうか？　そんなことはあり得ない，というのが私たちの経験するところです。もし，私たちが話を聞いただけで内容をすべて理解できるとしたら，勉強にあんなに苦労しないはずですね。人間の認知は見聞

きしたものはすべて理解できる，などという単純なものではありません。

　たしかに，中には読み聞かせを聞いただけで内容をよく理解できるという子どももいるでしょう。しかし，すべての子どもがそうではありません。いや，人間の認知特性を考えれば，かなり多くの子どもが読み聞かされただけでは絵本の内容を理解することはできない，と考えたほうが良いのです。

第3節　欧米の読み聞かせの特徴

1．欧米は「交流型」

　足立は，欧米の読み聞かせは「交流型読み聞かせ」だと述べます。

> 　海外では，読み聞かせの前・中・後に読み手と聞き手または聞き手同士の交流を行う「交流型読み聞かせ」がよく行われている。筆者は，アメリカ・オーストラリア・スペインなどに滞在中に学校の授業現場で「交流型読み聞かせ」が行われているのを見たことがある。また，海外の読み聞かせ研究論文において扱われている読み聞かせも「交流型読み聞かせ」であると判断できるものが多い[4]。

　このように，欧米の読み聞かせは「読み聞かせの前・中・後に読み手と聞き手または聞き手同士の交流を行う」形で行われます。そして，読み手と子どもたち，または子どもたち同士で質疑応答したり，互いの意見を交流したりします。

2．読み聞かせの女王，メム・フォックスのアドバイス

　欧米の特徴をさらに具体的に確認しましょう。なお，この項以降は『読み聞かせは魔法！』（吉田新一郎著，明治図書）の内容に依拠していることを表明しておきます。

　吉田新一郎は「読み聞かせの女王」と言われるフォックス（Fox，M.）の読み聞かせに関するアドバイスを下記のように紹介しています[5]（ゴシック体は引用者）。これらを読むと，欧米での読み聞かせの方法がよく分かります。

　　①　聞く人たちは，あなたの近くに互いの距離をできるだけ近づけて座る。
　　②　最初の数行を読みながら，聞く人全員に目と目を合わせながら歓迎する。

③　優れたセールスマンのように，最初の行で引き込む。

④　文章を美しく，軽快な音楽のように読む。

⑤　**情景が浮かべられるように，そして感情も伴う形で読む。**

⑥　**高い/低い，大きい/小さい，速い/遅い読み方をうまく使いこなす。**

⑦　動詞をしっかり読むことで動きのある物語にする。

⑧　**間をうまく使う。**

⑨　表現しすぎない。　〜気楽に，楽しむ！

⑩　終わりはゆっくり読む。

⑪　最後の行を読むときは，みんなを見渡しながら目で「さよなら」を言う。

⑫　自分が好きでない絵本は読まない。

⑬　何よりも**自分が楽しみながら**読む。

　すべてが具体的なアドバイスですが，とくにゴシック体で示した箇所は日本の一般的な読み聞かせ方法と異なるところです。吉田はフォックスの別の著書からもアドバイス（ゴシック体は引用者）を追加していますが，それによれば「読み聞かせとその内容について**話し合うことが，子どもたちの頭／思考力を鍛える**」（吉田，p.26），「**うまく（＝表現豊かに）読み聞かせをする**ことが鍵で，それは読み手の表現の豊かさ次第！」（同，p.26），「張り切りすぎる必要はないが，**体験全体を聞き手にとって面白いもの，価値ある体験にする努力はする**」（同，p.27）などと述べられています。

　ここで注目すべき点は，読み聞かせは「絵本」の内容を伝えることではなく，「読むこと」の楽しさを伝えることを目的としていることです。吉田によると，欧米では読み聞かせは「読み方を学ぶためのコマーシャル」（吉田，p.15）だと捉えられています。

　書いてあることに熱中するとはどういうことか，読みながら問題を解決したりしっかり考えたり（理解したり）しながら読むとはどういうことか，ということを見本で示すのが読み聞かせと捉えられているのです[6]。

　この目的を実現するためには「文章を美しく，軽快な音楽のように読む」ことも，「情景が浮かべられるように，そして感情も伴う形で読む」ことも，「高

い/低い，大きい/小さい，速い/遅い読み方をうまく使いこなす」ことも，「間をうまく使う」ことも必要になってきます。

このように，表現豊かに演じて，子どもたちとの話し合いをしながら読み聞かせること，そして読み手が満足することではなくて聞き手である子どもにとって意味のある体験にするよう努力することで，子どもに「読むこと」を学ばせようとしているのです。

3．3つの読み聞かせ方

以上のように，欧米では「読むこと」を学ばせることを目的として読み聞かせをします。よって，その方法もさまざまなものがあります。ここでは吉田が紹介している3つの方法を紹介しましょう。

(1)　対話読み聞かせ（Interactive Read-Aloud）

　　　　読み聞かせをしながら，子どもたちを読んでいることについての話し合いに招き入れる読み方です。読み聞かせをした後に話し合うのではなくて，読み聞かせをしながら，その間々に話し合いをしていくのです[7]。

対話読み聞かせでは読み聞かせをしている途中で読み手が子どもたちに問いかけたり，子ども同士で話し合いをさせたりします。こうすることで読み聞かせの最中に子どもがどのようなことを思ったり考えたりしているのかを読み手が把握することができます。また，話し合いをさせることにより，子ども同士が相互にどのように助け合うのかを観察し，評価することができます。

問いかけは，たとえば「次はどんなことが起こるかな？」，「登場人物はなぜこんなことをしているのかな？」，「この物語はどんな終わり方をするかな？」などです。子どもたちが本の内容について考えるきっかけとなることを問いかけ，1人ずつ答えさせたり，子ども同士で話し合わせたりします。

(2)　考え聞かせ（Think-Aloud）

　　　　考え聞かせは，読み聞かせをしながら，読み手が読んでいる時にどんなことを考えて理解して（あるいは，楽しんだり，時にはもがいて）いるのか，聞いている者には見えない頭の中がどのように働いているのかを，

さらけ出して見せてあげることを意図して考え出された方法です[8]。

考え聞かせは，読み聞かせの最中で「読み手が必要性が高いと判断したところで読み聞かせを止めて，読んでいて考えた疑問を発してみたり，意味を確認してみたり，難しい言葉をどう理解したかを明らかにしたり，自分とのつながりを話してみたり，次の展開の予想をしてみたり，これまで読んだ内容をまとめてみたりする」（吉田，p.96）方法です。その際，読み聞かせていることとは違うことをはっきりさせるために，絵本を閉じたり手を上げたりしながら考えを話すと良いでしょう。

こうすることで何がもたらされるでしょうか。吉田は「それができていない子には，『ああ，そうすればいいのか〜』という見本を示すことができ，すでにできている子には，『自分とは違う形で捉えているんだ』という異なる見本を示すこと」（吉田，p.96）ができる，と指摘しています。よって，考え聞かせはどんな子どもでも価値のある方法です。読み手が頭の中で考えていることを「見本」（「手本」ではないことに注意！　立派な考えを言う必要はありません）として示すことで，すぐには理解できない子どもにも，すぐ理解できる子どもにも，理解するための方法を手渡そうとしているのです。

(3)　いっしょ読み（Sheared Reading）

　　　いっしょ読み（Shared Reading）は，子どもたちが読んでいるテキストを見られる状態で，教師が滑らかに，そして表現豊かに読むところを観察し，そして一緒に読むように誘われる読み方（中略）です[9]。

いっしょ読みは1960年代中頃に，ドン・ホルダウェイによって開発された読み聞かせ方です。これは，親子が就寝前にベッドで絵本を一緒に読む習慣が子どもの読む力をつける大きな要素であるとの研究結果に基づいています（吉田，pp.134-135）。これと同じように，子どもが望む時に読むことに参加し，発言はすべて受け入れられる安心感の中で，親密な読むことの経験を教室で実現しようとするものです。

ですから，いっしょ読みには通常の絵本の数倍のサイズがある「ビッグ・ブック」を使用します。実は，ビッグ・ブックはいっしょ読みをするために開

発されたのです。そして，多人数の子どもたちに読み聞かせをしながら，時にはテキストを一緒に声を出して読むよう誘ったり，内容について問いかけたり（対話読み聞かせ），読み手の考えを話したり（考え聞かせ）します。ですから，いっしょ読みはこれまで紹介してきた，表情豊かに演じる読み聞かせ，対話読み聞かせ，考え聞かせをすべて包含するような性格を持っています。

　私は2018（平成30）年から，この「いっしょ読み」を授業中に実演して学生たちに紹介し，また学生にも試させています。これはおそらく日本で最初の実践ではないか，とひそかに自負しています。いっしょ読みは学生たちにも人気の高い方法であり，読むことの楽しさを子どもに実感させることのできる，良い方法だと考えています。

　なお，吉田は上記の３つの方法だけでなく，さらにそれらを組み合わせた多くのバリエーションの読み聞かせ方があることを示しています（参考文献を参照）。子どもを自立した，より良い読み手に育てるという目的を達成するために，欧米ではその目的に応じたさまざまな方法の読み聞かせが行われているのです。

第4節　終わりに　―あなたの読み聞かせの「目的」は何か?―

　以上，日本と欧米の読み聞かせの違いについて述べてきました。ただ，私は日本の読み聞かせ方を否定しようとしているのではありません。重要なのは，あなたが子どもにしようとする活動の「目的」は何か，ということです。

　読み聞かせは優れた教育方法です。しかし，あくまでそれは「方法」です。方法自体に優劣はありません。優劣を決めるのは「何の目的でそれを用いるか」によります。ですから読み聞かせも，あなたがそれを通して子どもたちをこんな姿に導きたいという「目的」を持ち，それを達成するのにふさわしい読み聞かせ方を選べば良い，と考えます。それにふさわしいのが日本の読み聞かせならそれを採用すれば良いし，欧米の読み聞かせが適しているのならそれを実行すれば良いのです。

　そうすると重要なのはさまざまな読み聞かせ方を知っておくことだ，といえます。日本の読み聞かせだけでなく，欧米のさまざまな読み聞かせ方を知り，

その方法を習得しておいて，目の前の子どもたちを目標とする姿に育てるためにふさわしい方法を選択できるようにすることが必要です。

　私は，読み聞かせは単に絵本の内容を子どもに伝えるだけでなく，「読むこと」を子どもに学ばせ，生涯にわたって読書を楽しみ，自分に生かすことのできる読書家を育てる，とても可能性に富んだ教育活動だと考えています。あなたにも読み聞かせについてさらに学び続けてほしいと願います。

引用文献

1）エリック・カール＝作・もり ひさし＝訳『はらぺこ あおむし』偕成社，1976年，p.3
2）足立幸子「交流型読み聞かせ」『新潟大学教育学部研究紀要　人文・社会科学編』第7巻第1号，新潟大学教育学部，2014年，p.1
3）東京子ども図書館『よみきかせのきほん　－保育園・幼稚園・学校での実践ガイド』東京子ども図書館，2018年，p.3
4）同2）
5）吉田新一郎『読み聞かせは魔法！』明治図書出版，2018年，p.25
6）同上，p.15
7）同上，p.61
8）同上，p.94
9）同上，p.133

参考文献

足立幸子「交流型読み聞かせ」『新潟大学教育学部研究紀要　人文・社会科学編』第7巻第1号，新潟大学教育学部，2014年，pp.1-13
加藤映子『思考力・読解力・伝える力が伸びる　ハーバードで学んだ最高の読み聞かせ』かんき出版，2020年
東京子ども図書館『よみきかせのきほん　－保育園・幼稚園・学校での実践ガイド』東京子ども図書館，2018年
吉田新一郎『読み聞かせは魔法！』明治図書出版，2018年

第10章　ことばの多様性
― 地域方言，社会方言からSNS時代の新たなことばまで ―

野中　辰也

第1節　はじめに

　皆さんが常日頃当たり前のように使っている「ことば」。そのことばを研究する学問の1つに「言語学」という分野があります。言語学の守備範囲は広く，たとえば，日本語や英語といった個別の言語の音や単語，文に関する仕組みや，子どもがどのようにして母語を身に付けるのか，そもそも人はどのようにしてことばを話せるようになったのかなど，さまざまな研究対象があります。そうした研究対象の1つに，ことばが社会・生活の中でどのように使われているかを研究する「社会言語学」という下位分野があります。

　社会言語学自体にもこれまたさまざまな研究対象があるのですが，皆さんの多くが興味を持つものに「方言」研究があります。方言と聞くと，新潟弁，関西弁，博多弁といった日本全国のことばの違いをイメージするかと思いますが，そうした地域方言といわれるものは，方言研究対象の一部にすぎません。この章では，社会言語学からみた方言のさまざまな種類について紹介し，皆さんが普段意識せずに使っていることばの多様性に目を向けていくきっかけとなりそうなことを記していきます。

第2節　地域方言

　一般の人が「方言」と聞いて連想するのは，社会言語学で「地域方言」と呼ぶものです。英語でいえば，まずイギリス英語，アメリカ英語，オーストラリア英語というように，国の違いで同じ英語という言語に多様性がみられます。地域方言の違いを知るには，音声面，語彙面，文法面での違いに注目するのが

基本です。

　たとえば，イギリス英語とアメリカ英語では，まず音声面で個別音の発音や文レベルのイントネーションに差が見受けられます。語彙面では「サッカー」をイギリス英語では "football"，アメリカ英語では "soccer" というなど，いくつかの語句に違いがあるほか，「中央」を意味する語がイギリス英語ではcentre，アメリカ英語ではcenterとつづるなどスペリングでの違いもみられます。文法面では「車を持っています」というのをイギリス英語では "I have got a car."，アメリカ英語では "I have a car." と表現するといった違いがみられます。さらに同じアメリカ英語でも東海岸ニューヨーク州出身者と，西海岸カリフォルニア州出身者，南部テキサス州出身者では，発音や語彙に違いがあります。

　同様のことは日本語でもみられます。皆さんの多くは新潟県出身者かと思いますが，新潟方言にも音声面，語彙面，文法面でいわゆる標準語との差が見られます。新潟方言は頭高アクセントが特徴的で，「イ゚ス」「ク゚ツ」「イ゚チゴ」「タ゚マゴ」など冒頭の音にアクセントを置く語が多くあります。語彙面では「タイヨウシ（模造紙）」「カケラレル（指名される・あてられる）」「シャガク（自動車教習所）」ほか多くの方言があります。さらに文法面での違いを意識している人は少ないかと思いますが，たとえば推量表現として「終止形＋ろ・ねろ」を使い，「試験ウケルロ（受けるでしょう）・ウケネロ（受けないでしょう）」といった用法があります。さらに，アメリカ英語自体にさまざまな地域方言があるように，南北に広い新潟県内（九州全土の南北距離並み！）にも複数の新潟方言があります。新潟市出身者と長岡市出身者では使用語彙が微妙に違うこともありますし，同じ新潟市でも区や地域，同じ長岡市でも信濃川を挟んだ東西の地域の違いで方言の使い方に差が出ることもあります。

　なお，とくに日本での方言については，メディアの急激な発達により，それが失われつつあるのも事実です。日本全国の人々が東京発信のメディアやネットを通して標準語に触れる機会が圧倒的に増え，新潟県在住者でも標準語を使う割合が高くなっています。私の担当する授業で調べたところ，頭高アクセン

トを使用しない学生が増えていますし，かつて新潟弁の代表的表現とされた「じょんのび」「なんなん？」ということばも，もはや日常生活で使うこともないし，聞いたこともないという学生の割合が非常に多くなっています。メディアの影響力恐るべしです。

第3節　社会方言（所属社会コミュニティーによる多様性）

　第1節で触れたように，「方言」には皆さんがイメージしている「地域方言」のほかに「社会方言」と呼ばれるものがあります。これは，各言語を使用する一人一人が所属する地域以外の社会コミュニティーによる多様性に注目したものです。

1．階級・職業差による多様性

　イギリスは社会階級が根付いている国であるといわれます。「上流階級」「中流・中産階級」「労働者階級」と区別することがあり，この3つの階級内をさらに「上層・中層・下層」と分けることもあります。そして，所属階級で話す英語が違うということが多々見受けられるのです。地域方言と同じように音声面，語彙面，文法面での違いがみられ，上級階級出身者はより標準的とされる英語を使用し，労働者階級は非標準とされる英語を使用することが分かっています。映画やドラマを見ると，中流・中産階級以上に所属する人が自分の子どものことばの使い方や教育方法に配慮するシーンなどを見ることも少なくありませんし，より上の階級を目指すためにその階級に合ったことばを身に付けようとするといった描写もあります。コミュニティーによっては，ことば遣いが人生における成功に結びつくことがあるということを示している一例ですね。

　アメリカはイギリスほどの階級社会ではないかと思いますが，それでも似たような多様性が職業の違いによってみられる例があります。50年以上の前の研究になりますが，ニューヨークの高級デパート，中流デパート，下流デパートそれぞれの店員の発音を調べたところ，明らかに違いがあることが分かりました。この研究では，店員がそれぞれの顧客層の使っている英語に合わせた英語

をおそらく無意識に使っていることが分かりました。

　日本は江戸時代には士農工商の階級社会で，それぞれの階級でことば遣いも違っていたようです。その違いは古典落語の登場人物とその話し方の違いに名残がうかがえます。「長屋（現代の集合住宅）」に住む一般市民（労働者階級）である職人の八五郎（はっつぁん）や熊五郎（クマさん）とその長屋の大家さんとでは話し方が違います。労働者階級の代表のようなはっつぁんやクマさんは早口でまくし立て，傍^{はた}からみるとけんか腰のようにしゃべることが多く，知っている知識・語彙も少ないですが，社会的地位が比較的高いとされる大家さんはゆっくりとなだめるような話し方をし，教養を伴った知識・語彙の豊富さが頼りになる，といったいわゆる「キャラ付け」がされています。

　現在の日本では士農工商ほどあからさまな階級は公には存在していないように思われます。それでも，たとえば「富裕層」「中間層」「貧困層」と社会階層を分け，小説やドラマ・映画などでそれぞれの話す日本語に違いを持たせキャラ付けをすることもありますし，日常生活でもたとえば医師などの専門職に就いている人と市場のおばあちゃんとでは発音（なまり）や使用語彙の面で差があるのはよく見聞きするかと思います。

2．性差による多様性

　男女の違いでことば遣いが違うのもよく知られており，社会言語学の研究対象となる多様性です。これも英語の例から説明しますが，英語では語彙的特徴として女性はgorgeous, fabulousといった大げさな形容詞を多用するといわれるほか，男性に比べて弱い感嘆表現（my goodness, oh dearなど）を使用することが報告されています。また，文法面では女性は男性に比べて標準的な表現を使用するとか付加疑問文など特定の表現を多用することも分かっています。

　日本語でも，性差がことばに現れることはあります。まず一人称の呼称（英語のI）として下記のような多様性が見られます。

　　　　女性語：あたし，あたくし，あたい，うち
　　　　中性語：わたし，わたくし

男性語：わがはい，わし，あっし，おいら，おら，（おれ，ぼく）

　「おれ，ぼく」については，ここ数十年で自分のキャラ付けのために女性（女子）が使う例が見受けられますし，新潟方言では女性（中高年以上？）が自らを「おれ」と呼ぶことも多いようです。同様に終助詞の使い方にも性差による多様性が見られます。

女性語：無理ネ，無理なノ，無理ヨ，無理だワ

中性語：無理だナ，無理だネ，無理だヨ

男性語：無理サ，無理だゼ，無理だゾ

　さらに，「カワイイ」を連発するのは，日本人女性特有のコミュニケーションスタイルかもしれません。たとえばアメリカ人女性もcuteという表現は使いますが，日本人女性のように筆記具をcuteと言うことはないそうです。日本人女性の語彙使用の多様性，その守備範囲の広さを示す一例といえるでしょう。

　なお，上記のような語彙・文法レベルを超えて，コミュニケーションスタイル自体に性差が見受けられるという指摘もあります。男性のコミュニケーションスタイルはレポート・トーク（report talk）と呼ばれ，他者への情報伝達に重きを置くことが多いのに対して，女性のコミュニケーションスタイルはラポート・トーク（rapport talk）と呼ばれ，他者と共感することに重きを置くことが多いといわれます。女性はコミュニケーションの際に，さまざまな表現（イントネーション・語彙・文法）を駆使して，話し相手との心理的つながりを楽しむことがよくあると思いますが，それはこうした性差による多様性の一例として考えられます。

3．年齢差による多様性

　階級・職業差，性差のほかに「年齢」差によりことば遣いが違うこともあります。「ことばの乱れ」といった文脈でメディアに取り上げられることが多いのですが，ことばの乱れとは少々悪意が強い表現かと思います。ちょっとしたことでも「炎上」してしまう現代，「ことばのゆれ」とか「変わりつつあることば」くらいの気持ちで状況を観察するのが，精神衛生上よいかもしれません。

年齢差によることばの多様性は，ことばの乱れの代表例とされる「ら抜き言葉」についての資料から見て取ることができます。文部科学省の外局である文化庁では，国語施策の参考とするため，1995（平成 7）年度から毎年「国語に関する世論調査」を実施しています。同調査では年ごとに日本語のさまざまな変化について調査をするほか，特定の慣用句の意味や使い方について数年ごとに同じ質問をし，その経年変化を調べています。2020（令和 2）年度調査では「ら抜き言葉」について 4 組の表現「食べられない・食べれない」「来られる・来れる」「考えられない・考えれない」「見られた・見れた」について「ら抜き」の現状を調査しています[1]。「食べられない・食べれない」について「ふつうに使う表現」をたずねた結果を年代別にまとめると下記のようになりました。

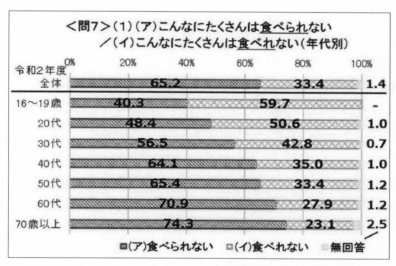

（出所：文化庁『令和 2 年度「国語に関する世論調査」の結果の概要』p.18[2]）

図 1：「食べられない・食べれない」言い方の年代別結果

　このグラフからは「ら抜き表現」を使用する人が若年層になるにしたがって明らかに増えているのが見て取れます。60代以上の高齢者層では「食べれる」という人が全体の 4 分の 1 程度であるのに対し，20代以下の若者層では「食べ

れる」という人が過半数を占め，「食べられる」派を超える勢いです。

　なお，「国語に関する世論調査」では1995（平成7）年度から5年毎に「ら抜き表現」の調査がされており，「食べれない」を使うという回答者は27.5%（1995（平成7）年）から33.4%（2020（令和2）年）にまで増えています。今後も「食べれない」派が増え，皆さんが高齢者と呼ばれる頃には標準的用法となるかもしれません。また，「ら抜き表現は非標準であり，ことばの乱れだ」といった指摘は，皆さんが生まれる前から学校教育やテレビ・新聞・書籍・雑誌といったメディアでも取り上げられてきています。そうした指摘にもかかわらず，こうした結果が見られるのは，若年層がことばに対する柔軟性が高く，ことばの「変化」への寛容性・対応力が高いといえるのかもしれません。

　若年層のことばに対する柔軟性を示すもう1つの例が多彩な「若者言葉」です。1990年代後半から2000年代の若者言葉を対象とした研究では，「告る，パニくる」などの動詞化「－る」，「普通に，微妙」などの新しい形容詞の使用，「激ウマ，ややウケ」などの程度副詞の新たな使用などが若者言葉の文法的・語彙的特徴として挙げられています[3]。この研究とは別に，音声面の特徴として「彼氏，映画，美人」などの発音の平板化がここ30年ほどで若年層を中心に一般化してきているのではないかと思います。一方で高齢者層は「デズニーランド，パーテー」のように「ティ，ディ」といった音を「テ，デ」で置き換えてしまうことが多い傾向にあるかもしれません。さらに，語彙面での特徴としては，SNS文化が拍車をかけている気もしますが，驚くようなスピードで若者発信の新語・俗語が生まれて，そのほとんどがこれまた驚くようなスピードで死語となっていくのも観察できます。このほかにも，「若者言葉」「死語」などのキーワードでネット検索をかけると，興味深い資料が多数得られるので，皆さんにも「ググる」ことをお勧めします（と若者言葉を使ってみた。死語？）。

第4節　社会方言（発信手段・媒体の違いによる多様性）

　地域も所属コミュニティーも同じ人たちでもことば遣いが変わる状況がもう1つ考えられます。それは，発信方法の違いによるものです。「話し言葉・書

き言葉」がこれにあたりますが、1990年代からのICT機器の普及と2000年代中盤からのSNS時代の到来を経て、新しく「打ち言葉[4]」というものの出現が指摘されています。

　話し言葉・書き言葉の区別は皆さん知っているかと思います。大学生であれば、授業でのレポート作成は「だ・である調」「です・ます調」いずれかの書き言葉で行い、スピーチは「です・ます調」の話し言葉で行うのが一般的でしょう。そのうえで、とくに書き言葉では1つの文章内で「だ・である調」と「です・ます調」を混用してはいけないとか、「だ・である調」は簡潔で説得力がある反面威圧的に響くといった特徴もあります。話し言葉・書き言葉の使い分けについては小学校から各種教育がされていますので、ここでは詳しい説明は割愛します（ちなみにこの「割愛」も文化庁の調査対象となったことばです）。

　長い歴史を持つ話し言葉・書き言葉に加えて、2000年代中盤登場のTwitter、Facebook、YouTube、2010年代初頭登場のInstagram、LINE、TikTokなどSNSの普及と利用者数の爆発的増加に伴い、打ち言葉が登場しました。打ち言葉は書き言葉の一部といえますが、「ほとんどがネットを通してのPCやスマホからの入力によるもの」で「見知らぬ同士が非対面で気軽に情報交換でき」、とくにTwitterやLINEなどでは「互いのやり取りが比較的短時間で行われ」、「1回のやり取りで交わされる情報量が少なく」、「省略や絵文字、スタンプといったツールが多用される」といった特徴があり、話し言葉の特徴も兼ね備えています。新しいコミュニケーションスタイルで、多くの人が気軽に情報発信・収集をできる反面、推敲不足での情報発信や、発信内容の情報量不足、不正確な情報発信、語彙の独特な使い方などの理由により、誤解を生じやすいという点もあります。そうした特性を理解したうえで、より多くの利用者が気持ちよく打ち言葉を使いこなせるように配慮していきましょう。

第5節　まとめ

　ここまで、皆さんが日頃当たり前のように使っている「ことば」について、

その多様性を見てきました。知っていたこと，知らなかったことがいろいろあったかと思います。言語学を学んだ立場からは，多様性の良し悪しを気にするのではなく，多様性を楽しむ余裕を持ってことばを使ってもらえればと思います。その余裕を持つためには，常日頃から皆さんお気に入りのネット情報だけでなく，新聞，一般書籍，小説，マンガ，映画・ドラマ，テレビ，ラジオほかさまざまな情報源に触れ，さまざまな年代・立場の人と話し，語彙力と表現力を磨いていくことから始めてはいかがでしょう。

引用文献

１）文化庁国語科『令和2年度 国語に関する世論調査』2021年
２）文化庁国語科『令和2年度「国語に関する世論調査」の結果の概要』2021年，p.18
３）堀尾佳以『若者言葉の研究　SNS時代の言語変化』九州大学出版会，2022年
４）文化庁文化審議会国語分科会「分かり合うための言語コミュニケーション（報告）」2018年

文字通りの意味ではない英熟語と多様な受け取り方について

青木　繁博

中学生のときだったと思うのですが，英語を勉強していて，興味深いと同時に奇妙に思われる表現を習いました。

It's raining cats and dogs.「雨が激しく降っている，土砂降り」

やや古風な言い回しとされているため，今の皆さんはもう習わないかもしれませんね。なぜこうなるかを調べてみますと，ここに含まれるcats and dogsは「騒動，混乱」といった意味で，おそらく語呂の良さや身近な動物が言及される面白さなどから，さまざまな場面で使われるようになったようです。この例のように，andなどの等位接続詞で2語を結び付けた語句を「ワードペア」と呼び，私は長く自分の研究テーマとして収集や分析を続けています。

ワードペア自体は決して珍しいものではありません。night and day（昼夜），black and white（白黒），knife and fork（ナイフとフォーク）といった語句は，教科書でも見ることがあるくらいなじみのある表現でしょう。ワードペアは英語の歴史を通じて今も昔も使われていますし，日本語を含む複数の言語においても同様の表現がいくつも見つかります。あまりに身近にありすぎて，普段はほとんど意識されないくらいです。

もっとも，ワードペアの意味は必ずしも単純とは限りません。文字通りの意味から広がって，そこから推測できる別の意味へ，さらには，まったくかけ離れた意味へと変化していく過程が観察されることがあります。身近な例として挙げたnight and dayも，単に「昼と夜」というよりは「昼も夜も，昼夜を問わず」といった継続性を表しており，微妙に異なるニュアンスが加わっているといえます。また冒頭のcats and dogsの例は，そこに含まれている「犬」「猫」とは，ほとんど関係のない意味で使われている用例です。このように，ワードペアの意味とそこに含まれる単語の意味との関係はさまざまであるため，その場ではどんな意味で使われているか，解釈の問題が生じることになります。

ここまで書いてきましたが，何だか細かいことにこだわりすぎていると思われたかもしれません。「一部の語句だけの問題ではないか」「普通は大体伝わるからいいじゃないか」という声が聞こえてきそうです。ところが日常生活においても，このような表現の解釈が問題になるケースは多々あります。たとえば，いわゆる発達障がいのある人の中には，言葉を文字通りにしか捉えることができず，相手が意図する意味が分からないといった苦労もあるのだそうです。また近年では外国から来られた人も増えています。まだ日本語を勉強中だという人も多いはずです。日本語でも「土砂降り」と言われたとき，文字通り「土と砂が降っている（？）」と解釈したり，あるいはそこから推測して「災害になっている（？）」などと受け取られたとすれば，大きな問題になるかもしれないですよね。

　ワードペアを例に見たように，私たちは普段，慣用的な言葉の意味には気をとめたりしません。くわえて，常に言葉には意味の広がりや，別の意味への変化といった余地が含まれています。そこに個々人の解釈の問題が加わると，誤解が生じる可能性はほぼ無限にあると言わざるを得ないのです。障がいのあるなしに関わらず，多様な人がさまざまに解釈し得るといった状況において，誤解が生じない方がむしろ奇跡に近いのかもしれません。現代に生きる私たちは一人一人が多様な背景を持っています。同じ言葉を使っていても，いつも自分と相手が同じ解釈をしているとは限りません。ときには言い換えたり，付け足したり，可能な限り質問を受け付けるなど，ある種のゆとりが必要になると考えられます。

　ここでは，日常的な場面で使われる言葉にもある，普段は意識されない面に着目してもらえるよう話を進めました。皆さんもこれからの多様な学習を通じて，自分の身の回りにも普段は意識されない問題はないか探してみてはどうでしょうか。

映画の構成要素

土永　典明

映画館のスクリーンの中では，日常のささいな絵空事までさまざまなドラマが展開します。その中には，作り手が意図しない場合でも，日常生活に関わる関心を呼び起こす場面が数知れず登場します。このような映画を通して，多くの人々は，人としてどのように充実した人生を送るのかを考え，人と社会の関係に焦点を当てた物語を幅広い視点から学ぶことができます。また，戦後や高度経済成長期の作品を通して，当時の価値観を知ることもできます。その中で，われわれはこの間に得たもの，失ったものを考えるきっかけとなります。

映画館での映写は，フィルムのコマが窓上に静止している時に，光が当たってスクリーンに投影され，ひとコマフィルムが送られます。そして次のコマが静止して，光が当たってまたひとコマフィルムが送られてという動作が繰り返されていきます。ヒッチコック（Hitchcock,A.J.）監督は，映像で観客の感情を操作し，サスペンスの不安や恐怖を盛り上げる演出や手法を追求しました。ヒッチコックは，リアクションをする映画の人物がふっと驚くところをスクリーンに出して，次に驚いた原因を見せるという手法をよく使いました。

米国のフィンチャー（Fincher,D.A.L.）が監督した2010（平成22）年製作の『ソーシャル・ネットワーク』が公開され，４K解像度カメラのレッド・ワンを使用し挑戦的な撮影を行い話題となりました。デジタルビデオカメラによるビデオ撮影は時間的にも経済的にも有効だとされています。その理由に高度な技術を必要とせず，失敗しても削除を繰り返すことが挙げられます。さらに音声を同時録音でき，カメラ本体のコストがフィルムカメラに比べ安価であることや、コンピューターで意のままに編集が可能なことも挙げられます。

続いて脚本ですが，脚本家は何もない白紙の状態から巨大な立体を作り上げていきます。その映画の設計図を描くのが脚本家です。それは映画におけるファンタジーの時間性を文字記号によって定着化したもので，想像的イメージを映像に具体化する土台になるものです。さらに映像の視覚性の優位から，人物のいない場面や，セリフのない場面も存在することは文芸と異なる点です。そしていくつ

かの事件の同時的，平行的展開の描写はとくに脚本のなしえる手法の１つといえます。たとえば，米国のグリフィス（Griffith,D.W.）が監督した1916（大正５）年製作のサイレント（無声）映画，『イントレランス』があります。この作品は，いつの時代にも存在する不寛容（イントレランス）を描き，人間の心の狭さを糾弾しました。この映画のストーリーには４つの不寛容のエピソードが挿入されています。まず現代の（製作当時の）アメリカを舞台に，青年が無実の罪で死刑宣告を受ける「アメリカ篇」（『母と法律』のストーリーにあたる部分）。次にファリサイ派の迫害によるキリストの受難を描く「ユダヤ篇」。そして，異なる神の信仰を嫌うベル教神官の裏切りで，ペルシャに滅ぼされるバビロンを描く「バビロン篇」。最後がフランスのユグノー迫害政策によるサン・バルテルミの虐殺を描く「フランス篇」です。この４つの物語を並列的に描くという斬新な手法を用いました。

　この作品以外でもグリフィス監督は，1915（大正４）年製作の『国民の創生』や1919（大正８）年製作の『散り行く花』などにより，クローズアップやカットバックなどの映画技法を発明し，今日の映画の原型を完成させました。

　なお脚本はオリジナル作品ばかりでなく，小説や戯曲を原作として脚色したものもあります。その場合も脚本は文芸とは別個の独自の価値をもっています。

　人種差別問題が大きな社会問題となっている米国で，アカデミー賞も大きく動き出しました。2020（令和２）年９月に，2024（令和６）年から作品賞に対して新たに４つの基準を設けると発表しました。その新基準とは，①主演や助演に最低１人の人種的少数派の俳優を起用，②監督やプロデューサーなど主要なスタッフに最低２人は女性や人種的少数派を登用，③映画配給会社にLGBTQ（性的少数派）などを実習生として雇う，④映画宣伝チームの幹部のうち複数が女性や障がいのある人，というものです。アカデミー賞の作品賞にノミネートされる条件は，この４つの基準のうち２つを満たすことが条件となりました。この決定は，ハリウッドのアカデミーが映画を通じて多様性やジェンダーの平等について考え，取り組む機会を広げたといえます。

　映画は私たちが日常生活を送るうえでの，知恵や勇気を与えてくれます。

■ エピローグ

新潟青陵学園理事長　篠田　昭

　今回，新潟青陵大学短期大学部の企画で『多様性を考える〜人・地域・文化〜』を新潟日報メディアネットから刊行することができた。今回は，「多様性」を人，地域，文化—の３分野から考えた。その章立てを見ても，まさに多彩・多様である。たとえば「第３部　文化の多様性」を例に引くと，「音楽はなぜ楽しいか」から始まり，「植物染めの世界」「子どもの遊び文化」と遊び・趣味の楽しみに触れたかと思うと，話は「食と酒の世界」に及ぶ。「新潟の食産業あれこれ」があれば，「多様な食文化が融合した和食」「端午節から見る中国伝統文化」が食膳に呈され，さらに興が乗ると「酒からみえる多様性」で羽化登仙の境地に遊ぶ。言葉の世界にも転じて，「ことばの多様性」「日本と欧米の読み聞かせの違い」が取り上げられ，ついには「市民社会と税制」を納税者の立場から考える—といった具合だ。

　いまや，「文化」と「多様性」は同義語のように語られるが，一昔前はかなり違っていて，京都・奈良などの「様式美」を日本文化の代表と捉える向きが多かった。これに異を唱えたのが，新潟が生んだ「反骨の作家」坂口安吾だ。著書「日本文化私観」で「様式美偏重」に激しくかみつき，「実用の美の素晴らしさ」を説いた。この裏には，ナチスから逃れてきた建築家ブルーノ・タウトが日本の様式美を礼賛し，安吾のふるさとの新潟市などを「俗悪のまち」と酷評したことへの意趣返しがあったようだが，日本では「文化」を狭く捉えがちの傾向が最近まで続いていた。一方で「地域の暮らし文化にこそ，日本の良さがある」と考える流れもあって，資生堂会長などを歴任されヨーロッパ文化にも造詣の深かった福原義春さんは，新潟市での講演で「今日を楽しく，明日を豊かにするものはみんな文化だ」と語っていた。

　私もこの言葉に感銘を受けた一人で，新潟日報社学芸部長などの立場から

「新潟が文化果つる地，などと自嘲していることはとんでもない錯覚。新潟には豊かで，優れた暮らし文化がある」と主張してきた。しかし，20世紀末の新潟では，依然として文化への偏見が強く，2000年にスタートした「大地の芸術祭」でも賛同する人間は極めて少数派で，地元紙紙面にも批判記事があふれている状態だった。

　私は2002年，思わぬことから新潟市長に就任した。「平成の大合併」が進行中で，新潟市はその中でも最大規模の合併協議が進行していた。協議の中で合併地域に素晴らしい地域文化があることを改めて知り，「にいがた地元学」を展開した。合言葉は「ないものねだりより，あるもの探し」。地域の優れた文化に光を当て，その延長線上に2009年から「水と土の芸術祭」を「大地の芸術祭」と同じく3年に1回開催するトリエンナーレ形式で始めた。

　これらの展開は文化庁でも注目され，私は2017年から国の「文化審議会委員」となった。この時の最大のテーマは「文化芸術振興基本法」の見直しで，私は暮らし文化を重視する立場の委員と連携して，「文化を狭く捉えず，多様性を重視する」ことの重要性を訴えた。幸い，時代もその方向に向かっていた。新しい「文化芸術基本法」は暮らし文化にポイントを置き，「食文化」が初めて書き込まれ，「芸術祭」についても新たな文化創造の手法として認められた。愛してやまない「酒文化」の文言は残念ながら入らなかったが，文化を「特定の地域・施設に限定する」考え方とは決別できたようだ。

　「地域の多様性」も新潟県では特に意識する必要がある。「新潟県」を1つのエリアとして統治・管轄した歴史は，古代のわずかな一時期と上杉景勝が越佐を統一した以降のごく限られた時期しかないからだ。明治維新政府の「廃藩置県」制度で，新潟は次第に「新潟県」としてまとまり，明治20年代初めまで「人口最大県」となった。これは，「大石川県」から富山・福井県が離脱し，現在の「石川県」となった経緯とは真逆だ。現在の新潟県は多様な歴史・成り立ちを有する地域から成っていることを忘れる訳にはいかない。

　このように，「多様性」は新潟では特に大きな意味を持っている。「その一端に今回，新潟青陵大学短期大学部の研究陣が迫れたとしたら，その価値は大き

い」と自賛しているが，広く読者の評価をいただきたい。今回の出版に尽力いただいた新潟日報メディアネットに感謝して，「エピローグ」とする。

篠田　昭

新潟青陵学園理事長，元新潟市長（2002年〜2018年・4期）

1948年新潟市生まれ，1972年上智大学外国語学部卒，同年新潟日報社入社，学芸部長，長岡支社報道部長，論説編集委員など歴任。『新潟力─歴史から浮かぶ政令市像─』（新潟日報事業社，2004年），『緑の不沈空母　にいがたの航跡』（幻冬舎，2019年）など

『多様性を考える』編集委員会

■監修者

篠田　　昭　　新潟青陵学園理事長
菅原　陽心　　新潟青陵大学短期大学部学長

■責任編集

編集委員長

土永　典明　　新潟青陵大学短期大学部教授

編集委員（五十音順）

岩森三千代　　新潟青陵大学短期大学部准教授
栄長　敬子　　新潟青陵大学短期大学部准教授
孫　　犁冰　　新潟青陵大学短期大学部准教授
西森　亮太　　新潟青陵大学短期大学部准教授
福岡　龍太　　新潟青陵大学短期大学部准教授

■執筆者（五十音順）

相澤　里美　　第1部コラム
　　　　　　　新潟青陵大学短期大学部幼児教育学科助教
青木　繁博　　第2部4章，第3部コラム
　　　　　　　新潟青陵大学短期大学部人間総合学科教授
青野　光子　　第3部4章
　　　　　　　新潟青陵大学短期大学部幼児教育学科教授
岩森三千代　　第2部コラム，第3部5章
　　　　　　　新潟青陵大学短期大学部人間総合学科准教授
栄長　敬子　　第1部6章，第3部1章
　　　　　　　新潟青陵大学短期大学部幼児教育学科准教授

小出真理子　第2部1章
　　　　　　新潟青陵大学短期大学部人間総合学科准教授

齋藤　　智　第2部10章
　　　　　　新潟青陵大学短期大学部人間総合学科教授

坂井香菜美　第1部8章
　　　　　　新潟青陵大学短期大学部人間総合学科特任助教

菅原　邦生　第2部2章
　　　　　　新潟青陵大学短期大学部人間総合学科准教授

関　久美子　第1部1章，第1部コラム
　　　　　　新潟青陵大学短期大学部人間総合学科准教授

孫　　犁冰　第3部6章
　　　　　　新潟青陵大学短期大学部人間総合学科准教授

谷口　正之　第3部8章
　　　　　　新潟青陵大学短期大学部人間総合学科教授

土永　典明　第1部3章，第2部6章，第2部コラム，第3部コラム
　　　　　　新潟青陵大学短期大学部人間総合学科教授

時本　英知　第1部5章
　　　　　　新潟青陵大学短期大学部幼児教育学科准教授

西森　亮太　第2部3章，第3部3章
　　　　　　新潟青陵大学短期大学部人間総合学科准教授

野口　雅史　第2部9章
　　　　　　新潟青陵大学短期大学部幼児教育学科准教授

野中　辰也　第3部10章
　　　　　　新潟青陵大学短期大学部人間総合学科教授

春口　好介　第1部9章
　　　　　　新潟青陵大学短期大学部人間総合学科教授

福岡　龍太　第1部7章，第2部7章
　　　　　　新潟青陵大学短期大学部幼児教育学科准教授

峰本　義明　　第2部8章，第3部9章
　　　　　　　新潟青陵大学短期大学部幼児教育学科教授
村山　和恵　　第3部7章
　　　　　　　新潟青陵大学短期大学部人間総合学科助教
柳澤　利之　　第1部4章，第2部5章
　　　　　　　新潟青陵大学短期大学部人間総合学科教授
山川　菜生　　第3部2章
　　　　　　　新潟青陵大学短期大学部人間総合学科助教
山口　友江　　第1部2章
　　　　　　　新潟青陵大学短期大学部人間総合学科助教

多様性を考える　～人・地域・文化～

2023年3月14日　初版第1刷発行

　　企　画　新潟青陵大学短期大学部教育研究方法研究会
　　発行者　中　川　史　隆
　　発行所　新潟日報メディアネット
　　　　　　【出版部】
　　　　　　〒950-1125　新潟市西区流通3-1-1
　　　　　　TEL 025-383-8020　FAX 025-383-8028
　　　　　　https://www.niigata-mn.co.jp
　　印刷・製本　株式会社ウィザップ